Isa Schikorsky

Helden, Helfer und Halunken

Die Autorin

Isa Schikorsky studierte Literatur- und Sprachwissenschaft und promovierte mit einer Arbeit zur Sprachgeschichte. Seit 1995 ist sie als Dozentin für kreatives und literarisches Schreiben in der Erwachsenenbildung tätig. 2005 gründete sie »Stilistico Schreibkultur«, ein Programm für Schreibreisen, Schreibseminare, Lektorat, Schreibcoaching und Textberatung. Sie lebt als freie Autorin, Lektorin und Dozentin in Köln.
Isa Schikorsky hat unter anderem eine Biografie über *Erich Kästner* (dtv 1998), die Schreibratgeber *Aus dem Lektorat* (2009) und *Kreativ unterwegs* (2013), mehrere Kurzgeschichten und Kriminalromane publiziert und zwei Anthologien herausgegeben.

www.stilistico.de
www.stilistico.wordpress.com

Isa Schikorsky

Helden, Helfer und Halunken

Perfekte Figuren für Ihren Roman

Ein Schreibratgeber

© 2014, Isa Schikorsky, Köln (www.stilistico.de)

Umschlaggestaltung:
Gerd Struwe, Köln (www.biogenart.de)

Herstellung und Verlag:
BoD – Books on Demand, Norderstedt
ISBN 978-3-7357-6213-9

Inhalt

Vorwort 7

1. Figurenrollen und Grundtypen 9
Protagonist, Antagonist & Co. 9
Reale und fiktionale Figuren 16
Nicht menschliche Figuren 20

2. Figuren im Erzählprozess 25
Figuren und Plot 25
Wann überzeugen Figuren? 27
Anforderungen an Hauptfiguren 31

3. Figuren entwickeln 53
Grunddaten 55
Außenbild 71
Innenbild 81
Lebensbild 88

4. Figuren kennenlernen 105
Befragungen 106
Selbsterkundungen 110
Soziale Netzwerke 112
Horoskop und Tarot 114
Literarische Aufstellungen 116

5. Erzählperspektiven festlegen 119
Wer erzählt die Geschichte? 119
Typische Erzählsituationen 121
Perspektiven auswählen und variieren 139

6. Figuren auftreten lassen 149
Wie redet der Erzähler die Figur an? 149
Tücken des ersten Figurenauftritts 151
Verfahren der Figureneinführung 155

7. Figuren sprechen und denken lassen 173
Formen und Funktionen der Redewiedergabe 173
Figuren reden 174
Figuren denken 182

8. Statt einer Zusammenfassung 189
Zwanzig Tipps für perfekte Figuren 189
Zwanzig Ideen, Figuren zu finden
und zu gestalten 191

Anmerkungen und Literatur 200
Tabelle: Aspekte der Figurengestaltung 209
Dank 210
Stichwortverzeichnis 211

Vorwort

Wie viele literarische Figuren lernt man wohl im Laufe eines Leselebens kennen? Bei mir begann es mit Aschenputtel und Emil Tischbein, es folgten die Helden aus Unterhaltungsschmökern von Johannes Mario Simmel und Arthur Hailey, im Studium gesellten sich Werther, Effi Briest und Tony Buddenbrook dazu, später Miss Marple, Tom Ripley, Gesine Cresspahl, Jean-Baptiste Grenouille und viele andere mehr. Als Jurorin des Deutschen Jugendliteraturpreises und des Short-Story-Wettbewerbs der Volkshochschule Leverkusen begegneten mir Figuren aus Hunderten von Kinder- und Jugendromanen sowie aus einigen Tausend Kurzgeschichten. Aktuelle Gestalten kommen dazu, wenn ich Neuerscheinungen für ein Literaturmagazin bespreche. Und schließlich werfe ich als Lektorin, Gutachterin und Dozentin seit 1995 kritische Blicke auf die Figuren und Figurenentwürfe aus der Werkstatt von Autoren und Autorinnen. Ausreichend Zeit und Gelegenheit also, um festzustellen: Wenn Geschichten mich wirklich begeistern, liegt das immer an starken, eigenwilligen Charakteren, die faszinieren oder verzaubern, die Staunen, Erschrecken, Neugier oder Sympathie erzeugen – kurz gesagt: die mich emotional tief beeindrucken.

Beobachtet habe ich aber auch, dass Autoren und Autorinnen manchmal wenig Geduld mit ihren Figuren haben und kaum Zeit aufwenden, sie kennenzulernen und zu gestalten. So wichtig Thema und Handlung, Struktur, Sprache und Stil sind, ohne überzeugendes Personal zieht ein Roman oder eine Kurzgeschichte die Leser selten in den Bann. Ich möchte Ihnen deutlich machen, wie entscheidend Figuren die Qualität eines jeden Erzähltextes bestimmen. Und ich möchte Ihnen zeigen, wie Sie unverwechselbare Helden und Heldinnen schaffen, die für Leser unvergesslich und möglicherweise zu lebenslangen Begleitern werden.

Im Zentrum des Ratgebers stehen die Bedingungen des handlungsorientierten Unterhaltungsromans, aber auch wer für speziellere Zielgruppen schreibt, kann viele Aussagen auf sein Tun übertragen. Die Themen und Fragen stammen überwiegend aus meinen Erfahrungen als Lektorin, Dozentin und kritische Leserin.

Grundsätzlich gilt: Ich vermittle Methoden und Tipps, von denen ich überzeugt bin, dass sie für die Figurengestaltung hilfreich sind. Aber ich formuliere keine Gesetze, denen Sie blind folgen sollten. Sie allein entscheiden, was von den vorgestellten Möglichkeiten für Ihr Schreiben nützlich ist. Wie alle Regeln, so sind auch diese dazu da, gebrochen zu werden. Das funktioniert allerdings nur, wenn man ihre Wirkung einschätzen kann. Und das gelingt wiederum nur, wenn man sie kennt. Die Regeln kennenzulernen, damit Sie anschließend kreativ mit ihnen umgehen können – dazu lädt dieses Buch Sie ein.

Köln, im September 2014
Isa Schikorsky

1. Figurenrollen und Grundtypen

Ohne Figuren geht es nicht. Sie werden für jeden Erzähltext benötigt. Manchmal in großer, unüberschaubarer Menge wie in den russischen Romanen des 19. Jahrhunderts, manchmal nur in Gestalt einer einzigen Person. Figuren haben nicht alle den gleichen Stellenwert, sie unterscheiden sich in ihrer Bedeutung, ihrem Status und den Aufgaben, die sie in der Geschichte übernehmen. In diesem Kapitel werden die einzelnen Rollen vorgestellt, die Figuren ausfüllen können. Sie erfahren, was Sie beachten sollten, wenn Sie das Personal für Ihre Erzählung oder Ihren Roman zusammenstellen. Außerdem wird danach gefragt, wie sich reale und nicht menschliche Figuren von fiktionalen Figuren abgrenzen lassen.

Protagonist, Antagonist & Co.

Womit fangen wir an? Natürlich mit dem unverzichtbaren Protagonisten oder der Protagonistin. Der Begriff stammt aus dem Griechischen. In der antiken Tragödie war der Protagonist der erste Schauspieler. Man spricht auch von der Hauptfigur oder vom Helden, ein Ausdruck, der leicht missverstanden werden kann. Der Held eines Romans oder einer Erzählung muss kein glorreicher Kämpfer im eigentlichen Sinn sein, betont wird damit aber seine zentrale Aufgabe, die Geschichte durch sein Handeln voranzutreiben. Eine Hauptfigur, die sich weigert, diese Rolle anzunehmen, wird auch als Antiheld bezeichnet. **Protagonist**

Der Protagonist steht im Mittelpunkt jedes Erzähltextes. Er agiert nicht willkürlich, sondern will etwas erreichen. Darauf wird später noch ausführlich eingegangen. Aus dramaturgischen Gründen ist es nötig, dass er weder schnell noch einfach an sein Ziel kommt. Dafür sorgt der Antagonist, im Wortsinn: der Gegenhandelnde, wie er nach seiner Rolle in der griechi- **Antagonist** schen Tragödie auch genannt wird. Er ist häufig schon dem Äußeren nach, vor allem aber vom Charakter her der Widersacher des Helden, legt ihm Steine in den Weg und will ihn mit allen Mitteln am Erreichen seines Ziels hindern.[1]

Bekannte Paare Bekannte Paare von Protagonist und Antagonist aus der Literaturgeschichte sind zum Beispiel Siegfried und der Drache, der alte Fischer Santiago und der große Fisch, Harry Potter und Lord Voldemort oder Kain und Abel. Der Gegner kann der nette Kollege sein, der dieselbe höhere Position anstrebt wie der Protagonist; die junge Frau, die eine Intrige gegen den Liebhaber der Freundin anzettelt; die Mutter, die ihr inzwischen erwachsenes Kind nicht loslässt.

Rollen im Detektivroman Klassisch ist die Rollenverteilung im Detektivroman, in dem sich Ermittler und Täter gegenüberstehen. Interessanterweise gibt hier der Antagonist dem Protagonisten überhaupt erst das Ziel vor. Oft gleicht der Ermittler auch einem Antihelden, der vom Bösen in der Welt immer wieder daran gehindert wird, einfach in Ruhe vor sich hinzuleben. Häufig reißt die Nachricht vom Verbrechen den Detektiv aus einem Freizeitvergnügen oder dem Tiefschlaf. Er wird zum Handeln gezwungen, sein Ziel ist die Wiederherstellung von gesellschaftlicher Ordnung und Gerechtigkeit. Der Täter will genau das verhindern, indem er flüchtet, sich versteckt hält, lügt, schweigt und täuscht. Der Kampf ist für den Täter existenziell, denn wenn er ihn verliert, wird er zur Rechenschaft gezogen und bestraft.

Protagonist und Antagonist treffen aufeinander Eine Auseinandersetzung zwischen Protagonist und Antagonist gerät umso packender, je mehr auf dem Spiel steht. Im Idealfall geht es ums Überleben im tatsächlichen oder übertragenen Sinne – der klassische Kampf auf Leben und Tod. Versuchen Sie, das Konfliktpotenzial so weit wie möglich auszureizen. Entweder streben beide aus unterschiedlichen Motiven nach demselben Ziel (dieselbe Frau, derselbe Schatz, dieselbe Position), oder aber der Antagonist will verhindern, dass der Protagonist seines erreicht (einen Mord aufklärt, ein Geheimnis entdeckt, die Liebe einer Frau erringt). Die Kontrahenten sollten ungefähr gleich stark sein und prinzipiell beide die Chance haben, den Kampf zu gewinnen.[2] Auch bei sportlichen Wettkämpfen tritt kein Schwergewicht gegen ein Leichtgewicht an. Mal sollte der eine, mal der andere im Vorteil sein. Noch ein weiterer Aspekt ist zu berücksichtigen: Je schwerer der Kampf und je größer die Kraft, die der Held aufwenden muss, desto glanzvoller sein Sieg und desto größer sein Gewinn an Ruhm, Ehre und Ansehen.

Erhöhen können Sie den Grad der Spannung außerdem durch den »Schmelztiegel-Effekt«[3]. In der Realität versucht man meist, Menschen zu meiden, die einem schaden wollen. In der Fiktion müssen Sie dafür sorgen, dass Ihr Protagonist den Schwierigkeiten nicht aus dem Weg gehen kann. Das funktioniert am besten, wenn Sie die Gegner zusammenzwingen. In »Herr der Fliegen« lässt William Golding eine Gruppe von Kindern nach einem Flugzeugabsturz auf einer einsamen Insel stranden. Der Ort, den niemand verlassen kann, ist entscheidend dafür, dass die Auseinandersetzung zwischen den beiden Cliquen um den vernünftigen Ralph und den Draufgänger Jack eskaliert. Bringen Sie also Ihre Kontrahenten in eine Situation, aus der es kein Entrinnen gibt. Die verfeindeten Kollegen sollten sich ein Büro teilen oder als Team gemeinsam ein Projekt erarbeiten müssen oder zu zweit im Fahrstuhl stecken bleiben.

Schmelztiegel-Effekt

Nicht immer hat der Held eine wirkliche Person zum Gegner. Während für den Fantasy-, Abenteuer- und Kriminalroman diese Konstellation üblich ist, sind es in anderen Gattungen eher abstrakte Gewalten, die ihn in die Knie zwingen wollen. Deshalb spricht man oft allgemeiner von der antagonistischen Kraft. In Gesellschaftsromanen kämpfen die Hauptfiguren gegen Traditionen, Konventionen und überholte Ehrbegriffe, die ihr Glück vereiteln. Im psychologischen Roman sind es innere Widerstände, Ängste, Zweifel und Skrupel, die der Protagonist überwinden muss. Antagonistische Kräfte können auch Naturgewalten, Umweltkatastrophen oder Schicksalsschläge sein.

Es empfiehlt sich, dass Sie sich vor dem eigentlichen Schreibprozess darüber klar werden, wer Ihr Protagonist ist und wer der Antagonist bzw. die antagonistische Kraft. Wenn Sie diese Rollen verteilt haben, lässt sich wesentlich leichter eine stringente und tragfähige Handlung aufbauen. Generell sollte die Figur, die das entfernteste Ziel, die intensivste Leidenschaft, den stärksten Antrieb und die größten Probleme hat, die Hauptrolle übernehmen. Der Antagonist sollte mit derselben Sorgfalt entwickelt werden wie der Protagonist, und das Handeln der beiden ist stets wechselseitig aufeinander zu beziehen.

BEISPIEL
Zwei Männer werden Freunde

Sie möchten eine Geschichte schreiben über zwei Männer, die Freunde werden. Dann sollten Sie überlegen: Haben beide dasselbe Interesse an einer Freundschaft? Bemühen sie sich in gleicher Intensität umeinander? Wenn dem so ist, lässt sich kaum ein Konflikt entwickeln, die Spannung bleibt gering. Dramaturgisch sinnvoller wäre es, wenn sie zunächst Gegner sind, wenn zumindest einer von ihnen jeden Gedanken an Gemeinsamkeit vehement ablehnt. Und wenn sie sich schnell und problemlos annähern, muss das Ziel ein anderes sein. Dann kämpfen beide vielleicht als Freunde gemeinsam gegen eine andere Macht oder ihre Freundschaft wird auf eine harte Probe gestellt, weil sie sich in dieselbe Frau verlieben.

TIPP
Figurenpaare entwickeln

Auf einfache Weise lassen sich kontrastierende Figurenpaare entwickeln. Nehmen Sie als Ausgangspunkt die »Charaktere«, die der griechische Schriftsteller Theophrast in dem gleichnamigen Büchlein schildert. Es sind insgesamt dreißig Typen mit negativen Grundeigenschaften, zum Beispiel »Der Knausigre«, »Der Eitle« oder »Der Miesmacher«. Wählen Sie einen davon aus, bestimmen Sie einige Eigenschaften und entwerfen Sie dann dazu ein positives Gegenstück.[4] »Der Zerstreute« ist nach Theophrast unter anderem zu faul zum Denken und Rechnen, vergisst Verabredungen und verlegt Dinge so, dass er sie nicht wiederfindet, tritt aus Schusseligkeit in alle möglichen Fettnäpfchen und würzt das Essen zweimal.

Nehmen wir an, Caro ist so eine Frau, chaotisch und vergesslich, aber zugleich auch flexibel und spontan. Die Protagonistin wäre dann die ordentliche, zuverlässige und diskrete Anna, die allerdings weniger wendig als Caro ist. Wo lassen sich beide am besten zusammenbringen? Natürlich dort, wo diese Eigenschaften wichtig sind: im Beruf. Vielleicht arbeiten beide in der Marketingabteilung eines großen Unternehmens Schreibtisch an Schreibtisch. Was passiert, wenn sie erfahren, dass eine der beiden Stellen gestrichen wird, eine von ihnen also demnächst ihren Job verliert? Wer die überzeugendste Kampagne für die Einführung eines neuen Produkts entwickelt, darf bleiben. Natürlich ist Anna sicher, dass sie den Wettkampf gewinnen wird. Zunächst kann sie mit Sachwissen, Marktanalysen und der Auswertung von Statistiken punkten, während Caro zwar viele wilde Ideen hat, aber keine Struktur. Was passiert, wenn Annas Laptop mit allen Unterlagen plötzlich verschwindet? Oder wenn der Zeitplan umgestoßen wird und das Konzept viel eher fertiggestellt sein muss? Caro improvisiert, Anna ist wie gelähmt, dann mobilisiert sie ihre letzten Reserven. Sie arbeitet die Nacht durch, schläft am frühen Morgen vor Erschöpfung ein – und verschläft den Präsentationstermin. Caro stellt ein originelles, aber völlig unzureichendes Konzept vor. Beide werden entlassen, treffen sich zufällig und beschließen, ihre Fähigkeiten optimal zu vernetzen, indem sie sich gemeinsam selbstständig machen. Das wäre ein möglicher Ansatz, aber auch zahllose andere Geschichten lassen sich aus diesen unterschiedlichen Charakteren entwickeln.

BEISPIEL
Chaos-Caro und Ordnungs-Anna

Um den Protagonisten oder das Hauptfigurenpaar herum gruppieren sich weitere für die Erzählhandlung wichtige Mitspieler in mehr oder weniger großem Abstand. Manchmal stehen zwei Hauptfiguren nebeneinander auf der obersten Stufe, in der Regel nimmt aber eine von ihnen eine herausragende Position ein. Das gilt meist selbst dann, wenn die Lebenswege mehrerer Figuren parallel verfolgt werden, zum Beispiel die von drei gleichaltrigen Freundinnen oder von mehreren Geschwistern. So hat Tolstoi in »Anna Karenina« der unglücklichen Anna mit Konstantin Lewin einen auf seine Weise ebenfalls starken Pro-

Wichtige Mitspieler

tagonisten an die Seite gestellt, dessen Geschichte über weite Strecken des Romans ganz eigenständig erzählt wird. In den »Buddenbrooks« folgt Thomas Mann den Entwicklungen der Geschwister Tony, Christian und Thomas, wobei Thomas als dem Ältesten aber doch eine Sonderrolle zukommt. Wenn Sie mehrere Hauptrollen besetzen, ist es unumgänglich, zu jeder einen eigenen Handlungsstrang mit Zielsetzung und Konflikten auszuarbeiten.

Rangmäßig dicht unter den Protagonisten und – wenn vorhanden – den Gegenspielern stehen Figuren, die als Impulsgeber die Handlung überhaupt erst ins Rollen bringen, Katastrophen oder Kurswechsel auslösen, Probleme verstärken oder neue Situationen schaffen. Dazu gehören Freunde, Mitbewohner, Partner, Kollegen und Verwandte, die dem Helden so nahe stehen, dass sie sein Verhalten mit Ratschlägen, Hilfsaktionen oder Intrigen maßgeblich beeinflussen können. Zu erwähnen sind des Weiteren Gestalten, die die Folgen des Handelns der Hauptakteure direkt zu spüren bekommen wie beispielsweise das Mordopfer, der verlassene Freund oder die geheime Geliebte. Ein prägnantes Exempel ist die Figurenkonstellation in Goethes Roman »Die Wahlverwandtschaften«, die dem Kräftespiel chemischer Elemente entspricht. Hauptfiguren sind zunächst Eduard und Charlotte, ein älteres Ehepaar, das ruhig und glücklich auf seinem Landgut lebt. Als Eduards Freund und Charlottes Nichte zu Besuch kommen, lösen sich bestehende Verbindungen auf und neue entstehen. Wichtige Gestalten in der Nähe der Hauptfigur sind auch Wronski, Crampas und Charlotte Buff als Objekte der Liebesbegierde von Anna Karenina, Effi Briest und Werther. Als treue Begleiter und Vertraute des Helden verbinden sich Adson von Melk mit William von Baskerville in »Der Name der Rose«, Sancho Pansa mit Don Quichotte und Mister Stringer mit Miss Marple.

Nebenfiguren Eine gesonderte Kategorie bilden Nebenfiguren, die nur in einer spezifischen Funktion oder für eine bestimmte Aufgabe gebraucht werden. Als Diener oder Werkzeug haben sie an Schicksal und Entwicklung des Protagonisten allenfalls mittelbaren Anteil, ein Rollenwechsel ist allerdings möglich. Der Mann vom Schlüsseldienst ist eine Nebenfigur, wenn er der Hauptfigur die Tür öffnet, die Rechnung kassiert und wieder verschwindet. Wenn sich die Heldin aber sofort in ihn verliebt oder wenn er in ihr seine Exfrau erkennt, die ihm bei der Scheidung so übel mitgespielt hat, rutscht er in die Klasse der Mitspieler oder steigt sogar in die Rolle des Antagonisten auf.

Ein Modell der verschiedenen Figurenrollen orientiert sich an den »Archetypen« des Schweizer Psychiaters C. G. Jung. Das »Selbst« (der Protagonist) strebt nach Vervollkommnung, auf dem Weg dahin trifft es auf Widersacher, die als äußere oder innere Hindernisse, Schwierigkeiten, Kräfte oder Zustände auftreten können, aber auch als konkrete Personen. Dieser »Schatten«, also der Antagonist, kann die dunkle Seite des Helden sein, wie etwa bei Jekyll und Hyde, oder ein wirklicher Gegner, wie etwa Kain, der aus Neid zum Mörder seines Bruders Abel wird. »Anima« bzw. »Animus« verkörpern jeweils den gegengeschlechtlichen Anteil des Selbst. Dahinter kann sich zum Beispiel eine Hure, ein Heiratsschwindler oder Liebhaber verbergen, auf jeden Fall ein verführerischer Charakter, der für den Protagonisten gefährlich werden kann, wenn es ihm nicht gelingt, diesen Anteil an Sinnlichkeit und Sexualität in seine Persönlichkeit zu integrieren. Schließlich gibt es noch den »alten Weisen«, einen Freund oder Vertrauten wie Gandalf oder Merlin, der dem Helden mit Rat und Hilfe zur Seite steht, damit er den richtigen Weg zum Ziel findet.[5]

Modell der »Archetypen«

Wie werden die Figuren im Erzähltext kombiniert und wie spielen sie optimal zusammen? Diese Frage lässt sich nicht pauschal beantworten, denn für jede Geschichte gibt es eine ganz spezifische Mischung. Wichtig sind Aspekte wie Gegensatz, Variation, Farbigkeit und Vielstimmigkeit, das heißt, die Figuren müssen in Rang, Bedeutung, Funktion und Charakter deutlich unterscheidbar sein. Stehen mehrere Gestalten im Zentrum, sollten es kontrastreiche Typen sein, also zum Beispiel die Schüchterne, die Pragmatische, die Schrille, und nicht etwa die Schüchterne, die Stille, die Zögerliche. Sie soll-

Zusammenspiel der Figuren

ten aus unterschiedlichen Milieus stammen, unterschiedliche Ansichten von der Welt und unterschiedliche Ziele haben oder aber diese auf unterschiedlichen Wegen erreichen wollen. Bei den »Buddenbrooks« wird jede der vier Generationen von einem Mitglied der Kaufmannsfamilie verkörpert und repräsentiert zugleich eine historische Epoche: angefangen vom alten Johann Buddenbrook, der mit seinem Faible für Flötenspiel und Gelegenheitslyrik die Phase der Aufklärung vertritt, über Jean (Pietismus) und Thomas (Idealismus) bis hin zu Hanno Buddenbrook (Romantik).[6] Auch innerhalb einer Generation gilt das Prinzip der Variation. Thomas und seine drei Geschwister sind als Charaktere ebenfalls deutlich differenziert. Während der konservative Älteste die Familientraditionen unter größten Anstrengungen erhalten will, führt Christian das unstete Leben eines Exzentrikers mit Hang zur Boheme, Tony weigert sich, wirklich erwachsen zu werden, und die stille, zurückhaltende Clara bleibt ganz im Schatten der Geschwister und stirbt früh.

Reale und fiktionale Figuren

Auf der Suche nach einem Helden für ihren Roman werden viele Autoren schnell fündig: bei sich selbst. Auf den ersten Blick eine verlockende Vorstellung, denn schließlich kennt man sich selbst am längsten und am besten. Hat nicht eine Freundin neulich voller Bewunderung gesagt: »Was du schon alles erlebt hast, da könntest du glatt einen Roman draus machen«? Und gibt es nicht das Familiengeheimnis, das man aufdecken, oder das traumatische Erlebnis, das man sich endlich von der Seele schreiben möchte? Gute Gründe genug, so mag es scheinen, sich selbst in den Mittelpunkt eines Erzähltextes zu stellen. Doch bei näherer Betrachtung werden die Fallstricke der realen Figuren sichtbar.

Zunächst einmal: Es fällt verdammt schwer, sich selbst und die Motive des eigenen Handelns wirklich zu erkennen, die blinden Flecken in der Biografie aufzuspüren, ehrlich zu sich selbst und den Lesern zu sein. Außerdem ist das eigene Erleben vielleicht manchmal romanhaft, aber nicht unbedingt auch romantauglich. Krieg, Vergewaltigung, Missbrauch und weitere schreckliche Erfahrungen können das Leben des Einzelnen prägen, erschüttern und zerstören. Therapeutisches Schreiben kann in solchen Fällen ausgesprochen hilfreich sein. Aber aus einem emotional stark belastenden Stoff einen Roman zu gestalten, führt leicht zu einer Überforderung. Oft fehlt es an der Distanz, manchmal auch an den sprachlich-stilistischen Mitteln, die nötig sind, um dem eigenen Erleben eine unverwechselbare literarische Form zu geben.

Wie schwer der Schritt weg von der Realität und hin zur Fiktion fällt, lässt sich zuweilen in Seminaren zum literarischen Erzählen beobachten. In der Diskussion eines Textes werden Einwände gegen die Glaubwürdigkeit erhoben, und die Autorin antwortet: »Aber genauso ist es doch gewesen.« Und manchmal wird der Schreiber gefragt: »Haben Sie das wirklich alles selbst erlebt?« oder bedauert: »Schrecklich, was Sie alles erleiden mussten.« In einem Seminar zum autobiografischen Schreiben wären sowohl die Verteidigung der Autorin als auch die Neugier und das Mitgefühl der Zuhörer zulässig, aber eben nicht im Gespräch über fiktionale Texte und damit über fiktive Figuren.

Die Figuren einer Erzählung oder eines Romans sind grundsätzlich als erfundene zu betrachten. Ihr Handeln muss glaubwürdig, überzeugend und wahrhaftig sein, es muss nicht wahr im Sinne von wirklich geschehen sein. Das gilt übrigens selbst dann, wenn die Hauptfigur denselben Namen trägt wie die Autorin. Ein solches Verwirrspiel hat zuletzt Felicitas Hoppe mit den Lesern getrieben. Ihr Roman »Hoppe« kommt als fingierte Biografie daher: Die Autorin Felicitas Hoppe schildert das Leben einer Frau namens Felicitas Hoppe. **Romanfiguren sind fiktional**

Das schließt keineswegs aus, Elemente der eigenen Biografie zu verwenden. Oft geben Autoren selbst Auskunft über Bezugspunkte zum eigenen Leben oder man kann solche Hinweise in biografischen Quellen entdecken. Doch wenn ein Text als Roman oder Erzählung ausgewiesen ist, hat der Leser keinen Anspruch darauf, zu erfahren, wie und in welcher Weise wirkliches Leben literarisch verwendet, verwandelt und verfremdet worden ist. Das ist der entscheidende Unterschied zu einem autobiografischen Text, in dem die Authentizität des Dargestellten vorausgesetzt wird. Als zum Beispiel publik wurde, dass die Reisejournalistin Ulla Ackermann entscheidende Passagen ihrer Autobiografie frei erfunden hatte, nahm der Verlag das Buch sofort vom Markt.[7] Autobiografien und Erfahrungsberichte, alle Texte also, die eine Identität von Autor und erzählendem Ich aufweisen, haben einen dokumentarischen Wert, sie überzeugen den Leser in erster Linie durch die Echtheit des Erlebten. Die Anforderungen an die ästhetische und dramaturgische Gestaltung sind dagegen weniger hoch als in der Belletristik, denn solche Texte gehören zur Sachliteratur.

Trotzdem gilt natürlich: Fiktionale Texte sind immer mehr oder weniger stark von der Persönlichkeit ihres Schöpfers geprägt. Das beginnt bei der Wahl des Stoffes und der Figuren, setzt sich bei deren psychologischer Ausstattung fort und zeigt sich schließlich auch in der Sprache. Entscheidend ist, dass man sich von der Wirklichkeit zu lösen vermag, dass man es versteht, eigene Erlebnisse und Erfahrungen für das künstlerische Werk dienstbar zu machen.

Ebenfalls nicht unproblematisch ist es, Personen aus der Familie, dem Freundes- oder Kollegenkreis als Grundlage literarischer Figuren zu nehmen. Parteilichkeit und Befangenheit können zur Folge haben, dass sie unglaubwürdig wirken. Eugen Ruge erklärte in einem Interview, dass er seinen Familienroman »In Zeiten des abnehmenden Lichts« erst schreiben konnte, nachdem wichtige Personen gestorben waren: »Aber selbst wenn man Menschen umerfindet, wenn man literarische Figuren aus ihnen macht (und das ist übrigens notwendig, um überhaupt schreiben zu können) – selbst das ist viel leichter in dem Augenblick, in dem sie als lebendige Vorbilder nicht mehr da sind.«[8]

Befangenheit und daraus resultierende Unehrlichkeit sind ein großes Problem bei der Umwandlung realer Personen in literarische Figuren, denn leicht drängen sich beim Schreiben Fragen in den Vordergrund wie: Wird sie sich wiedererkennen? Wie wird er reagieren, wenn er liest, was ich von ihm halte? Wird sie verstehen, dass ich einige ihrer Eigenschaften erfunden habe? Was darf ich schreiben, welche Details sind zu intim? Habe ich die Person ausreichend verfremdet?

Noch problematischer wird es, wenn der Autor gerade erreichen möchte, dass sich die reale Person in der Figur wiedererkennt. Mir sind vereinzelt Autoren begegnet, die sich mit Mitteln der Literatur rächen wollten. Sie hofften, wenn sie in ihrem Roman schildern, dass der Vater sich nie um sie gekümmert, die Kollegin sie gemobbt oder die beste Freundin sie hintergangen hat, würden die Betroffenen selbst ihr Unrecht erkennen und alle anderen Leser diese Person verachten. Ein solcher Plan wird nicht aufgehen, weil ein Roman eben üblicherweise nicht biografisch gelesen wird. Figuren, die an den Pranger gestellt werden sollen, erzeugen oft keine Ablehnung, sondern Mitleid.

Persönlichkeitsschutz kontra Kunstfreiheit

Wenn sich reale Personen in literarischen Figuren wiedererkennen, kann das schwerwiegende juristische Folgen haben. Es besteht die Möglichkeit, gegen den Verlag zu klagen, um zu erreichen, dass die entsprechenden Passagen geschwärzt werden oder das Buch vom Markt genommen wird. Die Gerichte müssen zwischen Persönlichkeitsrecht und Kunstfreiheit abwägen. Ein bekanntes Beispiel ist der Streit um den Roman »Esra« von Maxim Biller. Eine ehemalige Geliebte und deren Mutter waren der Meinung, sie seien trotz geänderter Namen identifizierbar, und nach einer mehr als sechs Jahre dauernden Auseinandersetzung, die bis vor das Bundesverfassungsgericht führte, konnten sie ihre Position durchsetzen. Das Buch ist nur noch antiquarisch erhältlich.[9] Dass der Schutz der Persönlichkeit selbst mit dem Tod des Dargestellten nicht endet, zeigte die Kontroverse um Klaus Manns Schlüsselroman »Mephisto«, der zeitweise verboten wurde, weil ein Erbe von

Gustaf Gründgens seine Auffassung durchsetzen konnte, der Schauspieler und Regisseur sei darin verleumdet worden.

Wenn Sie – aus welchem Grund auch immer – aus realen Menschen literarische Figuren machen wollen, sollten Sie darauf achten, keine Persönlichkeitsrechte zu verletzen. Allein der Hinweis »Jede Ähnlichkeit mit lebenden oder toten Personen wäre reiner Zufall« reicht als Absicherung nicht aus. Insbesondere, wenn Menschen kritisch oder negativ dargestellt werden, sollte das Vorbild unkenntlich sein. Ändern Sie Namen, Geschlecht, Beruf, Wohnort und Alter, erwähnen Sie keine exklusiven Positionen, Ämter, Auszeichnungen oder Ähnliches, die eine Identifizierung erlauben. Am klügsten ist es, Charaktere zu entwickeln, in denen sich die Eigenschaften verschiedener realer Menschen mit erfundenen vermischen. Je weiter Sie sich von biografischen Grenzen entfernen, desto mehr Vergnügen werden Sie an der Freiheit finden, Figuren zu kreieren, die nur Ihnen und Ihrem Erzählzweck verpflichtet sind, sonst niemandem.

Nicht menschliche Figuren

Dinge als Helden *Es war einmal ein feiner Kavalier, dessen ganzer Hausrat aus einem Stiefelknecht und einer Haarbürste bestand. Aber er hatte den schönsten Halskragen der Welt und von diesem Kragen werden wir eine Geschichte hören. Er war jetzt so alt, dass er daran dachte, sich zu verheiraten, und da traf es sich, dass er mit einem Strumpfband in die Wäsche kam.*
»Nein!«, sagte der Kragen. »Etwas so Schlankes und so Feines, so Weiches und so Allerliebstes habe ich wahrhaftig noch nie gesehen! Darf ich mich nach Ihrem Namen erkundigen?«[10]

Zum Handlungsträger eines Erzähltextes kann nahezu alles werden. Hans Christian Andersen erzählt in seinem Märchen »Der Kragen« aus dem Leben eines ziemlich prahlsüchtigen Vertreters dieser Art. Weder das schüchterne Strumpfband, noch Plätteisen, Schere oder Haarbürste haben Lust, den aufdringlichen Verehrer zu erhören. Das hält den Kragen allerdings nicht davon ab, sich später – als er unter die Lumpen gerät – mit seinen angeblichen Liebschaften zu brüsten. Andersen ist ein Meister des Dingmärchens und hat auch Teekanne, Feuerzeug, Schneemann und Zinnsoldat zum Leben erweckt. In Geschichten von Franz Hohler[11] spielen Tiefkühltruhe und Briefkasten tragende Rollen. Und dass sogar Militär- und Müllroboter oder Autos das Zeug zu Helden haben, zeigen Trickfilme über Nummer 5, WALL·E oder den »tollen Käfer« Herbie.

Tiere treten besonders häufig in der Kinderliteratur, in Märchen und Fabel auf. Im Märchen löst es weder Erstaunen noch Verwirrung aus, wenn sie über menschliche Fähigkeiten wie Sprache und Bewusstsein oder über Zauberkräfte verfügen. Manchmal agieren ausschließlich Tiere, sehr häufig steht ein Konflikt zwischen zwei von ihnen im Mittelpunkt. Dabei erringt der von Natur aus Unterlegene durch List und Klugheit den Sieg über den eigentlich Stärkeren. Ein Beispiel dafür ist das Grimmsche Märchen »Hase und Igel«, in dem der Igel mithilfe seiner Frau den hochnäsigen Hasen beim Wettrennen schlägt. In einer zweiten Variante zeigen sich Tiere als Helfer und Begleiter von Menschen. Zumeist sind es die vermeintlich Dummen, Missachteten oder Zurückgesetzten, denen sie sich besonders verbunden fühlen: In »Der gestiefelte Kater« gelingt es der pfiffigen Samtpfote, den um sein Erbe betrogenen jungen Mann der Gunst des Königs zu empfehlen und ihm eine Prinzessin als Braut zu gewinnen. Typisch sind auch Verwandlungen vom Menschen zum Tier oder umgekehrt. Ein bekanntes Beispiel solcher Metamorphose ist »Der Froschkönig«.

Tiere als Helden im Märchen

In der Fabel dagegen spiegeln die tierischen Protagonisten menschliche Verhaltensweisen wider. Abstrakte moralische Botschaften oder einzelne (meist negative) Eigenschaften wie Hass, Neid oder Eitelkeit werden versinnbildlicht. Sowohl im Märchen wie in der Fabel sind die Charaktere typisiert und eindimensional: der böse Wolf, der listige Fuchs oder das naive Lamm.

Tiere in der Fabel

Naturalistische und vermenschlichte Darstellung

In Romanen und Erzählungen ist zwischen naturalistischer und vermenschlichter (anthropomorphisierter) Darstellung zu unterscheiden. Tiere wie Lassie, Fury, Flipper oder Moby Dick werden verhaltensbiologisch artgemäß in ihrer natürlichen Lebensumwelt gezeigt und fungieren als Helfer oder Gegenspieler des menschlichen Protagonisten. Häufig fühlen sich die Autoren ganz ausdrücklich dem Tierschutzgedanken verpflichtet. Das gilt beispielsweise für Jack London, dessen Mischlingshund Buck aus »Ruf der Wildnis« sich allein vom Instinkt geleitet zum Anführer eines Wolfsrudels entwickelt.

Vermenschlichte Tiere und Gegenstände sind menschlichen Figuren grundsätzlich gleichgestellt, denn sie können Erzählhandlungen initiieren und vorantreiben. Der Grad der Anthropomorphisierung kann verschieden sein. Es gibt Tiere, die sich biologisch artgerecht verhalten, aber über menschliches Bewusstsein und Sprache verfügen, und andere, die selbst in Haltung, Kleidung, Nahrung und Wohnung menschliche Gepflogenheiten übernommen haben. So verbleibt der Kragen in Andersens Märchen in seinem Umfeld, er wird gewaschen und gebügelt, im Alter zu den Lumpen geworfen und schließlich zu Papier verarbeitet. Weitgehend in die menschliche Gesellschaft integriert erscheinen dagegen die Protagonisten in Erich Kästners »Konferenz der Tiere«. Der Löwe Alois, der Elefant Oskar und das Giraffenmännchen Leopold führen das Leben ganz normaler Kleinbürger. Sie treffen sich zum Abendschoppen, telefonieren, lassen sich frisieren und maniküren, packen die Koffer und reisen mit Flugzeug und Bahn. Aus dieser Übertragung resultieren Witz und Charme des Buches. Ein weiteres Beispiel ist der Roman »Ich bin hier nur die Katze« von Hanna Johansen, in dem die Komik aus dem mit dem Rollentausch verbundenen Perspektivwechsel entsteht: Der Mensch wird mit den Augen des Tieres wahrgenommen. Viele originelle Ideen finden sich auch in dem Entwicklungsroman »Das Tao des Hamsters« von Heike Hoyer, der einen Goldhamster auf der Sinnsuche begleitet.

Der humoristische Effekt, der sich ergibt, wenn Tiere oder Dinge vermenschlicht werden, ist ein wesentlicher Grund dafür, dieses Verfahren zu nutzen. Funktionieren kann es jedoch nur, wenn die Protagonisten die ursprüngliche Gestalt und einige typische Eigenheiten beibehalten. So benutzt der Elefant bei Kästner ein Taschentuch, das »vier Meter lang und vier Meter breit« ist. Für die Katze bleibt der Hund weiterhin gefährlich, und der Hamster, der sich dem Fluss des Lebens anvertraut, schätzt wie eh und je Möhren und Haferflocken.

Wirkung der Vermenschlichung

Speziell in der Kinderliteratur haben Tiere als Handelnde eine weitere wichtige Aufgabe: Kinder fühlen sich zu ihnen hingezogen, entwickeln Vertrauen und sehen sich auf Augenhöhe mit ihnen. Vereinfachte, auf einzelne Eigenschaften hin konzipierte Tiercharaktere bieten leicht eingängige Modelle für die individuelle Entwicklung und soziales Handeln. Es gilt jedoch auch: Mit Tieren werden sich Leser nie vollständig identifizieren. Die Verfremdung führt zu einer Distanz, aus der heraus das gezeigte Verhalten reflektiert werden kann. Das kann manchmal durchaus gewünscht sein. Der »böse« Wolf im Märchen wirkt weit weniger bedrohlich als ein gewalttätiger Erwachsener in der realistischen Literatur.

Nicht Mensch, nicht Tier oder sowohl als auch sind Geist-, Misch-, Zauber- und Naturwesen wie Elfen, Nixen, Drachen, Chimären, Zyklopen, Wolpertinger und zahllose andere Gestalten,[12] die vor allem die Fantasy bevölkern. Viele sind mythologischer Herkunft, sodass Sie auf überlieferte Eigenschaften und Fähigkeiten zurückgreifen können. Zwerge gelten oft als listig und tückisch, Elfen haben gewöhnlich spitze Ohren, sind zart und anmutig. Solche Zuschreibungen sind auch ein guter Ausgangspunkt für Weiterentwicklungen, Variationen und Kontrastbildungen. Warum nicht mal einen freundlichen Drachen oder eine hinterhältige Fee erfinden? Ansonsten sind dieselben Aspekte wie bei der Gestaltung von Tieren oder Gegenständen zu beachten. Um als Protagonist zu überzeugen, muss auch das fantastische Wesen menschliche Züge tragen. In Nebenrollen können skurrile, fremdartige

Mischwesen

Gestalten mit speziellen Kräften für Chaos, Entsetzen und Verwirrung in wohlgeordneten Welten sorgen.

Kapitel 1: Das Wichtigste in Kürze

- Der Protagonist ist die Hauptfigur der Geschichte, der Antagonist sein Gegenspieler oder auch eine abstrakte Gegenkraft.
- Protagonist und Antagonist sollten etwa gleich stark sein und beide die Chance haben, die Auseinandersetzung zu gewinnen.
- Es empfiehlt sich, vor Schreibbeginn die Hauptrollen zu verteilen.
- Figuren eines Erzähltextes sind grundsätzlich als erfundene zu verstehen.
- Romanfiguren aus der eigenen Biografie zu entwickeln, ist eine besonders schwierige Aufgabe, die leicht überfordern kann.
- Reale Personen als Vorlage für literarische Figuren zu nehmen, kann zu Streit und juristischen Problemen führen. Deshalb sollten sie so verfremdet werden, dass sie unkenntlich sind.
- Damit Tiere oder Gegenstände als Protagonisten überzeugend handeln können, müssen sie bis zu einem gewissen Grad über menschliches Bewusstsein verfügen.
- Mit vermenschlichten Tieren und Gegenständen können Sie Heiterkeit und Schmunzeln erzeugen, Empathie wecken und menschliches Verhalten aus der Distanz heraus spiegeln.

2. Figuren im Erzählprozess

Figuren und Plot

Manchem fällt es schwer, gewissermaßen aus dem Stand heraus Figuren zu erfinden. Insbesondere Autoren, die ihren ersten längeren Prosatext planen, konzentrieren sich oft ganz auf die Entwicklung des Themas. Das ist verständlich, kann aber im Schreibprozess später zu Problemen führen, denn eines ohne das andere zu tun, führt nicht sehr weit. Handlung und Figuren sind immer ganz eng aufeinander bezogen und beeinflussen sich wechselseitig. »Plotten« bedeutet nichts anderes, als die Abfolge der Handlungen der Figuren und deren Motive festzulegen. »Im Wesentlichen ist der Plot das, was die fiktiven Figuren tun, um mit einer neuen und überraschenden Situation fertig zu werden.«[13] Womit man beginnt, ist im Grunde egal. Manchmal steht am Anfang eine Figur, die unbedingt zum Helden taugt, dann folgen die Überlegungen, welche Abenteuer sie zu bestehen und welche Krisen sie zu meistern hat, an zweiter Stelle. Manchmal ist es umgekehrt: Eine Idee oder ein Thema drängt sich in den Vordergrund, die Figuren werden passend dazu entworfen. In jedem Fall aber gilt: Überzeugende Figuren können eine schlichte Handlung beträchtlich aufwerten, sodass am Ende ein lesenswerter Roman entsteht. Sind die Charaktere dagegen blass und schwammig, können sie selbst einen sorgsam ausgetüftelten Plot ruinieren. Denn es sind immer die Figuren, die einen Leser in die Geschichte ziehen – oder eben nicht.

BEISPIEL
Eine erste Idee

Am Beginn der Planung meines historischen Kriminalromans »Abt Jerusalem und die Hohe Schule des Todes« standen ein Schauplatz und ein Ereignis: Das Collegium Carolinum in Braunschweig, eine Hochschule, in der 1750 angeblich ein Gespenst sein Unwesen trieb. Selbst Professoren wollten es gesehen haben und fertigten ausführliche Berichte darüber, die ich nutzen wollte. Meine Überlegungen waren zunächst: Wie lässt sich die Gespenstererscheinung mit einem Mordfall verbinden? Wer sollte der Täter sein? Wer sollte den Fall aufklären?

Von der ersten Idee aus führt der Weg also schnell weiter zu den Figuren, deren Verhältnis zur Handlung zwiespältig ist. Einerseits sind sie Diener der Geschichte, sie sollten immer mit Blick auf die Erfordernisse der Erzählhandlung entwickelt werden. Welche Eigenschaften einer Figur bedeutsam und welche überflüssig sind, ergibt sich aus den Anforderungen des Plots. So kann die körperliche Erscheinung eines Mörders unwichtig sein. Soll er aber die Leiche über eine größere Strecke tragen, muss er kräftig und durchtrainiert sein, das Opfer dagegen eher zierlich. Andererseits bedingt der Charakter einer Figur deren Handeln. Eine Figur kann nur im Rahmen der ihr zugewiesenen Fähigkeiten agieren.

BEISPIEL
Die Figur bestimmt die Handlung

Ich habe mit dem Studenten Friedrich Bosse einen ängstlichen, introvertierten jungen Mann als Ermittler entworfen, der Gedichte und Schauspiele schreibt und als Dichter Erfolg haben möchte. Er würde sich nicht, wie etwa Agatha Christies Heldin Miss Marple, aus purer Neugier auf Mördersuche begeben. Deshalb musste ich ein starkes persönliches Motiv finden. Bosse beginnt nur deshalb mit Nachforschungen, weil der Tote sein bester Freund gewesen ist und er selbst verdächtigt wird, ihn umgebracht zu haben. Hätte ich den jungen Mann mit anderen Charakterzügen ausgestattet, hätte er ganz anders agieren können. Wie hätte sich wohl die Geschichte der Effi Briest entwickelt, wenn sie nicht als stille und duldsame Frau, sondern als leidenschaftlich Liebende gestaltet worden wäre?

Dass die ersten Schritte, die man in ein neues Schreibprojekt wagt, tastend und noch etwas wacklig sind, ist völlig normal. Plot und Figuren wachsen langsam heran, werden ständig verfeinert und weiter differenziert, wobei Sie sich auch für längere Zeit ganz auf das eine, dann auf das andere konzentrieren können. Doch wer bisher auf das Thema fixiert war und die Figurenentwicklung vernachlässigt hat, dem empfehle ich, ganz bewusst von der Figur aus zu denken, denn deren Erleben, Empfinden und Handeln ist der Dreh- und Angelpunkt eines jeden Erzähltextes. Stellen Sie also nicht das abstrakte Thema in den Vordergrund: *Der Roman handelt von der zerstörerischen Kraft überholter Ehrbegriffe*, sondern die Hauptfigur: *Der Roman handelt von einer jungen Frau, die versucht, ihrem eintönigen Alltag in Hinterpommern durch eine Affäre etwas Glanz zu verleihen.*

Wann überzeugen Figuren?

Sicher haben auch Sie schon die Erfahrung gemacht, dass es literarische Figuren gibt, die sehr lange im Kopf präsent bleiben. Figuren, die tief beeindrucken und uns manchmal das ganze weitere Leben begleiten. Für mich gehören Harry Potter und Pippi Langstrumpf ebenso dazu wie Anna Karenina und Effi Briest, Werther und Josef K. Warum ist das so? Warum faszinieren uns manche Figuren mehr als andere?

Eine mögliche Erklärung greift auf Kategorien der Analytischen Psychologie zurück, die C. G. Jung entwickelt hat, und von denen bereits die Rede war (Kapitel 1). Jung stellte fest, dass in den Träumen von Menschen immer wieder die gleichen Urbilder erscheinen, und zwar ganz unabhängig vom jeweiligen kulturellen Kontext. Diese »Archetypen« verkörpern »kollektive Wunsch- und Angstvorstellungen« des Unbewussten. Dieses Modell lässt sich auf die Wirkung literarischer Figuren übertragen. Protagonisten überzeugen demnach, wenn sie so handeln, »dass es den Leser in seinem Unterbewusstsein an diese Erfahrungen erinnert, die Tausende seiner Vorfahren vor ihm gemacht haben«.[14] Nach diesem Muster gestaltete Charaktere symbolisieren verschiedene Entwicklungsstadien des Menschen. Da Archetypen unabhängig von individuellen Prägungen wirken, sprechen sie besonders viele Leser an und ihr Einfluss lässt sich in zahlreichen Figuren der Weltliteratur entdecken.

Kollektive Vorstellungen

Emotionale Anteilnahme

Figuren faszinieren also, wenn sie im Innern des Lesers etwas zum Schwingen bringen. Das geschieht durch das unbewusste Wiedererkennen von Urbildern, vor allem aber durch emotionale Anteilnahme und »Gefühlserfahrungen«[15]. Mit Emotionen verknüpfte Erlebnisse bleiben lange und fest im Bewusstsein gespeichert. Es ist die emotionale Nähe, die uns dazu bringt, in Geschichten zu versinken, Nächte durchzulesen, unsere Umgebung zu vergessen. Durch das Miterleben gleichen wir Gefühlsdefizite aus. Denn mit den Emotionen im wirklichen Leben hat es eine eigenartige Bewandtnis. Die Menschen suchen nach magischen Momenten, nach der großen Liebe, Leidenschaft, Erfolg, Ruhm und Glück. Doch genießen kann sie nur, wer sich zuvor anstrengt. Die Liebe muss gepflegt, der Erfolg im Beruf will erarbeitet werden. Und das Glück, das der Bergsteiger auf dem Achttausender oder der Marathonläufer am Ziel spürt, ist ohne Mühe, Disziplin und Zielstrebigkeit nicht zu haben. Intensiv wirken auch Schmerz, Kummer und Angst, negative Empfindungen, die sich niemand wünscht. In früheren Epochen konnte man dem nicht entgehen: Seuchen, Hungersnöte, Kriege und zahllose weitere existenzielle Nöte ließen den Menschen keine Wahl. Doch heute, in unserer wohlgeordneten und nach allen Seiten abgesicherten Lebensweise in der westlichen Wohlstandswelt ist der Zwang zum Leiden für die meisten äußerst gering. Erwünscht sind starke Gefühle, unerwünscht sind Mühen und Schmerzen, die damit unweigerlich verbunden sind. Wie lässt sich dieses Dilemma lösen?

Große Gefühle ohne Nebenwirkungen

Der bequemste Weg: Man begnügt sich mit indirekten Erfahrungen. Die Bandbreite der Möglichkeiten ist groß und reicht historisch weit zurück. Gladiatorenkämpfe im alten Rom, öffentliche Hinrichtungen im Mittelalter, der Katastrophentourismus der Gegenwart mit Gaffern, die Rettungsaktionen bei Überflutungen, Bränden und Unfällen behindern, insbesondere aber mediale Vermittlungen, neben Spielfilmen auch Dokusoaps von »Dschungelcamp« bis »Bauer sucht Frau« und die Unterhaltungsliteratur: Alle diese Erlebnisse bieten große Gefühle ganz ohne Risiken und Nebenwirkungen. In dem Maße, in dem die Wirklichkeit an existenziellen Bedrohungen verloren hat, etablierten sie sich in der virtuellen Welt. Die Gattung des Krimis entwickelte sich nach einigen Vorläufern erst Ende des 19. Jahrhunderts, und der Trend zu Horror, Grusel und äußerst brutalen Kriminalromanen, wie sie aktuell vor allem aus Skandinavien kommen, erreicht in der Gegenwart einen Höhepunkt. Es ist ein paradoxer Befund: Je mehr die medialen Helden leiden, desto behaglicher fühlen sich Leser und Zuschauer. Das wusste bereits Aristoteles, der in seiner »Poetik« feststellte: »Was wir nämlich in der Wirklichkeit nur mit Unbehagen anschauen, das betrachten wir mit Vergnügen, wenn wir möglichst getreue Abbildungen vor uns haben.«[16]

Ob wir dadurch aber auch zu besseren Menschen werden? Das zumindest erhofften sich Aristoteles und Lessing als Wirkung des Trauerspiels. Das Geschehen auf der Bühne errege beim Publikum Mitleid und Furcht. Nahm Aristoteles noch an, durch diese emotionale Anteilnahme würde eine Reinigung (»Katharis«) von Leidenschaften bewirkt, ging Lessing einen Schritt weiter. Er war der Ansicht, die Betrachter bezögen die dargestellten Unglückssituationen auf sich und fürchteten, ihnen könnte Ähnliches passieren. Das habe zur Folge, dass sich die Affekte in »tugendhafte Fertigkeiten« verwandelten.[17]

Heute glauben wir nicht mehr, dass wir durch die Lektüre von Jussi Adler Olsens Thrillern oder das Betrachten von Dokusoaps an Sittlichkeit gewinnen. Die Figuren in Film und Buch übernehmen eher entlastende Funktionen: Sie lieben und leiden stellvertretend für uns. Das Unglück der anderen zeigt uns unser Glück. Wir haben nicht derartig über unsere finanziellen Verhältnisse gelebt wie das junge Paar, das sein Elend vor dem Schuldnerberater im TV ausbreitet, unsere Kinder brauchen keine »Supernanny« und unsere Ehe ist längst nicht so trostlos wie die von Effi Briest. Wir haben nicht ernsthaft vor, unsere Familie zu verlassen, wir wollen nicht auf einer einsamen Insel jenseits der Zivilisation stranden und nicht in einer Stadt leben, wo ständig schrecklich zugerichtete Leichen entdeckt werden. Aber wir möchten das alles ansehen und darüber lesen! Am sicheren Ort, im gemütlichen Sessel genießen

Durch Lektüre zur Tugend?

wir die großen Gefühle, die nicht unsere sind, finden unsere Wünsche und Sehnsüchte ohne Anstrengung erfüllt, zelebrieren unsere Angstlust, wohl wissend, dass uns keine Gefahr droht und am Ende, wenn wir das Buch zuklappen, alles wieder wie zuvor ist.

Ähnlichkeit und Fremdheit Darin besteht die Herausforderung für den Autor: Er muss Figuren schaffen, die als Spiegel, Projektionsfläche und Stellvertreter der Gefühle, Leidenschaften, Träume und Hoffnungen der Leser dienen können. Wir wissen, dass emotionale Berührung nur mit konkreten Menschen und Schicksalen funktioniert. Hunderte Opfer bei einem Flugzeugabsturz machen längst nicht so betroffen wie der kranke Nachbar. Je näher uns jemand steht, desto mehr ist es uns möglich, Anteil zu nehmen. Daraus ergibt sich eine wichtige Bedingung, die literarische Figuren erfüllen müssen, wenn sie emotional überzeugen sollen: Sie müssen uns ein Stück weit ähnlich sein. »Mitleid entsteht nur, wenn der, der es nicht verdient, ins Unglück gerät, Furcht, wenn es jemand ist, der dem Zuschauer ähnlich ist.«[18]

Der fehlerlose Held und das perfekte Hochglanzgirl bieten diese Möglichkeit nicht. Deshalb hat selbst Superman Schwächen und Siegfried eine verwundbare Stelle. Tiefen Eindruck hinterlassen Figuren, die mit großen und kleinen Problemen des Alltags zu kämpfen haben. Darin erkennt man die Unzulänglichkeiten und Fehler des eigenen Lebens. Es fällt leicht, sich mit Aschenputtel oder Harry Potter verbunden zu fühlen, die von ihren Verwandten drangsaliert werden, mit Werther, den die Adelsgesellschaft ausgrenzt, mit Bridget Jones und ihrer Schwäche für Schokolade.

Ähnlichkeit schafft Nähe. Aber das ist nur eine Bedingung, die emotional wirksame Figuren erfüllen müssen. Die andere lautet: Sie müssen ein Stück weit fremd sein.[19] Der Held in der Literatur ist stärker, mutiger oder verzweifelter als Personen der Wirklichkeit. Er überschreitet Grenzen, wagt mehr als wir und verwirklicht das, was wir uns oft nicht trauen. Er verlässt den vorgeschriebenen Weg wie Rotkäppchen, kämpft gegen

Drachen, Lord Voldemort und andere Bösewichte, setzt sich über gesellschaftliche Konventionen hinweg oder wird zum Verbrecher. Er verfolgt seine Ziele gegen alle Widerstände und nimmt in Kauf, zu scheitern und unterzugehen, während der reale Mensch sich in der Regel von Zweifeln, Ängsten, moralischen Bedenken oder Gesetzen davon abhalten lässt, das zu tun, was er gern möchte oder für notwendig erachtet. Hier gilt für uns Leser wieder das Prinzip: Genuss ohne Reue. Mit ihrem Mut, ihrer Kraft und Verwegenheit spiegeln die literarischen Helden unsere Wünsche und Träume wider – doch ihr Scheitern ist nicht unser Scheitern.

Anforderungen an Hauptfiguren

In diesem Kapitel geht es um Grundbedingungen, die Ihre Protagonisten erfüllen müssen, um in einem Erzähltext zu überzeugen. Literarische Figuren sind immer Kunstfiguren und in allen Grundzügen außergewöhnlicher als Menschen der Wirklichkeit. Sie sind plastischer gearbeitet, verfügen über schärfere Konturen, weisen nicht nur vertraute, sondern auch fremde und exotische Züge auf. Eine Hauptfigur muss einem Ziel folgen und dabei Hindernisse überwinden, sie muss glaubwürdig sein und motiviert handeln. Ihr Charakter ist einfacher als der eines normalen Menschen und relevant für die Handlung, trotzdem mehrdimensional und komplex. Und schließlich muss die Hauptfigur in der Lage sein, beim Leser Sympathie oder zumindest Faszination zu erzeugen.

Motiviertheit und Glaubwürdigkeit

Die Begriffe Motiviertheit und Glaubwürdigkeit sind zwei Seiten derselben Medaille. Das Handeln der Figuren muss motiviert sein, es muss Gründe geben, warum sie ein Ziel verfolgen und warum sie es in der dargestellten Art und Weise und keiner anderen tun. Der Leser muss diese Gründe nachvollziehen können, nur dann erscheinen sie ihm glaubwürdig. Die Grundfrage lautet: Wie stark ist der Antrieb für die Figur, ein Ziel überhaupt in Angriff zu nehmen, einen Traum zu verwirklichen, einen Plan in die Tat umzusetzen? Im realen Leben sind Ziele schnell gesetzt, bevorzugt zu Neujahr: ein paar Kilo abnehmen, mit dem Rauchen aufhören, einen Roman schreiben usw. Gute Gründe dafür lassen sich auch leicht finden: endlich wieder in die schicke Jeans passen, beim Treppensteigen nicht mehr keuchen, Kreativität ausleben. Doch mit der Umsetzung hapert es oft, wie wohl jeder aus leidvoller Erfahrung weiß, weil Bequemlichkeit und Routine stärker und die Ziele vielleicht zu abstrakt sind, vor allem aber, weil sie nicht überlebenswichtig sind. Wir können sie ändern oder wieder aufgeben, ohne negative Konsequenzen befürchten zu müssen. Alles ist wie zuvor, der Status quo bleibt gewahrt. Auch wenn wir unsere Pläne noch so laut verkünden, sie sind schwach motiviert und meist nicht lange aufrechtzuerhalten, allen guten Ratschlägen von Psychologen und Motivationstrainern zum Trotz. Allerdings können sich schwache Triebkräfte schnell in starke verwandeln, wenn beispielsweise der Arzt nach der Untersuchung sagt: »Wenn Sie weiterrauchen, sind Sie in einem halben Jahr tot.«

BEISPIEL
Schwache und starke Motivation

Den Unterschied zwischen schwacher und starker Motivation hat Jörg Ehrnsberger an einem anschaulichen Beispiel erklärt: Wenn jemand durstig ist, aber gemütlich in seiner Küche sitzt, Wasserflasche und Wasserhahn in greifbarer Nähe, ist die Motivation, etwas zu trinken, relativ gering. Man lässt sich leicht ablenken, vergisst das Ziel möglicherweise wieder. Wenn dagegen jemand durch die Wüste irrt, seit Tagen nichts mehr getrunken hat, und er sieht eine Oase am Horizont: Wie steht es dann um seine Motivation?[20]

Es ist an Ihnen als Autor, Ihre Figuren zu motivieren. Impulse können von außen kommen, besondere Begegnungen oder einschneidende Ereignisse wie Krankheit, Arbeitslosigkeit, Unfall oder eine Erbschaft können die Notwendigkeit zum Handeln begründen. Neben den äußeren Motiven spielen die inneren eine große Rolle für die Verfolgung von Zielen. Ihre Wirkung ist viel intensiver und länger anhaltend. Anteil daran haben etwa Charaktereigenschaften, Dispositionen, Erfahrungen, Traumata und die Erwartungen anderer. Wer seinem Vater beweisen will, dass er nicht der Versager ist, für den er gehalten wird, strebt den Chefposten möglicherweise mit wesentlich mehr Energie an als der ebenso qualifizierte Kollege, der diesen zusätzlichen Ansporn nicht verspürt. Neugier, Eifersucht, Liebe, Geltungsdrang, Rache, Ehrgeiz oder Abenteuerlust sind sehr wirksame Antreiber. Oft liegt dem Handeln eine Mischung aus äußeren und inneren Faktoren zugrunde und einzelne Ziele können verschieden motiviert sein. Miss Marple treibt die Neugier zur Verbrecherjagd, Hercule Poirot die intellektuelle Eitelkeit und den Kriminalkommissar sein Beruf.

Insbesondere passive Helden brauchen einen Handlungsanreiz von außen, zum Beispiel einen Brief mit einer Einladung (»Harry Potter«), eine Wette (»In 80 Tagen um die Welt«) oder einen Auftrag (»Der kleine Hobbit«). Je nachdem, wie unwillig der Protagonist ist, müssen Zwang oder Erpressung angewandt werden oder es muss eine attraktive Belohnung winken. Die Aufgabe muss dringend sein und niemand anderer als gerade diese Figur kann sie lösen. Denken Sie an Bastian Balthasar Bux, den Helden aus Michael Endes Roman »Die unendliche Geschichte«. Ihm genügt es völlig, über die geheimnisvolle Welt Phantasiens zu lesen. Dann erfährt er, dass er der Einzige ist, der die Kindliche Kaiserin und ihr Land vor dem Untergang retten kann. Zunächst ignoriert er die Hilferufe und erst im allerletzten Augenblick springt er in die Geschichte hinein und übernimmt die ihm zugedachte Aufgabe.

Passive Helden aktivieren

Übrigens betrifft der Aspekt der Motiviertheit nicht nur das übergeordnete Ziel des Protagonisten, sondern alle Handlungen der Figuren, Mimik und Gestik eingeschlossen. Deshalb sollten Sie bei der Entwicklung der Figuren und des Plots sowie beim Schreiben der Geschichte das Warum immer mitdenken. Viele Leser tun es auch und ärgern sich über Unglaubwürdiges.

Im Hinblick auf die Motiviertheit ihrer Ziele und Handlungsweisen müssen literarische Figuren anderes leisten als reale Personen. Im Alltag werden Entscheidungen oft »aus dem Bauch heraus« oder aufgrund von Routinen und Erfahrungen getroffen, ohne dass man darüber nachdenkt. Genaues Abwägen, intensives Grübeln und die Erstellung von Pro-und-Kontra-Listen scheinen sowieso überflüssig zu sein, denn es häufen sich die wissenschaftlichen Belege dafür, dass unser Gehirn aufgrund neuronaler Prozesse mehr oder weniger selbstständig entscheidet oder Entscheidungen anbahnt und den Menschen nur in dem (falschen) Glauben lässt, er habe seine Ziele selbst bestimmt. Im wirklichen Leben bleibt uns also oft nichts anderes übrig, als über die Motive zu spekulieren, die uns selbst und unsere Mitmenschen zu bestimmten Taten veranlassen.

Glaubwürdigkeit Literarische Figuren aber wollen wir als Leser besser kennenlernen. Die sollen nicht nur motiviert, sondern auch glaubwürdig handeln. Für Sie als Autor ist das Argument »Ich kenne aber jemanden, der das getan hat« nicht ausreichend. Glaubwürdigkeit lässt sich nur aus der Figur heraus entwickeln, nicht von außen überstülpen. Auch scheinbar irrationales oder absurdes Verhalten einer Figur sollte so begründet werden, dass der Leser es versteht, selbst wenn er es nicht akzeptieren kann. Das muss nicht gleich geschehen. Im Gegenteil, unerklärlich wirkende Taten irritieren, machen neugierig, lassen ein Geheimnis ahnen. Doch am Ende einer Erzählung oder eines Romans sollten die Motive bekannt, nachvollziehbar und überzeugend sein, indem sie entweder explizit erwähnt oder zwischen den Zeilen herausgelesen werden können.

BEISPIEL
Ein glaubwürdiger Held? Betrachten wir ein Beispiel: Jan wird als Eigenbrötler mit Hang zu Depressionen und Zynismus geschildert, der Kulturwissenschaft im zwanzigsten Semester studiert und seinen Lebensunterhalt mit Taxifahren verdient. Schon sein Traum, eine Kleinkunstbühne zu gründen, ist schwer nachvollziehbar, aber so ist es ja oft mit Träumen: Man sucht sich ein Ziel, das nicht zu einem passt. Jan ist entschieden zu lethargisch, um einen ersten Schritt zur Verwirklichung seines Plans zu tun. So weit, so schlüssig – zumindest im Ansatz. Doch plötzlich entwickelt dieser introvertierte Protagonist ungeahnten Aktionismus:

Er nimmt bei einem Kredithai viel Geld auf, realisiert binnen weniger Wochen sein Projekt, ohne auf Schwierigkeiten zu stoßen, wird von einem großen Freundes- und Bekanntenkreis unterstützt, profiliert sich als Sprecher einer politischen Initiative und setzt sich als Geschäftsmann durch, kurz gesagt: Jan ist eine gänzlich andere Persönlichkeit als zu Beginn des Romans. Was die Veränderung bewirkt hat, erfährt der Leser nicht. So entsteht ein Glaubwürdigkeitsproblem.

Motive für Mord

Ein Defizit an Glaubwürdigkeit stört vor allem bei Taten, die stark von moralischen Grundsätzen, Konventionen, Normen oder Gesetzen abweichen. Natürlich glaube ich, dass jeder Mensch zum Mörder werden kann, aber es überrascht mich doch immer wieder, wie unbekümmert in manchen Krimis gemordet wird. Da kommen schnell mal ein halbes Dutzend Tote auf gut zweihundert Seiten zusammen. Beispielsweise hingemeuchelt von einem Mann, der zwar psychisch gestört ist, aber nicht in dem Maße, dass er als eiskalter Serienmörder glaubwürdig erscheint. Man tötet nicht, weil jemand, der einem begegnet, rote Socken trägt. Es sei denn, der Anblick roter Socken bringt die Erinnerung an ein traumatisches Erlebnis zurück, dazu noch eine bestimmte Geste, eine Äußerung oder eine Zwangssituation – dann entsteht daraus möglicherweise ein nachvollziehbares Motiv. In diesem Zusammenhang fiel mir Hannibal Lecter ein, ein Kannibale und Serienmörder. Gibt es Motive, die sein schreckliches Handeln erklären können? Oh ja, der Autor Thomas Harris hat Lecter im Kindesalter Dinge erleben lassen, die ebenso unvorstellbar grausam sind wie das, was die Figur später selbst tut.[21]

Schwierig zu begründen sind auch Taten als Folge einer zeitlich länger andauernden Situation. Eine Kurzgeschichte, die ich las, handelt von einer Frau, die über viele Jahre hinweg regelmäßig von ihrem Mann verprügelt wird. Hinterher entschuldigt er sich stets, macht ihr Geschenke, schwört, sich zu ändern. Doch es passiert immer wieder. An dem Abend aber, von dem erzählt wird, ersticht die Frau ihren Mann mit einem Messer. Ich fragte mich: Warum? Was bringt sie dazu, ausgerechnet jetzt zu handeln? Und zwar nicht etwa im Affekt, denn sie hat die Tat minutiös geplant. Ganz klar, es gibt Grenzen, wenn die überschritten werden, ändern sich eine Haltung oder ein Ziel grundlegend. Doch darüber verriet die Geschichte nichts. Hat er zum ersten Mal das Kind geschlagen? Hat sie jemanden kennengelernt, der ihr Mut gemacht hat? Welches war der berühmte Tropfen, der das Fass ihrer Leidensfähigkeit zum Überlaufen gebracht hat? Das möchte ich als Leser gern erfahren.

Ausnahme: Handeln ohne Motiv

Vermutlich lassen sich für alle Ratschläge dieses Buches Gegenbeispiele finden. Das gilt jedenfalls für die Forderung nach der Motiviertheit von Handlungen. In »Nicht Chicago. Nicht hier« erzählt Kirsten Boie von dem dreizehnjährigen Niklas, der von einem Mitschüler ohne erkennbaren Grund terrorisiert wird. Bis zum Ende taucht kein einziges Motiv dafür auf, und das verstört die Leser ungemein. Die Frage nach dem Warum hallt durch das ganze Buch, bleibt jedoch unbeantwortet. Die Folge: Der Leser kann sich nicht entziehen, er empfindet dieselbe ohnmächtige Wut wie der Protagonist. Genau darum ging es Boie. Sie wollte das Leiden von Mobbingopfern unmittelbar anschaulich machen. Das heißt für Sie: Wenn Sie die Erwartungen Ihrer Leser enttäuschen, sollten Sie das ganz bewusst machen und überzeugende inhaltliche Gründe dafür haben.

Ansonsten gilt: Schulen Sie Ihr Gespür für Motivationen. Die Zeitungen sind voll mit Berichten über seltsame, scheinbar unerklärliche Ereignisse. Versuchen Sie, hinter die Fassaden zu blicken. Warum läuft jemand Amok? Warum verschwindet jemand einfach? Warum verschenkt jemand seinen Lottogewinn? Warum handeln Menschen so und nicht anders? Forschen Sie in ihrer Umgebung nach Motiven. Fragen Sie Freunde und Kollegen: »Warum machst du das?«, und hören Sie aufmerksam zu, was Ihnen erzählt wird.

TIPP Würde-er-wirklich-Test

Damit Figuren glaubwürdig agieren, hilft Ihnen auch der »Würde-er-wirklich-Test«, mit dem Sie jeweils die »maximale Figurenkapazität« ausloten.[22] Damit ist gemeint, dass eine

Figur nur unter bestimmten Bedingungen über ihre Grenzen hinauswächst. Jemand, der am liebsten zu Hause sitzt und Bücher liest, wird nicht sofort die Koffer packen, wenn ein Freund ihn zu einer Weltreise einlädt. Ein Schüchterner muss andere Wege gehen, um eine Frau zu erobern, als ein selbstbewusster Charmeur. Das heißt, Sie dürfen die Charaktereigenschaften, die Sie Ihrer Figur mitgegeben haben, nicht plötzlich außer Acht lassen. Immer, wenn Ihr Protagonist vor wichtigen Entscheidungen steht, sollten Sie die Testfrage stellen: Würde er das wirklich machen? Lautet die Antwort nein, müssen Sie nach anderen Wegen suchen, die ihn seinem Ziel näher bringen. Ein Schüchterner wird die Frau, in die er sich verliebt hat, nicht direkt ansprechen, aber ihr vielleicht einen Brief schreiben oder unverfängliche Anlässe suchen, um in ihre Nähe zu kommen.

Einfachheit und Relevanz
Sie wundern sich möglicherweise, dass es in diesem Abschnitt um den Aspekt der Einfachheit und im nächsten um den der Komplexität geht. Ist das nicht ein Widerspruch? Es ist – wie so vieles beim Schreiben – eine Frage der Balance. Literarische Figuren sind im Vergleich zu wirklichen Menschen wesentlich einfacher, sollten aber trotzdem eine gewisse Komplexität besitzen. Reale Menschen wechseln oft ihre Ansichten, ändern ihre Entschlüsse, handeln unsinnig und unlogisch und sind in ihrem Wesen dermaßen vielschichtig, dass wir sie nie völlig verstehen – andere so wenig wie uns selbst. Literarische Figuren dagegen sind fassbar und klar konturiert, ihre Eigenschaften sind reduziert, ihre Ziele erkennbar und ihre Verhaltensweisen verständlich, auch wenn sie anfangs vielleicht rätselhaft agieren.

Einfachheit verbindet sich mit Relevanz. Die Kennzeichen literarischer Figuren sind abhängig von den Erfordernissen der Geschichte. Von Bedeutung sind allein die Charakterzüge und Fähigkeiten, die eine Figur benötigt, um die Herausforderungen zu bewältigen, vor denen sie steht. Bei allen Checklisten und Fragebögen, die in den folgenden Kapiteln noch vorgestellt werden, geht es immer um solche relevanten Eigenschaften. Dabei kann es natürlich vorkommen, dass man Verhaltensweisen notiert, die für den Erzähltext selbst nicht gebraucht werden, aber hilfreich sind, um eine Figur kennenzulernen. Entscheidend ist, die Charaktere später zu pointieren und Überflüssiges im Manuskript zu streichen.

Einfachheit und Erzählkontext Wie einfach eine Figur sein kann, hängt vom Erzählkontext ab. Nebenfiguren haben erheblich weniger Merkmale als Hauptfiguren. Vom Hausmeister, der die Tür aufschließt, muss ich darüber hinaus nichts wissen. Ob ein Tatzeuge in einem Krimi zum Beispiel blaue oder grüne Augen hat, ob er Karl oder sie Isolde heißt, ist im Allgemeinen ebenfalls belanglos. Wenn ein Zeuge aber etwa stark sehbehindert ist, kann das für die Beurteilung seiner Glaubwürdigkeit relevant sein. Und wenn beispielsweise ein Kommissar feststellt, dass das Mordopfer ein Chaot war, in dessen Wohnung sich Bücher und Papiere bis unter die Zimmerdecke stapeln, so erwartet man, dass diese spezielle Eigenschaft für die Aufklärung des Falls von Bedeutung ist. Wenn nicht, fühlt man sich leicht getäuscht.

Kann es denn wirklich schaden, wenn der Leser über eine Figur mehr erfährt, als unbedingt nötig ist? Wirkt sie nicht umso lebendiger, je mehr man über sie weiß? Beobachten Sie Ihr eigenes Lektüreverhalten, dann merken Sie, warum von einem Zuviel an Informationen ebenso abzuraten ist wie von einem Zuwenig. Während des Lesens sind wir unermüdlich damit beschäftigt, das Aufgenommene zu bewerten und zu ordnen, Zusammenhänge zu erkennen, Leerstellen zu füllen und zu entscheiden, was im Weiteren noch wichtig werden wird und was nicht. Wenn uns jemand sehr ausführlich vorgestellt wird, insbesondere am Anfang eines Erzähltextes, sagt uns die Erfahrung, dass es sich um die Hauptfigur oder eine andere wichtige Gestalt handelt. Wir versuchen also, uns zu merken, was wir lesen. Müssen wir später feststellen, dass die Figur nur eine Nebenrolle spielt oder nie wieder auch nur erwähnt wird, ärgern wir uns, unser Gedächtnis mit Überflüssigem belastet zu haben. Deshalb die Empfehlung: Wenn Sie Ihre Leser nicht frustrieren wollen, halten Sie das Relevanzprinzip ein. Fragen Sie sich beim Schreiben und Überarbeiten immer wieder: Ist es für das Verstehen der Geschichte erforderlich, diese oder jene Eigenschaft einer Figur zu erwähnen?

Des Weiteren korreliert das Prinzip der Einfachheit mit der Gattung. In der Kurzgeschichte, im Märchen, Fantasy- und Heftroman sowie in manchem Unterhaltungsroman sind selbst die Hauptfiguren einfach. In der Kurzgeschichte werden üblicherweise nur eine Handlung und ein Thema gestaltet, folglich werden auch die Charaktere nur mit wenigen Strichen gezeichnet. **Gattungen mit einfachen Figuren**

In »Das Brot« von Wolfgang Borchert etwa gibt es zwei stark reduzierte Figuren, den Mann und die Frau. Wir erfahren weder ihre Namen noch den Wohnort oder den Zeitpunkt des Geschehens, nichts über den sozialen Kontext, den Beruf, die näheren Lebensumstände. Wir erfahren, dass beide seit vielen Jahren miteinander verheiratet sind und einander belügen. Der Mann lügt aus Scham, als seine Frau ihn beinahe dabei überrascht, wie er heimlich von dem knappen Brotvorrat etwas für sich abzweigt. Die Frau lügt, um ihm die Schande der Entlarvung zu ersparen. Doch warum überlässt sie dem Mann am nächsten Tag etwas von ihrer Brotration? Geschieht es aus Mitleid, aus Liebe oder um sein Schuldbewusstsein zu vergrößern? Das wird nicht gesagt. Doch wir müssen das wahre Motiv der Frau nicht kennen, um emotional ergriffen zu werden. Die Figuren dieser Kurzgeschichte sind von überindividueller Bedeutung. Jeder kennt Situationen, die der dargestellten vergleichbar sind, aus eigener Erfahrung. Die Offenheit der Figurengestaltung ermöglicht es uns, die Leerstellen mit eigenen Reflexionen zu füllen. So bleibt festzuhalten: In der Kurzgeschichte erlaubt die Einfachheit der Figuren verschiedene Lesarten und individuelle Ausdeutungen universeller menschlicher Gefühle. Entscheidend ist, dass die Charaktere sehr wohl psychologische Tiefe besitzen, auf der Oberfläche des Textes aber nur sehr wenig davon gezeigt wird. Das ist spezifisch für die Kurzgeschichte. **BEISPIEL Kurzgeschichte »Das Brot«**

Einfachheit im Märchen Märchen und Fantasy zählen dagegen zu den geschlossenen Formen. Die Figuren verfügen ebenfalls nur über wenige oder eine einzige Eigenschaft, doch die Charaktere sind genau fixiert und bieten keinen Spielraum für Interpretationen, dafür aber schnelle Orientierung und geistige Entlastung. Die Rollen sind klar verteilt: Hexen und Stiefmütter sind immer böse, Prinzen und Prinzessinnen immer jung und schön, Drachen garstig, und wenn die eine Schwester klug ist, ist die andere dumm. Die Guten werden belohnt, die Schlechten bestraft. »Die Charaktere sind nicht einmalig, sondern typisch«.[23] Kinder können ihre Menschenkenntnis an diesen schlichten Modellen ausbilden. Sie lernen zunächst, Gut und Böse zu unterscheiden, und in einem späteren Entwicklungsschritt, dass beides in einem einzigen Menschen angelegt ist. Zudem sind die Märchencharaktere archetypisch, sie konfrontieren den Leser mit unbewussten Ängsten wie denen vor Verlust, Trennung, Tod, Einsamkeit und Außenseitertum sowie mit Grundbedürfnissen wie denen nach Liebe, Anerkennung und Erfolg. Es fällt leicht, sich mit den Protagonisten zu identifizieren. Und wer mit ihnen gemeinsam durch die Geschichte geht, Gefahren meistert und Kämpfe gewinnt, freut sich am Ende zusammen mit ihnen über die Belohnung: die Hochzeit mit dem Prinzen oder der Prinzessin, den Schatz oder das Königreich oder einfach ein glückliches und zufriedenes Leben.

Funktionen einfacher Figuren Nicht nur Kinder, auch viele Erwachsene schätzen einfache Charaktere in der Literatur, denn die wirken zuverlässig und vertraut. Es sind Figuren, die leicht wiederzuerkennen sind, deren Verhalten rasch zu begreifen ist und kaum Überraschungen bietet. Vor allem Serienfiguren können so zu Freunden oder Bekannten werden. Erleichtert wird der Zugang zu diesen Figuren unter anderem durch die Verwendung von Klischees und Stereotypen. Die Begriffe stammen aus der Druckersprache und bezeichnen Techniken zur Vervielfältigung, im Unterschied zum Unikat. Bestimmte Vorstellungen, Ansichten, Urteile und Eigenheiten werden generalisiert und durch ständige Wiederholung verfestigt, unabhängig von ihrem Wahrheitsgehalt. Klischees begegnen uns im Bezug auf einzelne Personen, Personengruppen und die Bevölkerung ganzer Länder, Beispiele sind: »Blonde Frauen sind naiv und dumm«, »Arbeitslose sind faul«, »Die Deutschen sind fleißig und pünktlich«.

Klischeehafte Charaktere in Erzähltexten lassen sich nicht nur ohne Anstrengung konsumieren, sondern auch einfach produzieren. Es reicht aus, wenige Details zu nennen, um beim Leser ein mehr oder weniger vollständiges Bild von der Figur zu erzeugen. Signalwörter wie Minipli, Goldkettchen und Rüschenhemd genügen, und Sie sehen einen Mann in einem bestimmten Milieu vor sich, haben Vorstellungen von seinem Beruf, seinem Verhalten gegenüber Frauen, seinem sozialen Status und seiner Sprache. Klischees und das Spiel mit ihnen sind besonders kennzeichnend für satirische und komische Genres. In der Comedy werden beispielsweise schrille Kunstfiguren inszeniert, indem Vorurteile weiter gesteigert und auf die Spitze getrieben werden. Denken Sie etwa an Cindy aus Marzahn oder den »Edelproleten« Atze Schröder.

Charaktertypen

Urteile und Vorurteile schwingen auch bei der Bestimmung von Typen mit, die ebenfalls überindividuell sind. Gemeint ist die Kategorisierung von Menschen aufgrund bestimmter Charakterzüge oder Verhaltensweisen, wie bereits am Beispiel der Gattung Märchen gezeigt wurde. Im Alltag begegnen uns Typisierungen bevorzugt im Zusammenhang mit Lebenshilfethemen in Büchern und Zeitschriften. Der Leser kann mit Tests und Fragebögen zum Beispiel erkunden, welcher Reise-, Ordnungs-, Diät- oder Liebhabertyp er ist. Auf einer Website entdeckte ich eine Beschreibung von »Geldtypen«, die nach ihrem jeweiligen Umgang mit Geld unterschieden werden. Die Bandbreite reichte vom »Normalo« über den »Hans-im-Glück-« und den »Charlie-Brown-« bis zum »Dagobert-Typ«.[24]

Das Verfahren der Typenbildung ist alles andere als neu. Im ersten Kapitel haben Sie bereits die Sammlung »Charaktere« des Theophrast aus dem fünften Jahrhundert vor Christus kennengelernt. Vorgestellt werden Typen mit negativen

Grundeigenschaften in Handlungen und Redeweisen, vom »Heuchler« über den »Taktlosen« bis zum »Habgierigen«. Diese Skizzen mit ihrem Spott und ihrer Situationskomik verweisen ebenfalls auf den Bereich der heiteren und satirischen Literatur. Zu denken ist in diesem Zusammenhang auch an die Figuren der Typenkomödie, die sich von der römischen Klassik aus weiterentwickelt hat. So gehören zur Commedia dell'arte unter anderem der naive Spaßmacher Arlecchino oder Harlekin mit einem bunten Flickenanzug, der skrupellose und listige Brighella sowie die lebenslustige Colombina. In dieser Tradition stehen auch Lustspiele wie »Der eingebildete Kranke« oder »Der Geizige« von Molière aus dem 17. Jahrhundert.

In der erzählenden Literatur finden sich historische Beispiele für einfache und zugleich komische Charaktere in Volksbüchern und Schelmenromanen. Till Eulenspiegel gehört dazu, Simplicissimus oder Don Quijote. Es sind naive Helden, die außerhalb der Gesellschaft stehen und gerade deshalb deren negative Seiten besonders scharf sehen und Missstände entlarven. Die Satire hat ihren Platz heute vor allem im politischen Kabarett, während uns in der Literatur naive Helden, allerdings in weitgehend unpolitischer Ausprägung, in humoristischen Männer- und Frauenromanen wie zum Beispiel denen von Tommy Jaud oder Sophie Kinsella begegnen. Einer der Erfolgstitel von Jaud heißt bezeichnenderweise »Vollidiot«. Hauptfigur ist ein egozentrischer Single, der in wirklich jedes Fettnäpfchen tritt. Und Kinsellas »Schnäppchenjägerin« Becky ist eine Kaufsüchtige, die die möglichen Folgen ihres Tuns einfach nicht zur Kenntnis nimmt.

Typisierte Figuren verkörpern das altbekannte Muster des Narren, der uns mithilfe des Lachens zur Wahrheit führt. Mit einer differenzierten Figurengestaltung ließe sich dieses Ziel nicht erreichen. Der Held repräsentiert ein Laster, eine Schwäche oder Torheit, sein närrisch-naives Verhalten trifft auf eine vernünftige Umwelt und produziert Komik. Die emotionale Beteiligung des Zuschauers oder Lesers wird in diesem Fall nicht durch Mitleid erzeugt, sondern durch Schadenfreude.

Indem wir über denjenigen lachen, der – ohne es selbst zu merken – komisch handelt, erheben wir uns über ihn und distanzieren uns zugleich: Das würden wir nie machen oder das würde uns nie passieren, denken wir. Über literarische Figuren zu lachen, entlastet uns von dem Druck, selbst zu scheitern oder uns lächerlich zu machen.

Einfache Charaktere und Typen sollten Sie nur sehr begrenzt nutzen. Sie passen zu den erwähnten Gattungen der Märchen- und Unterhaltungsliteratur, zum frechen oder humoristischen Roman, zu einer Satire oder einem Heftroman. In komplexeren Werken gehören Nebenfiguren zu den einfachen Charakteren. In allen anderen Fällen sollten Sie zumindest Ihre Protagonisten komplexer und mehrdimensional gestalten.

Mehrdimensionalität und Komplexität
Wenn der Held eines Romans oder einer Erzählung in einer Besprechung mit Adjektiven wie holzschnittartig, flach, blass oder klischeehaft bezeichnet wird, bedeutet das üblicherweise ein negatives Urteil. Ihr Anliegen als Autor oder Autorin sollte es also sein, Protagonisten zu erschaffen, die als vielschichtig, tief oder ausdifferenziert bewertet werden. Ein wichtiger Punkt, in dem sich ein komplexer Charakter vom eindimensionalen unterscheidet, ist die geringere Erwartbarkeit seines Handelns. Sie kennen sicher auch diese Bücher, bei denen man nach wenigen Seiten vorhersagen kann, wie die Geschichte ausgehen wird. Man liest nur deshalb weiter, weil man wissen will, ob man recht behält, aber es stellt sich zunehmend Langeweile ein. Je häufiger Erwartungen sich als verkehrt erweisen, desto mehr Spannung wird erzeugt. Wenn Figuren falschspielen, lügen, Eigenschaften verbergen, anders handeln als vermutet, überraschende Wendungen für Staunen und Verwirrung sorgen, wird der Leser das mit erhöhter Aufmerksamkeit honorieren.

Sie sollten also die Erwartungen der Leser immer wieder unterlaufen. *Sie hört Country, er Bach; sie trinkt Dosenbier, er französischen Rotwein* – diese Kurzcharakterisierung der Haupt- **Erwartungen unterlaufen** figuren eines Fernsehfilms weckt Neugier, weil die der Frau zugeschriebenen Eigenschaften von den gemeinhin üblichen abweichen. Außerdem fragt man sich, was diese beiden offenbar sehr unterschiedlichen Menschen wohl verbindet. Unser Gehirn verarbeitet die Informationen sofort weiter und entwickelt neue Erwartungen. Vor dem geistigen Auge entsteht das Bild einer jungen, unangepassten Frau und eines älteren, distinguierten Herrn. Doch im nächsten Teil des Satzes wird das Alter der Figuren erwähnt – *sie ist 43, er 27*.[25] Wieder sind wir als Leser gezwungen, unsere Annahmen zu revidieren, und sind nun noch begieriger als zuvor, Näheres über dieses seltsame Paar zu erfahren. So soll es sein.

Ein Problem besteht darin, dass sich beim Versuch, Erwartungen zu enttäuschen, neue Einseitigkeiten ergeben können. Wenn jede Blondine mit künstlichen Fingernägeln sich als hochintelligente Wissenschaftlerin entpuppt, ist zwar ein Klischee durchbrochen, aber im Grunde ein neues entstanden. Der versierte Leser kennt den Effekt: Im Liebesroman ist meist schnell klar, dass der charmante Beau, in den die Protagonistin schwer verliebt ist, sich als gewissenloser Schuft erweisen wird, während der schüchterne junge Mann im Hintergrund Mister Right ist. Und im Krimi kann der Vorbestrafte mit dem stechenden Blick, auf den sofort der Verdacht fällt, einfach schon deshalb nicht der Täter sein, weil das zu offensichtlich wäre. Um komplexe Figuren zu entwickeln, genügt es also nicht, einfach eine Erwartung ins Gegenteil zu verkehren: Nicht jeder Frosch sollte sich in einen Prinzen verwandeln, nicht jede alleinerziehende Mutter in eine toughe Managerin, nicht jeder Obdachlose in einen hilfsbereiten Freund.

BEISPIEL Chamäleon-Charakter

Eine überraschende Beobachtung machte ich bei der Lektüre von Sophia Kinsellas »Schnäppchenjägerin«, einem Beispiel für die Gattung Unterhaltungsroman für Frauen, der früher oft unter dem Reihennamen »Freche Frauen«, heute als »Chick-Lit« vermarktet wird. Vordergründig ist die Hauptfigur Becky nicht so eindimensional wie erwartet. Im Laufe der Handlung tauchen immer neue Facetten auf. Becky ist nicht nur kaufsüchtig, sondern auch unzuverlässig und clever, sie belügt andere und sich selbst, analysiert ihre Lage mit Scharfsinn und erweist sich kurz darauf als unsagbar dumm und leichtgläubig, verhält sich egozentrisch und kämpft für ihre Freunde, hat originelle Einfälle und handelt unüberlegt usw. Aber aus all diesen teilweise konträren Eigenschaften formt sich keine stimmige Persönlichkeit. Wie ein Chamäleon die Farbe wechselt Becky die Eigenschaften, je nachdem, welche für den Fortgang der Handlung gerade notwendig sind. Sie macht keine wirkliche Entwicklung durch, am Ende ist ihre Kaufsucht nur deshalb kein Thema mehr, weil sie sich einen Multimillionär geangelt hat. Durch eine Anhäufung von mehr oder weniger beliebigen Eigenschaften entstehen pseudokomplexe Figuren mit einem Glaubwürdigkeitsproblem.

Wie Komplexität hinter einem Klischee überzeugend gestaltet werden kann, zeigt beispielsweise die Figur des Super Waling in »Gleitflug«. Die Autorin Anne-Gine Goemans verwendet einen besonderen Trick: Waling wird nicht vom Erzähler, sondern vom Protagonisten vorgestellt, dem dreizehnjährigen Gieles. Wir sehen die Szene mit dessen Augen: Auf der Straße ist ein Mann in einem defekten Elektromobil gestrandet. Im Gegensatz zu den anderen Passanten schaut Gieles nicht schnell genug weg, und so fühlt er sich zum Helfen verpflichtet. Doch der Mann ist unglaublich dick. *Gieles starrte den Speckklumpen fassungslos an. Dann versuchte er seinen Abscheu zu verbergen.*[26] Bei der Lektüre fühlen wir uns peinlich berührt und ertappt. Wie hätten wir in dieser Situation reagiert? Wir ahnen oder wissen, dass wir wohl dieselben Vorurteile gehabt hätten wie der Junge. Im Weiteren macht es die Autorin weder ihrem Helden noch dem Leser leicht, sie verweigert sich einfachen, entlastenden Erklärungen. Weder stellt sich heraus, dass Waling ohne eigenes Zutun so dick geworden ist, noch wird er im Verlauf der Handlung schlanker. Er ist extrem dick und bleibt es, auch sonst verändert er sich nicht. Was sich ändert, ist Gieles' Blick auf ihn. Erst überwiegen Ekel und Abneigung, der Junge möchte mit diesem *Koloss* nicht in der Öffentlichkeit gesehen werden. Doch dann entdeckt er, dass

**BEISPIEL
Eine komplexe Figur**

Waling unheimlich viel über Dampfpumpwerke weiß, einen historischen Roman geschrieben hat und viele weitere Eigenschaften besitzt, um derer willen man gern mit ihm befreundet sein mag. So entwickelt sich vor den Augen des Lesers der anfangs eindimensional und klischeehaft erscheinende Super Waling zum vielschichtigen Charakter.

Gemischte Charaktere Um Komplexität zu erreichen, sollten Sie Ihren Hauptfiguren zumindest eine Eigenschaft mitgeben, die »außerhalb des Normbereichs« liegt, also vom Durchschnitt abweicht. Eine Figur könnte etwa besonders eifersüchtig, übermäßig penibel, extrem ehrgeizig oder eben ungewöhnlich dick sein.[27] Diese Schwäche muss nicht auf den ersten Blick erkennbar sein, sondern kann sich hinter einer unscheinbaren Fassade verbergen und die Tiefe der Figur erst allmählich sichtbar werden lassen. Dieses raffinierte Verfahren wurde zum Beispiel im Film »American Beauty« konsequent angewandt. Jede Figur ist anders, als sie zunächst erscheint. Die brave Hausfrau entpuppt sich als gewalttätig und die verführerische Lolita als sexuell verklemmte Jungfrau.

Sie sollten sich immer bemühen, Klischees zu entlarven und aufzubrechen, unerwartete (aber plausible) Eigenschaften erkennen lassen und den Hauptfiguren Raum zur Entwicklung und Veränderung geben. Positive Helden sollten mindestens ein Laster haben, negative eine positive Eigenschaft. Bestimmen Sie für jede wichtige Figur den stärksten und den schwächsten Charakterzug! Soll Ihre Heldin eine gut aussehende Frau sein, mit allen Attributen der Schönheit ausgestattet, dann muss sie einen geheimen Kummer oder eine dunkle Stelle haben. Wollen Sie einen Bösewicht à la Hannibal Lecter schaffen, dann sollte der zumindest eine Eigenschaft besitzen, die ihn menschlich macht oder die fasziniert. Lecter zum Beispiel ist hochintelligent, gebildet und zur Liebe fähig. Ein ausgemachter Dummkopf könnte durch die Ehrlichkeit seiner Geständnisse oder durch seine Hilfsbereitschaft an Kontur gewinnen.

Ein anschauliches Beispiel für eine vielschichtige, tragische Figur ist Rigoletto, die Titelfigur aus Verdis Oper. Der Hofnarr ist ein Außenseiter, er hasst das unzüchtige Treiben der Hofgesellschaft, die er verspottet und sich zu Feinden macht. Aber er ist auch ein Vater, der seine Tochter vor den Ausschweifungen der Herrschenden bewahren will. Er handelt in bester Absicht und beschwört damit doch die Katastrophe herbei. Wie bei Quasimodo aus dem Roman »Notre Dame de Paris« handelt es sich auch bei Rigoletto um eine körperlich versehrte Gestalt, die von starken Gefühlen beherrscht wird. Gerade das äußerliche Manko war Verdi wichtig, weil es den Charakter entscheidend prägte und ihm Tiefe verlieh. »Ich finde es gerade herrlich, diese missgestaltete und lächerliche, dabei leidenschaftliche und liebevolle Figur auf die Bühne zu bringen.«[28]

BEISPIEL
Versehrte Figuren

Gemischte Charaktere zu entwickeln, ist nicht ganz einfach. Zum einen fällt es meist leichter, die positiven Eigenschaften von Figuren zu benennen, als deren Schwächen. Das hat vermutlich psychologische Gründe. Im Alltag ist man meist so sehr um Harmonie bemüht, dass es schwer ist, diese Haltung aufzugeben, insbesondere, wenn eine Figur der eigenen Biografie nahesteht. Zuweilen trifft aber auch das Gegenteil zu: Eine Figur wird nur ungerecht, missgünstig, auf den eigenen Vorteil bedacht dargestellt. »Mein Chef ist nun mal so«, sagen Sie vielleicht. Doch ein Romancier sollte über die Fähigkeit verfügen, Personen der Wirklichkeit in gemischte Charaktere zu verwandeln. Wenn Ihnen das nicht gelingt, kennen Sie die Figur möglicherweise noch nicht hinreichend. Sonst sollten Sie überlegen, warum Sie sie unbedingt präsentieren möchten. Zur Abschreckung? Aus Rache? Um ein Ventil für Ihre Wut zu haben? Um Kränkungen zu verarbeiten? Solche Motive tragen nicht weit. Sie kennen Ihren Chef nur in der Rolle des Vorgesetzten. Als Hauptfigur in einem Roman oder einer Erzählung sollte er über ein breiteres Profil verfügen. Vielleicht ist er ein fürsorglicher Familienvater? Vielleicht bevorzugt er einen Mitarbeiter, weil der ihn erpresst? Vielleicht macht ihn die Sorge um seine kranke Frau unleidlich und ungerecht?

TIPP
Ja-aber-Technik

Gegen Einseitigkeit bei der Figurengestaltung hilft die »Ja-aber-Technik«, die Sabine Asgodom empfiehlt, um den »Respekt vor anderen Menschen zu steigern«.[29] Damit lassen sich die positiven Seiten einer Person erkennen, die wir sonst nur durch den Negativfilter wahrnehmen. Das passiert vor allem dann, wenn wir an Figuren arbeiten, die durch eigene Emotionen aus dem Realleben wie zum Beispiel Hass, Wut, Kränkung, Liebe oder Eifersucht belastet sind. Wie es funktioniert? Sie schreiben zunächst die negativen Eigenschaften auf, das sollte keine Schwierigkeiten bereiten: *Ja! Sie ist viel zu übergriffig, intrigant, rechthaberisch und leicht beleidigt.* Dann überlegen Sie so lange, bis Ihnen mindestens eine positive Eigenschaft einfällt. *Aber ohne ihr Engagement würden wir nie so tolle Betriebsausflüge unternehmen.* Oder: *Ja! Er ist ein antriebsloser Langweiler ohne Ziele. Aber wenn ein Freund Hilfe braucht, ist er sofort da.*

Was aber, wenn einem beim besten Willen kein positives Merkmal zu einer Figur einfällt? Für die Realität lautet der Rat von Asgodom, dann zu überlegen, ob man sich von diesem Menschen nicht besser verabschieden, den Job kündigen, dem Nachbarn aus dem Weg gehen sollte. Übertragen auf den literarischen Prozess bedeutet das, noch einmal intensiv darüber nachzudenken, ob diese Figur nicht in den Papierkorb gehört.

Übrigens können Sie die »Ja-aber-Technik« auch anwenden, um die negativen Seiten eines Gutmenschen zu entdecken: *Ja! Sie ist die perfekte Mutter und Hausfrau. Aber mit ihrer Fürsorge erdrückt sie ihr Kind.* Oder: *Ja! Er ist charmant, wortgewandt und gut aussehend. Aber er denkt stets nur an seinen eigenen Vorteil.*

Sympathie oder Faszination

Alle bisher genannten Voraussetzungen münden letztlich in ein Ziel: Sie sollen dazu beitragen, dass der Leser die Hauptfiguren mag, dass er sich mit ihnen identifiziert, sie zumindest aber so interessant oder faszinierend findet, dass er mehr über sie erfahren will und das Buch nicht zur Seite legt. Warum Sympathie, Empathie und Faszination so wichtig sind? Sie erzeugen Nähe zu den Figuren und damit überhaupt erst die

Bindung des Lesers an den Erzähltext, wie wir bereits festgestellt haben. Die Frage, wie Charaktere gestaltet sein müssen, um diese Aufgabe erfüllen zu können, beschäftigte auch Fjodor Dostojewski, als er Fürst Myschkin, die Hauptfigur seines Romans »Der Idiot« entwickelte. In einem Brief an seinen Verleger schrieb er: »Der Hauptgedanke des Romans ist die Darstellung eines ganz und gar vollkommenen Menschen. [...] Doch er ist nur deshalb schön, weil er zugleich auch lächerlich ist. [...] Es entsteht Mitleid mit dem verspotteten, sich seines Wertes nicht bewußten Schönen – folglich empfindet auch der Leser Sympathie.«[30]

Zwischen Literatur und Realität lässt sich eine Parallele herstellen: Wem hören wir im Gespräch gern zu? An wessen Schicksal nehmen wir Anteil? Es sind in der Regel nicht die perfekten Menschen, die ihr eigenes Handeln als stets richtig und korrekt bezeichnen, sich ohne Schwächen und Laster wähnen; auch nicht diejenigen, die schnell sind mit negativen Urteilen über andere und deren Vergehen gnadenlos anprangern. Sympathie und Mitgefühl gelten eher denen, die liebenswerte Eigenschaften besitzen, aber auch Fehler machen und zugeben können. Wenn Sie Ihrem Helden ausschließlich positive Eigenschaften mitgeben, erreichen Sie damit gerade nicht, dass der Leser ihn bewundert und liebt, sondern wecken dessen Misstrauen: »Das gibt es doch nicht, dass jemand gar keine Fehler macht.« Umgekehrt funktioniert es genauso. Lernt der Leser eine Figur mit durchgängig negativen Eigenschaften kennen, empfindet er nicht notwendigerweise Abscheu, sondern eher Mitleid: »Keiner ist nur böse.« Unglaubwürdig wirkt der eine wie der andere Charakter.

Lieben Sie Ihre Figuren!

Sympathische Figuren können nur gelingen, wenn der Autor sie selbst mag. Er muss ihnen Respekt und Verständnis entgegenbringen und Verantwortung für sie übernehmen. Wenn schon derjenige, der sie in die Welt setzt, seine Geschöpfe nicht schätzt, wieso sollte es dann ein Leser tun? Der Autor muss die Mörderin und den Vergewaltiger verstehen, wenn er über sie oder ihn schreibt. Er sollte seinen Helden nicht vorführen, der

Lächerlichkeit preisgeben, diskreditieren oder beschimpfen. Oft ist dieser Effekt allerdings gar nicht beabsichtigt.

Maria ließ ein Glas fallen. Was für ein Trampel, dachte Karla und beobachtete sie weiter. Maria stand da und glotzte mit ihren weit aufgerissenen Glupschaugen auf die Scherben. Dann schlug sie die Hand vor den Mund, aus dem Töne drangen, die wie das Quieken eines Schweines klangen. Ihr sowieso schon rundes Mondgesicht wurde immer praller, bis es aussah wie ein Heißluftballon kurz vorm Platzen, ihre Haare standen wie Stacheldraht vom Kopf ab.

Wie ergeht es Ihnen mit diesem Beispiel? Die Absicht des Autors ist leicht zu durchschauen. Maria soll unsympathisch wirken. Geht der Plan auf? Nach meinem Empfinden erzielt der Abschnitt die gegenteilige Wirkung. Es ist Karla, die unsympathisch erscheint, obwohl über sie nichts ausgesagt wird. Aber wer andere Menschen so abschätzig beurteilt, wie sie es tut, kann kaum damit rechnen, dass man ihm Zuneigung entgegenbringt.

Sympathie erzeugen Wie ein Autor Zustimmung und Ablehnung zu den Figuren in seinem Sinne steuern kann, lässt sich noch einmal am Beispiel von Gieles und Super Waling deutlich machen. Der Junge hat den dicken Mann bei der ersten Begegnung in ähnlicher Weise abgewertet wie Karla oben im Beispiel Maria. Obwohl sein Urteil durchaus der allgemeinen gesellschaftlichen Meinung entspricht, wirkt Gieles in diesem Moment alles andere als liebenswert. Aber die Autorin schafft einen Ausgleich: Gieles hilft Waling trotzdem und nach und nach revidiert er sein Urteil, denn er sieht ein, dass es vorschnell und falsch war. Das lässt ihn menschlich erscheinen und führt dazu, dass der Leser ihm seine Zuneigung letztlich nicht entzieht.

Negative Urteile über andere lassen sich auch relativieren, wenn deutlich wird, dass die Figur, die sie fällt, nicht besser ist, selbst wenn sie das möglicherweise nicht erkennt. *Wie kann man nur so dick sein, dachte Anna, und nahm einen tiefen Zug von ihrer Zigarette. Man muss doch nur ein bisschen Disziplin haben.*

Mit einem Trick kann das Lächerlichmachen einer Figur durch eine andere und der damit verbundene Sympathieverlust vermieden werden: Lassen Sie den Pechvogel einfach seine eigene Geschichte erzählen. Wer über sich selbst lachen kann und den Mut zeigt, auch Peinliches zu beichten, wirkt ehrlich und positiv. Heitere Romane haben zumeist einen Ich-Erzähler, der entweder aus einer Position der Reife und Erkenntnis zurückblickt auf eine frühere Phase der Unvollkommenheit oder aber in der Erzählgegenwart zwar naiv, aber in ernsthafter Absicht handelt. Dass sich trotzdem negative Folgen einstellen, ist dann allein dem Zufall oder winzigen Denkfehlern zuzuschreiben. So bemüht sich Sophia Kinsellas »Schnäppchenjägerin« Becky immer wieder redlich, ihre Kaufsucht in den Griff zu bekommen. Dass sie dabei meist eine Kleinigkeit übersieht, durch die sie noch tiefer in die Schulden getrieben wird, können wir ihr leicht verzeihen, weil wir den guten Willen erkennen. Der Charakter hält die Waage zwischen Tugend und Laster, Vernunft und Naivität.

So lässt sich festhalten: Sympathie erzeugen positiv grundierte Figuren mit Ecken und Kanten. Schwieriger ist es, die Wirkung der negativen Figuren zu berechnen, die dem Leser ja ebenfalls emotional nahegebracht werden sollen. Der Böse darf nicht so dargestellt werden, dass er ausschließlich Ablehnung und Widerwillen hervorruft. Sein Handeln muss vielmehr Faszination oder zumindest Interesse erzeugen. Der Schauspieler Rolf Hoppe, der zu seinem Unwillen auf Bösewichte abonniert zu sein scheint, machte in einem Interview deutlich, dass es zu einfach ist, das Negative offensichtlich zur Schau zu stellen. Er sagte: »Das Böseste an einem bösen Charakter sind seine guten Seiten.«[31]

Kapitel 2: Das Wichtigste in Kürze

- Handlung und Figuren sind eng aufeinander bezogen und beeinflussen sich wechselseitig.
- Im Plot wird die Abfolge der Handlungen der Hauptfigur(en) und deren Motive festgelegt.
- Überzeugende Figuren verkörpern oft unbewusste kollektive Vorstellungen und Gefühlserfahrungen.
- Figuren überzeugen, wenn sie eine emotionale Anteilnahme des Lesers ermöglichen.
- Figuren dienen als Spiegel, Projektionsfläche und Stellvertreter der Gefühle, Leidenschaften, Träume und Hoffnungen des Lesers.
- Figuren sollten dem Leser ein Stück weit ähnlich und ein Stück weit fremd sein.
- Das Handeln der Figuren muss motiviert und glaubwürdig sein.
- Literarische Figuren sind einfacher angelegt als wirkliche Menschen.
- Einfache Charaktere wirken zuverlässig und vertraut.
- Überzeugende Figuren unterlaufen die Erwartungen des Lesers.
- Komplex sind »gemischte« Figuren, die sowohl positive wie negative Eigenschaften besitzen und mindestens in einem Punkt vom Durchschnitt abweichen.
- Ob ein Leser eine Figur sympathisch oder unsympathisch findet, hängt entscheidend davon ab, wie der Autor sie darstellt.

3. Figuren entwickeln

Einfach drauflosschreiben und darauf vertrauen, dass einem die Figuren während der Arbeit am Text schon näherkommen, oder vorher ausführliche Biografien entwickeln? Zu welchem Typ gehören Sie? Ich gebe es gern zu: Leichter erscheint die erste Option. Und es gibt sogar Bestsellerautoren, die versichern, so vorzugehen. Sie behaupten, ihre Figuren führten ein Eigenleben, ließen sich nicht steuern und sorgten immer wieder für Überraschungen. Das erinnert an stolze Eltern, die behaupten, ihre Sprösslinge würden ohne jeden erzieherischen Eingriff prächtig gedeihen. Das Erfolgsgeheimnis im einen wie im anderen Fall: Ist einmal eine solide Basis geschaffen, kann man Kindern wie fiktionalen Geschöpfen Raum geben, sich selbstständig zu entfalten. Bei erfahrenen Autoren liegt die Zeit möglicherweise lange zurück, als sie mit ihren Figuren kämpften und deren Charakter formten. Irgendwann waren die Helden, vor allem Serienhelden, tatsächlich so perfekt ausgebildet, dass sie an der langen Leine laufen konnten. Doch wer gerade beginnt, seine ersten Figuren aufs fiktionale Leben vorzubereiten, sollte größte Sorgfalt aufwenden. Figuren treten nicht einfach so in Geschichten hinein und wissen, was zu tun ist. Sie als Autor müssen sie kreieren und ihnen alles beibringen, was sie brauchen, um in Ihrer Erzählung oder Ihrem Roman angemessen agieren zu können.

Deshalb empfehle ich, sich vor dem eigentlichen Schreibbeginn oder zumindest parallel zum Schreiben am literarischen Text ausführlich mit der Entwicklung der wichtigsten Figuren Ihres Werkes zu befassen. Ich kann gut verstehen, dass manchem das mühsam und überflüssig erscheint. Doch wenn Sie es ausprobieren, werden Sie merken, dass dieser Schöpfungsprozess unglaublich viel Spaß macht und sehr kreativ ist. Sie erwartet eine höchst komplexe Aufgabe, für die Sie Menschenkenntnis, psychologisches Gespür, logisches Denken und ganz viel Fantasie brauchen. Und wenn Ihnen wirklich lebensfähige Gestalten gelungen sind, werden Sie mit netter Gesellschaft belohnt. Sie sitzen nie mehr allein an Ihrem Schreibtisch. Irgendwann ist das Verhältnis zu Ihren Helden dann vielleicht auch so innig, dass sie zum erweiterten Familienkreis gehören, wie bei uns zu Hause der ganz und gar erfundene Bauernsohn Friedrich Bosse aus Jerxheim.

Aufgaben von Figurenbiografien

Natürlich ist der Aufwand abhängig von der Gattung und der Rolle. Für Kurzgeschichten oder Märchen, in denen im Extremfall nur eine Eigenschaft thematisiert wird, genügt tatsächlich eine knappe Skizze, und Nebenfiguren im Roman lassen sich mit einem Satz beschreiben. Aber an den Hauptfiguren hängt die gesamte Erzählkonstruktion. Wenn die nicht sorgfältig aufgebaut sind, bricht die Geschichte zusammen. Am besten ist es, Sie entwerfen im Wechselspiel mit der Entwicklung des Plots Biografien von Protagonist, Antagonist und weiteren zentralen Figuren und formulieren sie als zusammenhängende Texte aus. Figurenbiografien sind auch wichtige Hilfsmittel für die Weiterarbeit. Ein Blick in Ihre Aufzeichnungen, und Sie können sich den Charakter wieder vergegenwärtigen oder – ganz pragmatisch –, wenn Sie am eigentlichen Text schreiben, zwischendurch schnell überprüfen, ob der Protagonist nun blaue oder grüne Augen hat und wie alt er war, als seine Mutter starb. Ganz wichtig: Die Informationen der Biografien bilden das Hintergrundwissen, sie modellieren die Tiefenstruktur der Charaktere, aber sie fließen nur zum kleinsten Teil direkt in die Geschichten ein. Und wenn, dann selten in Form eines Berichts oder einer einfachen Beschreibung, sondern weitgehend in Handlung umgesetzt oder eingebunden. Bitte verfahren Sie nicht nach dem Motto: »Jetzt habe ich mir das alles ausgedacht und aufgeschrieben, jetzt will ich es auch verwenden.«

Tabelle mit Aspekten zur Figurengestaltung Seite 209

Im Anhang finden Sie eine Tabelle mit allen Aspekten, die bei der Erfindung einer Figur eine Rolle spielen können – aber nicht unbedingt müssen. Diese Liste soll anregen und Möglichkeiten aufzeigen, sie soll keineswegs Punkt für Punkt abgehakt werden. Sie entscheiden, welche Kriterien Sie benötigen. Aber:

In dieser Phase können Sie gar nicht zu viel über Ihre Figuren wissen. Es ist im Zweifelsfall besser, sich zu ausführlich als zu wenig mit ihnen zu beschäftigen. In den folgenden Abschnitten erfahren Sie etwas über die Funktionen und Bedeutungen der jeweiligen Aspekte, worauf Sie besonders achten sollten und welche Variationen zu empfehlen sind. Noch einen Hinweis zur Gestaltung von fantastischen Figuren mit übersinnlichen Kräften oder Eigenschaften: Diese können Sie genauso entwickeln und behandeln wie realistische Figuren, nur dass sie eben ganz spezielle Fähigkeiten zugewiesen bekommen.

Grunddaten

- Vor- und Zuname
- Geschlecht
- Geburtstag
- Geburtsort
- Wohnort

Die Grunddaten entsprechen den Einträgen von Pass oder Personalausweis. Da diese Bestimmungen einfach und formal zu treffen sind, wird häufig keine besondere Mühe darauf verwendet. Doch in diesem Punkt sollten Sie nicht nachlässig sein, denn die Angaben sind Basiselemente für die Entwicklung der Identität einer Figur.

Vor- und Zuname

Manche Autoren haben eine eigenartige Scheu davor, ihren Protagonisten einen Namen zu geben. Warum das so ist? Ich weiß es nicht. Bequemlichkeit? Oder der Wunsch, die Universalität der Figur zu betonen? Also nicht ein Individuum, sondern den Menschen schlechthin zu zeigen?

Brauchen Figuren überhaupt Namen?

Mit der Bequemlichkeit ist es sofort vorbei, wenn mehr als eine Figur desselben Geschlechts auftritt. Dann wird es nämlich schnell unübersichtlich. *Sie stand an derselben Stelle wie sie kurz vorher. Sie hatte versucht, sie zu erreichen. Aber sie kam zu spät. Für sie brach etwas zusammen, als sie sah, wie knapp sie vor ihr durch die Luft segelte*. Mit Mühe lässt sich erkennen, welche »Sie« jeweils gemeint ist, anschaulich ist das nicht.

Für das Prinzip der Allgemeingültigkeit gibt es dagegen durchaus einleuchtende Beispiele. So bleibt etwa der Held in Philip Roths Roman »Jedermann«, der die Vergänglichkeit des menschlichen Daseins zum Thema hat, konsequenterweise namenlos. Auch in Kurzgeschichten hat eine solche Typisierung zuweilen ihre Berechtigung, wenn Figuren ausschließlich in einer bestimmten Rolle gezeigt werden sollen, wie *der Mann* und *die Frau* in »Das Brot« von Wolfgang Borchert.

Von wenigen, gut begründeten Ausnahmen abgesehen, überwiegen allerdings die Nachteile anonymer Gestalten. Denn die Figuren in einem Roman oder einer Erzählung sollten nicht beliebig und allgemein sein, weil dann keine Empathie erzeugt werden kann. Der Name ist ein erster, ungemein wichtiger Schlüssel, mit dem der Leser die Tür zu seinem fiktionalen Traum öffnen kann. Das ist inzwischen sogar wissenschaftlich belegt. Wenn Versuchspersonen einen Namen lesen, entwickelt ihr Gehirn eine weitaus größere Aktivität, als wenn stattdessen ein Pronomen verwendet wurde. *Klara schreit* erzeugt wesentlich komplexere Bilder und Vorstellungen als *sie schreit*, weil – so die Forscher – Areale für das räumliche Denken angesprochen werden. Wird ein Name erwähnt, entsteht im Gehirn »eine plastische Vorstellung des jeweiligen Menschen [...], die auch Elemente wie Töne oder das Aussehen« mit einschließt.[32] Das ist doch genau das, was Sie erreichen wollen! Also: Geben Sie Ihren Figuren Namen!

Fundgruben dafür gibt es viele. Meist beginnt die Suche im eigenen Umfeld, bei der Familie, den Freunden, Bekannten und Kollegen. Anregungen bieten all die vielen Ratgeber für angehende Eltern, die Tausende von Vornamen mit Herkunft und Bedeutung vorstellen. Erforscht werden Personennamen in der Namenkunde oder Onomastik, einer Teildisziplin der Sprachwissenschaft. Deshalb steht Ihnen auch reichhaltige Sach- und Fachliteratur zur Verfügung.³³ Im Internet werden Sie ebenfalls fündig. Während sich eine Website ganz auf »Beliebte Vornamen«³⁴ konzentriert, gibt »Onomastik: Namen, Namensbedeutung, Ahnenforschung«³⁵ sowohl zu Vor- als auch zu Nachnamen Auskunft. Inspiration bieten des Weiteren Telefonbücher, Lokalzeitungen (vor allem Heirats- und Todesanzeigen) und Spaziergänge über Friedhöfe. Cornelia Funke tauft ihre Fantasiewesen oft mit Namen, die sie in Pflanzenführern findet. Wunderbare Bezeichnungen für skurrile Gestalten wie *Feuerschüppling*, *Speitäubling* oder *Schütterzahn* können Sie zum Beispiel von Pilzen übernehmen.

Es empfiehlt sich, besondere Namen im Notizbuch zur späteren Verwendung festzuhalten. Ob Sie erst die Figur erfinden und ihr am Ende einen Namen geben oder vom Namen ausgehend die Figur entwickeln, ergibt sich meist im Arbeitsprozess und kann von Fall zu Fall unterschiedlich sein. Von den zahllosen Überlegungen, die bei der Namenwahl eine Rolle spielen können, werden die wichtigsten im Folgenden genannt.³⁶

Passende Vornamen

Dass ein Vorname mehr als 1.000 Worte sagt, wurde in den letzten Jahren vielfach wissenschaftlich erforscht.³⁷ Es ist erstaunlich, welche Assoziationen er bei dem auslöst, der ihn hört oder liest. An erster Stelle steht die Wahrnehmung des Alters. Es folgen Annahmen zu Attraktivität, Intelligenz, Religiosität *(Sarah, David)* und Kulturkreis *(Fernando, Aishe)* sowie regionaler *(Gesine, Xaver)* und sozialer *(Cindy, Kevin)* Herkunft des Namensträgers. In einer Untersuchung der Technischen Universität Chemnitz von 2006 wurden altmodische Namen wie *Birgit* oder *Torsten*, moderne Namen wie *Laura* oder *Leon* und zeitlose Namen wie *Anna* oder *Michael* unterschieden. Ein Ergebnis: Moderne Namen signalisieren in stärkerem Maße Attraktivität als solche, die als altmodisch bewertet werden. Und: Wer als attraktiver gilt, wird auch als intelligenter eingeschätzt.³⁸ Andere Studien beschäftigen sich mit dem Zusammenhang von Vornamen und Bildungs- und Karrierechancen und entdeckten zumindest von der Tendenz her, dass Personen mit Namen, die mit der sozialen Unterschicht in Verbindung gebracht werden, bei der Zensurenvergabe oder der Einladung zu Vorstellungsgesprächen im Nachteil sind.

Das heißt für Sie, dass Sie schon mit der Wahl der Vornamen Ihrer Figuren die Vorstellung des Lesers bewusst oder unbewusst in eine ganz bestimmte Richtung lenken. Soll die Figur möglichst normal erscheinen, empfiehlt sich ein zeitloser Name. Exzentrische Personen brauchen dagegen ausgefallene Namen. Außerdem kann man mit Kontrasten arbeiten, indem man zum Beispiel einer schüchternen, stillen Person einen bombastischen Namen gibt oder umgekehrt.

Wirkung von Vornamen

Doch wie lässt sich die Wirkung eines Namens prüfen? Oft geben persönliche Abneigungen und Vorlieben den Ausschlag: Wer einen unsympathischen Lukas kennt, wird den Namen nicht für einen Protagonisten wählen, der mit Charme und Intelligenz glänzen soll. Um subjektive Urteile und Vorurteile zu relativieren und zu überprüfen, ob ein Figurenname bei anderen die erwarteten Vorstellungen auslöst, können Sie zum Beispiel auf Assoziationsdiagramme zurückgreifen. Das »Onogramm« über *Amélie* basiert zurzeit auf gut zweihundert Auskünften. Der Name selbst wird als bekannt sowie wohlklingend bewertet, und die Beurteiler sind unter anderem der Meinung, jemand, der so heißt, sei tendenziell jung, lustig, lieb und attraktiv. Vermutlich hat der Erfolgsfilm »Die wunderbare Welt der Amélie« die Einschätzung mit beeinflusst. Über *Alois* erfährt man dagegen, dass der Name nicht als wohlklingend gilt, die Person wird eher als alt, unsportlich und unattraktiv eingestuft.[39]

Vornamen und Alter

Ganz wichtig ist es, Vornamen jeweils mit dem Alter der Figur abzustimmen. Dafür ist die Website »Beliebte Vornamen«[40] die beste Empfehlung. Sich hier Rat zu holen, ist vor allem deshalb notwendig, weil man die Aktualität von Namen oft vom eigenen Standpunkt aus und damit falsch einschätzt. Für mich wirken *Renate*, *Monika* oder *Norbert* nicht altmodisch, weil meine Schulfreunde so hießen. Das ist allerdings einige Jahrzehnte her und heute haftet diesen Namen ein Geruch nach

Mottenkiste an. Auf der Website finden Sie für jedes Jahr ab 1890 Ranglisten der beliebtesten Jungen- und Mädchennamen. So können Sie schnell und zuverlässig nachprüfen, ob Alter und Name zusammenpassen. Außerdem erfahren Sie Wissenswertes über die Entwicklung von Vornamen. Zum Beispiel, dass *Adolf* einer der beliebtesten Vornamen in der ersten Hälfte des 20. Jahrhunderts war, der aber (aus guten Gründen) nach 1942 ziemlich abrupt aus den Hitlisten verschwand. *Kevin* tauchte erst um 1990 auf, *Mika* erst nach 2000, während *Anna* in allen Ranglisten vertreten ist, wenn auch in stetem Auf und Ab. Darüber hinaus können Sie nach seltenen und internationalen Vornamen recherchieren, Geschichten über berühmte Namensträger lesen und viele weitere Informationen sammeln.

Verwirrspiel mit Vornamen

Es gibt Autoren, die es offenbar reizvoll finden, die Vorstellungen ihrer Leser absichtlich in eine falsche Richtung zu lenken. Am Beginn des Romans »Whisper« fahren *Noa*, *Kat* und *Gilbert* mit dem Wagen durch eine Landschaft. Mein innerer Film zeigte mir grüne Hügel, Cottages mit Rosenstöcken und Bauerngärten im Rosamunde-Pilcher-Stil, und so rieb ich mir verwundert die Augen, als die Figuren plötzlich in einem norddeutschen Dorf mit grauen Klinkerbauten und Stiefmütterchen in Blumenkästen ankamen. Möglicherweise wollte die deutsche Autorin Isabel Abedi den Titel gleich für den internationalen Markt empfehlen. Aus diesem Grund hat wohl auch Cornelia Funke in ihrer Tintenherz-Trilogie die Protagonisten *Mo* und *Meggie* genannt.

Ein weiterer beliebter Trick, um Verwirrung zu stiften, besteht darin, das Geschlecht der Figur nicht eindeutig zu kennzeichnen. Wer *Luis* als Männernamen versteht, wird ziemlich unsanft aus seiner Vorstellungswelt gerissen, wenn ihm irgendwann klar wird, dass es in dieser Geschichte eine Kurzform von *Luise* ist. Aber auch hier gilt: keine Regel ohne Ausnahme. Viele erinnern sich sicher noch an *Georgina* aus der Kinderbuchreihe »Fünf Freunde« von Enid Blyton, die nur *Georg* bzw. (im Englischen) *George* genannt wird. Sie ist die perfekte Identifikationsfigur für eher burschikose Leserinnen. Raffiniert hat beispielsweise auch Elke Pistor in »Luftkurmord« (2011) die Identität von Figuren verschleiert, indem sie nur deren Spitznamen *Erich*, *Franz* und *Hans* nennt, nach den drei Spatzen aus einem Gedicht von Christian Morgenstern. Das geschieht ebenfalls sehr bewusst, denn nur so wird die Spannung gehalten und eine Person nicht zu früh aufgrund ihres Geschlechts identifizierbar. Wenn es keine dramaturgische Notwendigkeit dafür gibt, sollte auf solche Rätseltricks besser verzichtet werden.

Bedeutung von Nachnamen Sie als Autorin oder Autor haben es besser (oder vielleicht auch schlechter) als Eltern, bei denen der Stress beendet ist, wenn für den Sprössling endlich die Vornamen gefunden wurden, die Glück, Reichtum und Erfolg versprechen, zum Familiennamen passen und bei niemandem negative Erinnerungen wecken. Sie dürfen (und müssen) Ihre Geschöpfe in der Regel außerdem mit einem Nachnamen ausstatten. Vielleicht fragen Sie: Brauche ich den denn überhaupt? Nicht in jedem Fall. In Kinder- oder Kurzgeschichten wird oft nur der Vorname erwähnt und auch in vielen umfangreicheren Texten wird der Familienname nur selten benutzt. Von kurzen Gattungen abgesehen, sollten Sie für die wichtigen Figuren in jedem Fall vollständige Namen ersinnen, weil sie dadurch von Anfang an mehr Gewicht erhalten und konkreter greifbar werden. Außerdem gibt es kein Problem, wenn Sie irgendwann beim Schreiben merken, dass Sie einen Zunamen brauchen. Sonst besteht die Gefahr, irgendeinen beliebigen zu verwenden. Mögliche Folgen: Ihre Hauptfiguren heißen wenig spezifisch und kaum unterscheidbar *Müller*, *Meier* und *Möller* oder eine Figur wechselt den Namen und taucht auf Seite 100 als *Schulze* und auf Seite 200 als *Schmidt* auf. Bei der Nachnamensuche sind allerdings teilweise andere Dinge zu bedenken als bei der Wahl der Vornamen.

Neutrale Nachnamen Relativ neutral wirken in Deutschland weitverbreitete Namen, abgeleitet aus Berufen wie *Schmidt*, *Meier* oder *Kaufmann* oder topografischen Besonderheiten wie *Berg*, *Busch* oder *Wiese*. Mit einem solchen Familiennamen fallen Ihre Figuren nicht weiter auf, wirken aber auch recht blass. *Herr Meier* oder *Frau Müller* – das klingt fast immer nach braver Bürgerlichkeit, Häkeldeckchen und Gartenzwergen. Interessante Personen sollten auch interessante Namen haben, vor allzu pompösen Konstruktionen sei jedoch gewarnt, denn die können leicht unfreiwillig komisch wirken. Namen wie *Schneppensiefen* oder *Schwammkrug* passen schlecht zu Gestalten, die vom Leser ernst genommen werden sollen.

Zu berücksichtigen sind regionale Bezüge: Einen *Max Huber* denkt man sich nach Bayern, einen *Jupp Kleefisch* nach Köln. Aus Ortsbezeichnungen abgeleitete Namen weisen auf die jeweilige Region: *Reifferscheidt* oder *Monschau* zum Beispiel auf die Eifel. Wenn *Xaver Pichlmayr* in Hamburg lebt, so ist das zumindest erklärungsbedürftig. Auskünfte über die geografische Verteilung von Familiennamen innerhalb Deutschlands geben Karten und Statistiken im Internet.[41]

Regionale Bezüge

Während sich soziale Bezüge bei den Vornamen aus der aktuellen Lebenssituation der Eltern ergeben, sind sie bei den Nachnamen historisch begründet. So vermutet man bei *Kaczmarek* oder *Kowalski* eine eher proletarische Herkunft, bei *von Hohenfels* eine elegante Erscheinung aus dem Adel. Aber natürlich kann der Ururenkel eines Ende des 19. Jahrhunderts aus Polen ins Ruhrgebiet eingewanderten *Kowalski* längst zum Professor oder Manager aufgestiegen sein und die Nachfahrin derer *von Hohenfels* inzwischen von der Sozialhilfe leben. Mit einem Doppelnamen versuchen sich zum einen die zahllosen *Müllers* und *Schulzes* von der Masse abzugrenzen, wenn sie eine öffentliche Position bekleiden *(Müller-Lüdenscheid)*, zum anderen tragen ihn häufig Frauen *(Gürges-Klopottek)* aus dem bürgerlichen Milieu, die in den Siebziger- und Achtzigerjahren geheiratet haben und ihre Emanzipiertheit dokumentieren wollten. Damals war das für Frauen die einzige Möglichkeit, nach der Heirat ihren Geburtsnamen weiterhin zu führen. Erst seit der Änderung der Rechtsbestimmungen Anfang der Neunzigerjahre ist es zulässig, dass jeder Ehepartner seinen Namen behält.

Soziale Bezüge

Sprechende Namen

Beliebt sind oft auch sprechende Namen oder der spielerische Umgang mit ihnen, doch der (meist) witzige Effekt wird nicht erreicht, wenn der Leser Absicht und Bedeutung nicht erkennt. Wer weiß schon, dass *Balduin* »kühner Freund« und *Sigrid* so viel wie »schöner Sieg« bedeutet? Dass sich in *Madame Chauchat*, der geheimnisvollen Russin in Thomas Manns »Zauberberg«, eine »heiße Katze« verbirgt, merkt nur, wer die französische Sprache beherrscht. Und dass *Lukas Domcik*, der Protagonist des Romans »Bestseller«, ein Anagramm (Buchstabenversetzrätsel) zu dessen Autor *Klaus Modick* ist, wird möglicherweise ebenfalls erst auf den zweiten Blick deutlich.

Leichter fällt die Entschlüsselung von Familiennamen wie *Klein*, *Dick* oder *Schwarz*, die eigentlich auf körperliche Eigenheiten der Vorfahren verweisen, dem Autor aber die Freiheit geben, sie auf gegenwärtige Figuren zu übertragen. Dann heißt der Besitzer einer Schreinerei vielleicht *Säger* und ein besonders mutiger (oder besonders schüchterner) Mensch trägt den Namen *Unverzagt*. Mit Namen wie *Clarissa Lichtblau*, der Heldin aus Edgar Reitz' Film »Die zweite Heimat«, oder *Gabriele Klöterjahn* (ebenfalls aus »Der Zauberberg«) werden Sympathie oder Antipathie erzeugt. So charmant solche Kreationen mit Hintersinn und Augenzwinkern auch wirken, sie können leicht ins Plumpe abrutschen und die Figuren der Lächerlichkeit preisgeben. Ob die Leser es schätzen, mit dem Holzhammer auf den Wesenskern einer Figur hingewiesen zu werden? Das hängt vom Genre ab. Was in Märchen, fantastischen und komischen Geschichten sowie Kinderbüchern witzig und skurril ist (*Pippi Langstrumpf* oder Herr *Taschenbier*), kann im ernsten Roman gänzlich unpassend sein. Was halten Sie von *Hartholz* als Namen für einen fiesen Geschäftspartner, *Stiebitz* oder *Klauer* für einen Dieb und *Ungut* für eine verbitterte Frau?[42] Und auch wenn es in Köln tatsächlich einen exklusiven Optiker mit Namen *Augendübler* gibt,[43] in einem Roman lässt er sich schwer als glaubwürdige Figur denken.

Der Klang von Namen

Bleibt schließlich noch zu erwähnen, dass Klang und Rhythmus die Wirkung von Namen nicht unwesentlich beeinflussen.

Harte und scharfe Konsonanten lassen sie eher herb erscheinen: *Xaver, Klaus, Alexandra, Patrizia, Cynthia, Henriette* oder *Luzie*. Vokale wie »a« oder »o« und Doppellaute wie »ei« oder »au« machen sie weich und rund. Wissenschaftler haben herausgefunden, dass weibliche Vornamen mit »a« und »u« besonders sexy wirken: *Paula, Laura, Malina;* bei männlichen Vornamen sind es »e« und »i«: *Tim, Felix, Ben*. Ob diese Annahme stimmt, können Sie anhand Ihrer Lektüre oder Lieblingsserien im Fernsehen leicht überprüfen. Da heißen eher positive Charaktere zum Beispiel *Nick, Philipp, Charlotte, Katja, Gesa, Petra;* eher negative dagegen *Roman, Falk, Alexandra, Henriette, Sophie, Miriam*.[44] Sympathie wecken auch Namenbildungen mit Stabreim, also gleichem Anlaut, wie *Jens Jensen* oder *Maja Müller*. Wie viele Gedanken sich etwa Drehbuchautoren bei der Entwicklung von Namen machen, zeigt eine Serienfigur wie *Eva Fauch*. So heißt eine Polizeiseelsorgerin, gespielt von Veronica Ferres. Das weiblich-weiche *Eva* steht im Kontrast zum rauen *Fauch*, das in Klang und Bedeutung an eine Katze erinnert und damit eine gewisse Kratzbürstigkeit suggeriert. Danach befragt, ob der Nachname etwas über den Charakter der Figur aussage, antwortete Veronica Ferres in einem Interview: »Sehr viel. Sie ist sperrig, unbequem – und spricht jene Punkte an, die andere am liebsten verdrängen würden.«[45]

Dieses Beispiel macht noch einmal deutlich, wie wichtig es ist, die Namen der Figuren mit Bedacht zu wählen. Egal, für welchen Sie sich entscheiden, Sie sagen damit immer schon viel über Ihre Figuren aus, vielleicht sogar mehr oder anderes, als Sie wollen. Jeder Name erzeugt konkrete Vorstellungen von der regionalen und sozialen Herkunft und dem Alter der Figur, möglicherweise auch von Charaktereigenschaften und äußeren Merkmalen und steuert die emotionale Wirkung auf den Leser.

Geschlecht und Geburtstag
Alter und Geschlecht der Figuren ergeben sich aus den Erfordernissen der Handlung. Ob es mehr Helden als Heldinnen, mehr Zwanzig- als Fünfzigjährige in der erzählenden Literatur gibt, hat meines Wissens noch nie jemand nachgezählt. Wenn

ich meine eigene Lektüre überblicke, scheint mir das Verhältnis ausgeglichen. Mögen in der historischen Perspektive männliche Helden dominiert haben, in der Gegenwartsliteratur ist das Geschlecht – erzähltechnisch gesprochen – neutral. Ob Protagonistin oder Protagonist: Ihr dramaturgischer Wert ist identisch, beide können in gleicher Weise als leidenschaftlich Kämpfende und Liebende, als Schurken und Charmeure gestaltet werden. Schreibanfänger neigen oft dazu, nah bei der eigenen Biografie zu bleiben, und erfinden deshalb mit Vorliebe Figuren, die ungefähr ebenso alt sind wie sie selbst und dasselbe Geschlecht haben. Dabei kann es besonders reizvoll sein, in eine ganz andere Rolle zu schlüpfen. Wenn Sie sich bisher noch nicht trauen, probieren Sie es einfach mal aus.

Orientierung an Zielgruppen Wenn Sie allerdings spezielle Zielgruppen oder Genres im Blick haben, sollten Sie deren Anforderungen berücksichtigen. Generell gilt: Frauen lesen mehr als Männer und sie bevorzugen Romane; Männer greifen eher zur Zeitung oder zu Sachbüchern. Das größte Publikum erreichen Sie, wenn Sie Protagonistinnen mit Identifikationspotenzial für Leserinnen im Alter zwischen dreißig und fünfzig schaffen. Die typische Heldin des Frauen-, »Chicken-« oder Liebesromans gehört deshalb meist zur Generation dreißig plus. Zwar hat Tommy Jaud mit »Vollidiot« ein Pendant zur »Tussyliteratur« erfunden, der (lustige) »Männerroman« mit seinen tollpatschigen Antihelden bleibt aber trotz einiger Nachfolger ein randständiges Phänomen des Buchmarkts. Traditionell zählen Abenteuerroman, Science-Fiction oder Thriller mit ihren markanten Protagonisten ebenfalls zur bevorzugten Männerlektüre. Inzwischen ist in diesen Gattungen jedoch die männliche Vorherrschaft gebrochen, vor allem im Krimi haben die Ermittlerinnen in den letzten Jahrzehnten beträchtlich aufgeholt. Das bedeutet, Sie können die Erwartungen an das Genre bedienen oder bewusst unterlaufen und Varianten ersinnen. Ein weiblicher Robin Hood oder Robinson, eine achtzigjährige Heldin eines frechen Frauenromans, warum eigentlich nicht? Auf diese Weise ergeben sich originelle neue Sichtweisen und Möglichkeiten. Während Männer erfahrungsgemäß wenig Interesse an spezifischer Frauenliteratur zeigen, gilt das umgekehrt nicht. Frauen mögen weibliche Helden, wollen aber genauso gern wissen, wie Männer »ticken«, und lesen deshalb auch Romane mit maskulinen Protagonisten. Am meisten Funken lassen sich jedoch noch immer aus dem Zusammenprall der Geschlechter schlagen.

Eine ganz besondere Zielgruppe sind Kinder und Jugendliche. Hier sollten Sie beachten: Heranwachsende möchten sich mit den Helden der Geschichten identifizieren. Das gelingt selten bei Figuren, die jünger sind als sie selbst, denn man orientiert sich üblicherweise an den Älteren. Die Hauptfigur im Kinder- oder Jugendroman sollte deshalb etwa ein bis zwei Jahre älter sein als die avisierten Leser. Mädchen und Jungen sind prinzipiell gleichberechtigt und können alle Rollen übernehmen. Die Zeiten, in denen Pony Hütchen ihren Vetter Emil und seine Detektive mit Proviant versorgte und ansonsten brav daheim blieb, sind glücklicherweise überwunden. Wenn es zwei Hauptfiguren oder mehr gibt, empfiehlt sich eine Mischung der Geschlechter, damit sowohl Mädchen wie Jungen eine Figur zum Mitempfinden haben. Daneben existiert weiterhin eine geschlechtsspezifische Literatur für junge Mädchen, die eine sehr lange Tradition besitzt und mit dem »Backfischroman« gegen Ende des 19. Jahrhunderts ungemein populär wurde. Mädchenbücher mit »frechen« Heldinnen erfreuen sich anhaltender Beliebtheit. Jungenserien wie »Gregs Tagebuch«, die – so der Titel einer anderen Reihe – »Für Mädchen verboten« sind, konnten sich dagegen bisher kaum durchsetzen.

Zielgruppe Kinder und Jugendliche

Hinzuweisen ist schließlich noch auf Probleme, die sich aus der Dauer des Schreib- und Veröffentlichungsprozesses und dem Alter der Figuren ergeben können. Solange Ihr Roman oder Ihre Erzählung in einer zeitlosen Gegenwart oder in einer fantastischen Welt spielt, ist alles in Ordnung. Der Held ist und bleibt fünfzig Jahre alt, egal wie lange Sie brauchen, um Ihr Buch zu schreiben und zu veröffentlichen. Anders sieht es aus, wenn Sie – was oft der Fall ist – vor dem Hintergrund der gesellschaftlichen Wirklichkeit eines konkreten Staates erzäh-

Figurenalter im Erzählverlauf

len, weil diese Wirklichkeit sich in den Lebensläufen der Figuren spiegelt. Wenn im Buch selbst keine Jahreszahlen genannt werden, rechnet man bei einem Gegenwartsroman im Allgemeinen damit, dass er ungefähr zur Zeit der Veröffentlichung spielt. Wenige Jahre Verzögerung sind unerheblich, hat das Manuskript zuvor jedoch lange in der Schublade geschlummert oder eine Odyssee durch die Verlage hinter sich, kann der Text allerdings leicht als veraltet empfunden werden. Wer einen 2014 erschienenen, in Deutschland spielenden Roman liest, ist irritiert, wenn zum Beispiel mit D-Mark gezahlt und in Restaurants geraucht wird. Auch für das Alter der Figuren können sich aus solchen Verzögerungen Konsequenzen ergeben, und zwar immer dann, wenn historische Ereignisse den Lebenslauf tangieren. Wurde Ihr Protagonist etwa durch traumatische Erlebnisse als Soldat während des Zweiten Weltkriegs geprägt, kann er kaum nach 1925 geboren sein und wäre folglich in einem Gegenwartsroman des Jahres 1980 mindestens Mitte fünfzig gewesen, inzwischen jedoch neunundachtzig Jahre alt.

Selbst wenn historische Daten oder Ereignisse für die Handlung ohne Belang sind, können sich aus dem Geburtsjahr der Figuren Konsequenzen ergeben. Dazu passt ein Beispiel aus meiner Anfangsphase als Autorin, in der ich mir über solche Dinge wenig Gedanken machte. Frank, eine Figur aus meinem Krimi »Linstows Geheimnis«, ist 1968 in Bergen auf Rügen geboren. Das legte ich fest und fing an zu schreiben. Erst als es darum ging, die Ursachen für sein Verhalten zu ergründen, fiel mir auf: Frank war in der DDR aufgewachsen, hatte dort die Schule besucht und seine Ausbildung absolviert. Für mich hieß das, nachträglich zu recherchieren und mich mit den Besonderheiten des für mich fremden Bildungssystems vertraut zu machen. Hätte ich vor Schreibbeginn eine Figurenbiografie ausgearbeitet, wäre mir das sicher aufgefallen und ich hätte den Lebenslauf einfach korrigieren können.

Noch mehr Probleme können sich aus dem Verhältnis von Geburtstag der Figur und Schreibzeit ergeben, wenn historische Ereignisse Thema des Romans sind. In meiner Schublade liegt der Plan für einen Krimi auf zwei Zeitebenen: Historische Geschehnisse aus dem Februar 1953 werden mit der Gegenwart verknüpft. Eine Hauptfigur soll damals achtzehn Jahre alt gewesen, also 1935 geboren sein. Als ich 2005 die Idee entwickelt habe, war sie also siebzig, 2014 ist sie immerhin schon neunundsiebzig. Und da noch nicht abzusehen ist, wann ich den Roman schreibe, kann ich nur sagen: »Hilfe, mir sterben die Figuren weg.«

In diesen und ähnlichen Fällen kann man sich damit behelfen, die Gegenwartsebene zeitlich zu fixieren. Nennen Sie in einer Überschrift oder am Beginn des Textes einfach Jahr oder Datum der Handlung, oder machen Sie durch andere Zeithinweise deutlich, wann die Geschichte spielt, wenn es nicht die unmittelbare Gegenwart ist.

Jetzt wenden Sie vielleicht ein, dass es sich bei einem Roman nicht um ein Geschichtsbuch, sondern um Fiktion handelt und deshalb der Umgang mit der Realität locker sein kann. Damit haben Sie einerseits recht. So hat zum Beispiel die in manchen historischen Romanen geschilderte Wirklichkeit nur sehr entfernt Ähnlichkeit mit der Überlieferung, der Beliebtheit des Genres schadet das indes nicht. Andererseits bemessen sich Qualität und Wahrhaftigkeit von Figuren nicht nur an ihrer psychologischen Tiefe, sondern auch an der gesellschaftlichen Bindung. Und je konkreter Sie Ihre Figuren in der Zeit verankern, umso plastischer werden sie. Große und bedeutsame Romanfiguren waren von jeher Spiegel der Zeit, in der sie lebten und handelten.

Geburts- und Wohnort
Geburts- und Wohnort gehören ebenfalls zu den Grunddaten, die das Profil einer Figur bestimmen. Beide können, müssen aber nicht identisch sein. Der Wohnsitz des Protagonisten ist entweder zugleich Ort der Handlung oder des Aufbruchs. Egal, für welchen Wohnort Sie sich entscheiden: Sie müssen die sich daraus ergebenden Begrenzungen akzeptieren. Wenn Anna in einer Kleinstadt lebt, kann sie dort keine Universität

besuchen. Und Jan wird nicht in einem Dorf aufwachsen, das über Gymnasium, Bibliothek und U-Bahn verfügt.

Regionalbezug Geburts- und Lebensort prägen wesentlich das Bewusstsein der Figur. Sie sollten nicht unbedingt die Klischees vom sturen Ostfriesen oder geselligen Rheinländer übernehmen, aber die regionalen Wurzeln zeigen eine zusätzliche Facette der Persönlichkeit. Deutlich muss der Bezug sein, wenn Sie Ihren Roman als Regionalliteratur vermarkten wollen. In diesem Fall spielen Signaturen von Landschaft und Ort sowie die Mentalität der Bewohner eine wesentliche Rolle. Daraus entstehen im besten Fall Kultfiguren wie der kauzige Kommissar Kluftinger in den Allgäukrimis von Volker Klüpfel und Michael Kobr. Der von Donna Leon ersonnene Commissario Brunetti passt mit seiner zurückhaltenden Eleganz ebenso perfekt zu Venedig wie der alte Dubslav von Stechlin aus Fontanes gleichnamigem Roman in die mecklenburgische Grafschaft Ruppin.

Herkunftsort bestimmt Wahrnehmung Der Herkunftsort bestimmt die Wahrnehmung. Als Emil Tischbein nach Berlin kommt, fühlt er sich dort anfangs verlassen und einsam. Kein Wunder, denn ihm, der aus einer übersichtlichen Kleinstadt stammt, musste die Metropole wie ein Moloch erscheinen. Wäre er aus New York angereist, hätte er Berlin vermutlich als recht beschaulich erlebt. Der Neuling am fremden Ort erlebt die räumliche Differenz wesentlich stärker als derjenige, der immer dort lebt. Auch der Grundkonflikt kann maßgeblich durch den Wohnort oder einen Ortswechsel bestimmt sein. Was macht der Protagonist, der aufs Land gezogen ist, um dort endlich zur Ruhe zu kommen, wenn ihm klar wird, dass der Aktionismus der Nachbarn das Erreichen dieses Ziels wohl ewig verhindern wird? Ein Ort kann als Mitspieler auftreten wie im Regionalroman oder sogar als Antagonist dem Helden gefährlich werden. Das bekannteste Beispiel ist »Berlin Alexanderplatz« von Alfred Döblin. Franz Biberkopf bemüht sich vergeblich, gegen diesen mächtigen Feind bestehen und ein anständiges Leben führen zu können. Ein realer oder fantastischer Wohnort kann zudem Eigenschaften oder Zustände des Protagonisten symbolisieren oder spiegeln.

So lebt Harry Potter in einem Londoner Vorort als von seinen Verwandten schikanierter Außenseiter, in Hogwarts dagegen als berühmter und bewunderter Zauberlehrling.

Entscheiden müssen Sie außerdem, ob Ihre Figuren an bekannten oder fiktiven Orten leben und handeln. Städte wie Berlin, Paris oder Venedig haben den Vorteil, dass die Leser auf eigene Vorstellungen oder Kenntnisse zurückgreifen und leicht Assoziationen entwickeln können. Der Nachteil: Sie müssen gegen diese teilweise zu Klischees (Paris als Stadt der Liebe) geronnenen Bilder anschreiben. Wenn der Ort für negative Sachverhalte steht, Ihr Protagonist möglicherweise in einen Sumpf aus Korruption und Misswirtschaft geraten soll, in den öffentliche Einrichtungen und die Spitzen der Gesellschaft verstrickt sind, sollten Sie Details verfremden oder – vor allem bei Kleinstädten – die Handlung an einen fiktiven Ort verlegen. Sie haben die Freiheit, Bekanntes mit Erfundenem zu kombinieren. Wie das aussehen kann, lässt sich in Heinrich Bölls Roman »Billard um halbzehn« nachlesen. Die von ihm geschilderte Stadt ähnelt in vielen Einzelheiten seiner Heimatstadt Köln. In einer Szene verlässt eine Hauptfigur den Bahnhof und betritt den Vorplatz. Was sie dort wahrnimmt, entspricht weitgehend historischen Gegebenheiten, bis auf den kleinen Unterschied, dass an der Stelle, wo damals wie heute der Dom steht, in Bölls Roman der Kirchturm von Sankt Severin in den Himmel ragt. Auch dieses Gotteshaus gibt es in der Stadt, allerdings ein paar Kilometer weiter südlich.

Bekannte oder fiktive Orte?

Bleibt noch die Frage, ob Sie – wenn Sie sich für reale Schauplätze entscheiden – die Lebensorte Ihrer Protagonisten aus eigener Anschauung kennen müssen. Mancher findet das überflüssig. Hat nicht Karl May mit großem Erfolg Romane über Nordamerika und Kurdistan geschrieben, ohne dort gewesen zu sein? Und in Zeiten des Internets ist es noch viel leichter, sich ein Bild von der Welt zu machen. Heute hat beinahe jedes Dorf eine Website mit Informationen über alle möglichen Aspekte und Einrichtungen des wirtschaftlichen, politischen und kulturellen Lebens, über Infrastruktur, Sehenswürdig-

Müssen Sie die Orte kennen?

keiten, Feste und Bräuche. Mit »Google Earth« und »Google Maps« sind Sie sekundenschnell an jedem Ort der Erde, können jede Straßenbiegung und jeden Baum erkennen und mit »Street View« teilweise fast bis in die Wohnzimmer schauen. Das sind unverzichtbare Hilfsmittel bei der Recherche, aber ob sie wirklich ausreichen, um den Helden vor Ort glaubwürdig agieren zu lassen? Weiß der Protagonist, wie es dort riecht, wie die Leute drauf sind? Kennt er die Geräusche der Stadt, das Licht der Landschaft, die Weite des Horizonts? All das, was die besondere Atmosphäre, den Zauber eines Ortes ausmacht, kommt bei der Onlinesuche zu kurz. Und während Karl May noch davon ausgehen konnte, dass niemand die exotischen Schauplätze seiner Bücher kannte und so auch niemand das Erfundene mit dem Wirklichen vergleichen konnte, sollten Sie heutzutage eher annehmen, dass ein Teil der Leser damit vertraut ist, vielleicht sogar deshalb Ihren Roman gekauft hat.

Aus diesen Gründen sollten Sie möglichst über Orte schreiben, die Sie bereits kennen oder noch kennenlernen werden. Für eine Kurzgeschichte genügen unter Umständen ein paar Stunden Aufenthalt, für einen Roman sollten Sie einige Tage einplanen. Am besten ist es, wenn Sie die Hauptfigur zumindest in Grundzügen entwickelt haben, denn dann können Sie den Ort mit deren Augen wahrnehmen: Wo trinkt sie ihren Kaffee? Wo trifft sie den geheimnisvollen Unbekannten? In welchem Viertel wohnt sie? Lassen Sie sich inspirieren, schlendern sie durch die Straßen, fangen Sie die Sinnlichkeit des Ortes ein und fixieren Sie Ihre Eindrücke mit Fotoapparat und Notizbuch. Sie werden überrascht sein, was Sie alles entdecken.

Außenbild

Äußere Kennzeichen

- Größe, Gewicht, Statur
- Augen-, Haut- und Haarfarbe, Frisur
- Körperliche Besonderheiten
- Unveränderbare Kennzeichen

In einem zweiten Schritt sollten Sie sich mit der äußeren Gestalt Ihrer Hauptfiguren beschäftigen. Ein Hinweis vorab: Sie werden von diesen Daten später im Text nur sehr wenige verwenden, weil sie wegen ihrer Statik wenig dazu taugen, Figuren wirklich Leben einzuhauchen. Die Bestimmungen haben in erster Linie praktische Funktionen: Sie entwickeln bildhafte Vorstellungen von Ihren Figuren und behalten beim Schreiben den Überblick. So kann Ihnen nicht passieren, was Ken Follett in einem Interview erwähnte: In einem seiner Thriller verliert ein Mann bei einem Unfall beide Beine, ein paar Seiten später wärmt er seine Füße am Kamin.[46] Hilfreich sind diese Festlegungen auch, um zu differenzieren und zu variieren. Sonst stellen Sie möglicherweise am Ende fest, dass es in ihrem Roman drei Frauen mit kurzen blonden Haaren, blauen Augen und Kleidergröße sechsunddreißig gibt. Unterschiede im Äußeren erleichtern Autor und Leser die Orientierung.

Es geht nicht darum, die Gestalten exakt zu vermessen und jeden Zentimeter zwischen Scheitel und Sohle akribisch zu beschreiben, sondern das Besondere zu finden. Was macht diese Figur einzigartig? In welchen Punkten unterscheidet sie sich vom Durchschnitt? Welches Detail der äußeren Erscheinung fällt einem Betrachter zuerst auf? Eine Narbe, Sommersprossen, eine weiße Strähne im schwarzen Haar, eine körperliche Anomalie, feingliedrige Hände?

Sie sollten nicht einfach notieren: *Katja ist schön* oder *Egon sieht ungepflegt aus*. Das sind Urteile, die im Text vielleicht eine Figur über eine andere trifft. Am besten bleiben Sie zunächst auf

Bewusst wahrnehmen

der Ebene der objektiven Beschreibung. Was nicht leicht fällt, weil es von unserem Verhalten im Alltag abweicht. Wir sehen einen Menschen und sagen oder denken vielleicht: »Oh, ist der aber hässlich!« Doch worauf basiert unser Urteil? Es muss Merkmale in dessen äußerer Erscheinung geben, die uns zu dieser Erkenntnis bringen. Der dem Urteil vorgelagerte Wahrnehmungsprozess läuft in der Regel unbewusst ab, wir überspringen ihn und präsentieren gleich die Schlussfolgerung. Als Autor und Autorin sollten Sie die Fähigkeit trainieren, wahrnehmen und beschreiben zu können, woran Schönheit und Hässlichkeit kenntlich sind. Denn darin besteht genau die Kunst: Sie schildern das Äußere einer Figur möglichst neutral und *der Leser* schließt daraus: »Was für ein hässlicher Mensch!« Am besten gelingt das, indem Sie Menschen beobachten und immer wieder die eigene Einschätzung hinterfragen: Warum finde ich diesen Menschen hässlich oder schön? Worauf gründet mein Urteil?

Attraktivitäts- Ergänzend können Sie die Ergebnisse der Attraktivitätsfor-
forschung schung[47] nutzen, denn mit der Frage, nach welchen ästhetischen Kategorien Menschen bewertet werden, hat sich die Wissenschaft in den letzten Jahren intensiv beschäftigt. Im Urteil über Schönheit gibt es etwa zur Hälfte subjektive, individuelle Faktoren, aber auch ein erstaunlich großes Maß an universeller Übereinstimmung. Eine Frau wird als attraktiv empfunden, wenn sie schlank ist, glatte, makellose Haut hat, kindliche Gesichtszüge, große Augen, volle Lippen und symmetrische Proportionen. Bei Männern ist die Körpergröße das entscheidende Kriterium für Attraktivität, auch markante Gesichtszüge überzeugen, etwa ein kantiges Kinn und hervorstehende Wangenknochen. Inzwischen weiß man, dass unser Schönheitsempfinden evolutionspsychologisch geprägt ist. Attraktiv sind Menschen, deren Äußeres auf eine hohe Qualität der Gene deutet und damit Gewähr für gesunden Nachwuchs zu bieten scheint. Für literarische Figuren gilt, was bereits über Sympathie und Antipathie gesagt wurde. Soll eine Figur als Schönheit überzeugen, wirkt sie glaubwürdiger, wenn sie einen kleinen Makel hat. Im Gegenzug sollte der Hässli-

che auch etwas Faszinierendes oder Hübsches in der äußeren Erscheinung besitzen. Denken Sie etwa an den monströsen Serienmörder Jean-Baptiste Grenouille aus »Das Parfum«, der die Menschen mit seinem Duft betören konnte.

Wie groß ist die Freiheit des Autors bei der Erfindung der äußeren Gestalt von Figuren? Man könnte meinen: grenzenlos. Er muss seiner Einbildungskraft keine Zügel anlegen und kann nach Belieben Details erfinden. Wenn er es will, trägt der Protagonist eine Brille, hat eine Glatze und Schuhgröße achtundvierzig. Und doch gibt es Einschränkungen. Manches Körpermerkmal wird durch die Handlung bestimmt. Beim Krimi zum Beispiel stellt sich oft die Frage, ob ein Verdächtiger aufgrund seiner physischen Disposition überhaupt in der Lage wäre, die Tat auszuführen.

Grenzen der Gestaltungsfreiheit

Darüber hinaus gibt es neben vergleichsweise neutralen Körperdetails auch solche, die über sich hinausweisen oder Symbolfunktion haben. Rissige und schwielige Hände lassen auf schwere körperliche Arbeit schließen, der Zustand der Zähne – zwischen makellos und ruinös – verweist auf den ökonomischen Status, Narben von Pockenimpfungen am Oberarm verraten das Alter, tätowierte Zahlen den Insassen eines Konzentrationslagers, verkürzte oder fehlende Gliedmaßen möglicherweise den Contergan-Geschädigten und damit ebenfalls das Alter.

Abgesehen von solchen Anzeichen, die sich historisch oder gesellschaftlich begründen lassen, neigen wir allerdings dazu, Zusammenhänge zwischen ästhetischen und ethischen Kategorien herzustellen, die nicht verifizierbar sind, sondern auf Vorurteilen basieren. Dazu gehören etwa die Annahmen, dass Dicke undiszipliniert und schöne Menschen besonders intelligent sind. Attraktivitätsforscher haben ermittelt, dass Gutaussehenden in Beruf und Schule bessere Leistungen unterstellt werden als weniger attraktiven Geschlechtsgenossen. Das bedeutet, dass die Leser Ihres Romans oder Ihrer Erzählung möglicherweise ebenfalls solche Schlüsse ziehen. Sie haben die

Möglichkeit, mit Klischees zu spielen, sie zu hinterfragen, die Erwartungen der Leser zu enttäuschen und den Unterschied zwischen Schein und Sein zu betonen. Dann entpuppt sich die attraktive Lady vielleicht als Biest oder der zahnlose Typ mit den Zottelhaaren als Millionär.

»Gesichts- Dass zwischen dem Äußeren eines Menschen und seinem Cha-
deutungskunst« rakter ein ursächlicher Zusammenhang bestehe, ist die Überzeugung derjenigen, die sich mit Physiognomik (»Gesichtsdeutungskunst«) beschäftigen, die ihren Ursprung in der Antike hat und zu den Geheimwissenschaften zählte. Sehr ausführlich hat sich unter anderem der Schweizer Schriftsteller Johann C. Lavater im 18. Jahrhundert mit diesem Thema beschäftigt. Die Ergebnisse seiner Studien muten bizarr an. So will Lavater etwa herausgefunden haben: »Ein kleiner, schmaler Mund, unter einem kleinlichen Nasloch, und einer zirkelbogigen Stirn, ist immer leicht erschreckbar, furchtsam-blöde, schwach-eitel und unberedt.«[48]

Obwohl keine der zahlreichen Theorien, die im Laufe der Jahrhunderte aufgestellt wurden, wissenschaftlicher Überprüfung standgehalten hat, gibt es bis heute Verfechter der Physiognomik. Es gibt Personalberater, die glauben, von der Kopfform eines Bewerbers auf dessen Charakter, Talente und Fähigkeiten schließen zu können.[49] Die Vorstellung, den Menschen hinter ihr Gesicht sehen zu können, ist so verlockend, dass sich wohl jeder schon mal unbewusst als Gesichtsanalytiker versucht hat. Vielleicht ist ja doch was dran? Zeigen nicht schon die tief liegenden Augen und der stechende Blick, dass es sich bei dem Mann auf dem Zeitungsfoto um einen Verbrecher handelt? Stehen angewachsene Ohrläppchen tatsächlich für Verbissenheit und ein abgerundeter Hinterkopf für Selbstbewusstsein? Manche Zuordnung hat sogar Eingang ins Sprichwort gefunden: »Lange Nas und spitzes Kinn,/ Da sitzt der Satan leibhaft drin.«[50] Wenn es doch nur so einfach wäre. Wir alle wissen, dass man einem Menschen nicht ansehen kann, was ihn in seinem Inneren bewegt. Aber ein bisschen von dem alten Geheimwissen spukt noch immer durch unsere Köpfe und spielt deshalb auch bei der Beurteilung des Äußeren Ihrer Figuren mit hinein, etwa in Form von Assoziationen: »So gelten zum Beispiel sehr eng stehende Augen (G. W. Bush) traditionell als Hinweis auf einen rigiden Charakter; kleine runde bis mittelgroße Augen als Zeichen für wache Intelligenz; übergroße Augen (Heike Makatsch) werden von den meisten Menschen spontan mit einer arglosen, gefühlsbetonten Persönlichkeit assoziiert.«[51]

Als Autor haben Sie natürlich die Freiheit, sich an solchen Gedankenverknüpfungen zu orientieren und das Äußere als Spiegel des Charakters zu gestalten. Dezent eingesetzt, kann man mit entsprechenden Körpersignalen die Vorstellungen des Lesers in die eine oder andere Richtung lenken. Nicht zu empfehlen ist dagegen, eine Figur so auszustatten, dass bereits die äußeren Merkmale nur einen Schluss zulassen: Dieser Verdächtige muss der Mörder sein, jener attraktive junge Mann der zukünftige Schwiegersohn.

Nutzen lassen sich die Kategorien der Physiognomie aber noch in anderer Weise für die Arbeit an den Figuren: Sie können daraus Beobachtungs- und Beschreibungskategorien gewinnen. Achten Sie zum Beispiel auf folgende Punkte: Die Stirn kann breit oder hoch sein; die Nase lang, kurz, breit, schmal, knollig oder hakenförmig; die Augen groß, schmal, verkniffen oder tief liegend; die Ohren anliegend oder abstehend; die Lippen schmal, wulstig oder fehlend.[52] Je größer die Zahl der Kriterien ist, über die Sie verfügen, desto genauer können Sie Menschen beobachten, die besonderen Details erkennen und beschreiben.

Ihr Ziel sollte es sein, die äußere Gestalt der wichtigsten Figuren Ihrer Geschichte so plastisch auszuarbeiten, dass Sie sie während des Schreibens vor Ihrem geistigen Auge sehen können. Hilfreich ist dafür auch jede Form der Visualisierung. Suchen Sie nach Bildern, die Ihren Vorstellungen vom Äußeren der Figuren entsprechen. Blättern Sie in Fotoalben, Zeitungen und Zeitschriften, scrollen Sie durch Bildersammlungen im Internet, halten Sie auf Flohmärkten Ausschau nach

Möglichkeiten der Visualisierung

Familienaufnahmen oder bitten Sie Verwandte und Freunde um Porträtaufnahmen. Sie können auch überlegen, welcher Schauspieler infrage käme, die Rolle Ihres Protagonisten zu übernehmen. Sehen Sie sich dessen Filme an und recherchieren Sie nach Fotos und Daten. Ergiebig sind für diesen Zweck vor allem die persönlichen Websites und die der Agenturen.

Auftreten und Verhalten

- Kleidungsstil, Accessoires, Statussymbole
- Besonderheiten der Mimik
- Besonderheiten der Gestik
- Gangart
- Sprachliche Eigenheiten, Stimmlage, Redensarten
- Gerüche, taktile Eigenschaften
- Ticks, Marotten
- Wirkung auf andere

Die äußeren Körpermerkmale sind naturgegeben und damit unveränderbar – sieht man von den zunehmend genutzten Möglichkeiten der plastischen Chirurgie ab. Anders verhält es sich mit den Kennzeichen des Auftritts, mit denen man zumindest teilweise selbst bestimmen kann, wie man wahrgenommen werden möchte. Bewusste Inszenierung und unbewusste Körpersprache verraten eine Menge über die Psyche eines Menschen. Für die Figurenentwicklung ergibt sich daraus ein breites und differenziertes Deutungs- und Darstellungspotenzial. Sie als Autor und Autorin können die Figuren so präsentieren, dass etwas von deren Innerem sichtbar wird. Was und wie viel das ist, bestimmen Sie. Es richtet sich unter anderem danach, ob dem Leser eine Figur von Beginn an gezeigt wird, wie sie wirklich ist, oder ob sie zunächst rätselhaft wirken soll und erst später ihr wahres Wesen enthüllt.

BEISPIEL
Äußeres als Spiegel des Inneren

Charakterzüge können sich im Äußeren spiegeln: Eine schüchterne Figur trägt vielleicht bevorzugt graue Hosen und Blusen und schaut immer auf den Boden, wenn sie einen Raum betritt. Oder aber sie weiß um ihre Schüchternheit und möchte sie verbergen, wählt deshalb bewusst schrille Farben, blickt herausfordernd in die Runde und wirkt auf andere exaltiert und möglicherweise sogar arrogant. So gibt es zum Beispiel viele Schauspieler, die sich als schüchtern bezeichnen. Ich glaube nicht, dass sie mit dieser Aussage kokettieren wollen. Auf der Bühne oder vor der Kamera haben sie die Möglichkeit, sich im Spiel auf eine Weise zu präsentieren, die ihnen privat eher fremd ist.

Die beschreibbaren Kennzeichen des Auftretens sind so zahlreich, dass in dieser Kategorie noch stärker als bei anderen von vornherein Beschränkung und Konzentration angesagt sind. Ihre Protagonisten wechseln die Kleidung je nach Anlass und Stimmung, ihr Benehmen ändert sich von Situation zu Situation, Mimik und Gestik unterliegen ebenfalls dem beständigen Wandel. Deshalb geht es hier darum, mehr oder weniger unveränderliche Angewohnheiten, Ticks und Marotten zu bestimmen. Sie können in der Figurenbiografie allgemeine Begriffe verwenden *(Karla kleidet sich lässig-sportlich)*, sollten aber zugleich Details notieren *(trägt bevorzugt Fleecejacken und Joggingschuhe)*, die sie später in der Geschichte verwenden können. Denn im Unterschied zu den statischen Körpermerkmalen lässt sich das Auftreten mit Aktionsverben verbinden, die die Figur lebendig erscheinen lassen: *Unter der Manschette blitzte die Rolex hervor. – Sie stöckelte auf roten High Heels über das Kopfsteinpflaster.*

Kleidung und Accessoires

Wie ausführlich Sie sich mit Kleidung und Accessoires beschäftigen werden, hängt unter anderem von der Gattung und der Bedeutung ab, die diese Dinge für die Figur und ihr Handeln haben. Die kaufsüchtige Becky in der »Schnäppchenjägerin« definiert sich über das, was sie trägt, wobei Marken absolut wichtig sind. Ein Code, den auch die informierten Leserinnen entschlüsseln können. Ist Ihr Protagonist dagegen ein Typ wie Steve Jobs, der stets mit einem gleichbleibenden Outfit aus schwarzem Rollkragenpulli, Jeans und Turnschuhen auftrat, hält sich auch Ihr Recherche- und Beschreibungsaufwand in engen Grenzen.

Wenn Sie sich wenig für aktuelle Kleidungsstile interessieren, werden Sie vermutlich kaum Figuren entwerfen, die ständig auf der Jagd nach angesagten Labels sind. Doch wenn es nötig sein sollte, finden Sie im Internet zum Beispiel in den großen Online-Fashion-Shops reichlich Informationen, Bilder und Suchmöglichkeiten (unter anderem nach Marken, Begriffen oder Trends). Noch sinnlicher wird die Recherche, wenn Sie einen Stadtbummel mit den Augen Ihrer Figur unternehmen. Was würde ihr gefallen? Was passt zu ihr? In welcher Boutique würde sie einkaufen? Was ist sie oder er überhaupt für ein Kleidungstyp: Würde sie mit Shorts und Flipflops in die Oper gehen? Trägt er Sandalen und weiße Socken zum ersten Rendezvous?

Natürlich können und sollen Sie nicht den gesamten Inhalt von Kleider- und Wäscheschrank Ihres Helden beschreiben. Überlegen Sie, welcher Stil zu ihm passt und welches seine Lieblingsstücke sind. Achten Sie auf die Details. Ihr Protagonist trägt Jeans? Das ist unspezifisch. Ist es eine Designerjeans für dreihundert Euro, eine Billighose von Hennes & Mauritz, eine klassische Levis 501, eine topaktuelle Röhrenjeans mit Blumenprint? Jede Hose charakterisiert einen anderen Typen, jede Marke generiert ein anderes Image. Schon mit einem einzigen Kleidungsstück oder Accessoire können Sie eine Figur trefflich charakterisieren: Denken Sie an den zerknitterten Trenchcoat von Colombo oder die Pfeife von Maigret. Diese Beispiele überzeugen vor allem deshalb, weil die Dinge jeweils einen entscheidenden Punkt der Persönlichkeit beleuchten. Kommissar Maigret ist bekannt für seine unerschütterliche Ruhe, die dem Pfeifenraucher auch im Allgemeinen zugeschrieben wird. Inspektor Colombo versteckt seinen Scharfsinn hinter dem nachlässigen Kleidungsstil und täuscht damit besonders gern die Täter.

Vorsicht Klischeefalle Markenzeichen können eine Figur unverwechselbar machen. Doch Vorsicht vor der Klischeefalle: Denken Sie immer an das Mitgemeinte, die Konnotationen und Bezüge, die der Leser herstellen könnte: Der Lodenmantel wird mit einer konservativen Gesinnung in Verbindung gebracht, künstliche Fingernägel mit Glitzeroptik tendenziell mit einer jungen Frau aus einer bildungsfernen Schicht, die grobgliedrige Goldkette mit dem muskelbepackten Türsteher einer Disco. Zu beachten ist, dass Modeerscheinungen – wie der Name schon sagt – dynamisch sind, Dresscodes und Symbolwerte sich verändern. Eine Brille verweist längst nicht mehr auf den weltfernen Stubengelehrten, sondern ist modisches Beiwerk auch für Menschen ohne Sehprobleme geworden. Mit Karottenhose und Poloshirt mit Krokodil setzten die »Popper« Anfang der Achtzigerjahre neue Trends. Trägt eine Figur dergleichen im Jahr 2014, ist sie hoffnungslos unmodern und in der Vergangenheit stecken geblieben. Birkenstocksandalen und Latzhosen verrieten früher den Ökoaktivisten, im Moment sind Jacken und Rucksäcke mit Wolfstatze zur Uniform für alle geworden, die ihre Verbundenheit mit der Natur deutlich machen wollen. Der Pullunder mit Rautenmuster charakterisierte den klassischen deutschen Beamten, avancierte zuletzt aber zum modisch hippen Teil.

Wer historische Romane schreibt, muss sich intensiv mit der Mode vergangener Epochen beschäftigen. Mit Spürsinn und Geduld gelingt es, Detailwissen zu erwerben und ein anschauliches Bild der jeweiligen Zeit zu gewinnen. Ich kann inzwischen beispielsweise Perücken von 1700 von solchen aus der Mitte des 18. Jahrhunderts unterscheiden und weiß, dass es sich ab 1780 durchsetzte, das eigene Haar zu frisieren. Der Schnitt der Leibröcke variierte im Rokoko ebenso stark wie die Form der Hosen und Schuhe. Kataloge und Bildbände zur Kostümkunde, Historienfilme und spezielle Websites sind gute Hilfsmittel bei der Recherche,[53] konkrete Anschauung kann man in Modemuseen, zuweilen auch in Museen für angewandte Kunst finden, denen oft Abteilungen für historische Mode angeschlossen sind. Und schließlich kann man ganz aktiv in die Vergangenheit eintauchen. In den letzten Jahren haben sich unter dem Motto »Living History« zahlreiche Initiativen und Vereine zusammengefunden, die Bräuche, Feste und den Alltag bestimmter Epochen selbst erproben und zum Beispiel auch Gewänder aus der jeweiligen Zeit selbst schneidern.

Historische Mode

Wer sich darauf einlässt, läuft allerdings Gefahr, sein Schreibprojekt zu vernachlässigen.

Mimik, Gestik und Auftreten Mimik und Gestik sind nonverbale Ausdrucksformen, mit denen man in konkreten Situationen selten kontrolliert, meist unbewusst auf Wahrnehmungen reagiert: Wer einen Witz hört, lacht. Wer einen Unfall beobachtet, reißt die Augen auf. Wer wütend ist, haut mit der Faust auf den Tisch. Darüber hinaus aber hat jeder ein individuelles Repertoire, das er in bestimmten Situationen, Gefühls- und Stimmungslagen regelmäßig einsetzt. Ergänzt wird es durch Auftreten und Benehmen. Dazu kommen Körpermerkmale, die von anderen wahrnehmbar sind, sowie spezifische Angewohnheiten, Ticks und Marotten. Alle diese Aspekte sind bestens geeignet, um Figuren Plastizität zu verleihen.[54] Suchen Sie aus der Fülle der Möglichkeiten wenige, zum Charakter passende Details aus und berücksichtigen Sie dabei möglichst verschiedene Sinne. Bei der szenischen Gestaltung werden Ihnen diese Kennzeichen später gute Dienste leisten. Sie können beispielsweise fragen: Ist der Händedruck schlaff oder kräftig, der Gang schlurfend, staksig oder stampfend? Riecht der Protagonist nach Schweiß oder Parfum? Tätschelt er jede Frau am Arm, kratzt sich im Schritt oder zupft an seinem Ohrläppchen, wenn er nervös ist? Schiebt die Heldin beim Reden immer die Brille auf der Nase zurück oder zieht sie beim Denken die Stirn in Falten? Gibt es Besonderheiten in Stimmlage oder Artikulation? Spricht die Figur mit sonorem Bass oder piepsig, stottert oder lispelt sie oder verschleift sie die Silben? Spricht sie Dialekt, benutzt sie besondere Phrasen oder Redensarten *(Also, ich sag ja immer ...)?*

TIPP Eindrücke sammeln Das ist nur eine winzige Auswahl an Zutaten für stimmige, bewegliche Figuren. Um Gesten, Gesichtsausdrücke, Handlungsweisen und Benimmformen zu sammeln, empfiehlt es sich ebenfalls, Menschen zu beobachten. Setzen Sie sich ins Café, auf eine Bank im Bahnhof, Park oder in der Fußgängerzone, halten Sie Nase, Augen und Ohren offen, wenn Sie mit Bahn oder Bus unterwegs sind oder auf einer langweiligen Party herumstehen, studieren Sie an jedem nur möglichen Ort das Verhalten am lebenden Objekt und fixieren Sie Ihre Wahrnehmungen zur weiteren Verwendung im Notizbuch, auf Karteikarten oder der Memo-App Ihres Smartphones.

Innenbild

Das Außenbild einer Figur umfasst alle Aspekte, die von anderen wahrgenommen werden können. Doch wie im vorigen Abschnitt bereits erwähnt: Mimik, Gestik, Auftreten und Verhalten verraten immer auch etwas über das Innere der Figuren. Allerdings können wir uns nie sicher sein, ob unsere Schlussfolgerungen stimmen. Mit diesem Thema hat sich der US-amerikanische Psychologe Paul Ekman sehr ausführlich beschäftigt. Ekman erforschte die menschliche Mimik bis hinein in die feinsten Mikrospuren. Er analysierte die Emotionen genau und zeigte, wie man sie bei anderen erkennen kann, vor allem bei denen, die sich verstellen, um ihre wahren Absichten zu verbergen.[55] An angespannten Lippen entdeckte er leichte Angst, an herunterhängenden Oberlidern Traurigkeit und an der gerümpften Nase Ekel.

Auch andere körperliche Anzeichen können täuschen: Verrottete Zähne können darauf hindeuten, dass jemand keine Krankenversicherung oder kein Geld für eine Behandlung hat. Es kann aber ebenso gut sein, dass dieser Mensch panische Angst vor Zahnärzten hat. Im Alltag, im Film und auf der Theaterbühne müssen die äußeren Signale zusammen mit der Sprache genügen, um das Innenleben der Figuren sichtbar zu machen. Die Literatur bietet eine Option mehr: Sie als Autor und Autorin können in die Figuren eindringen, deren Gedanken, Emotionen und Empfindungen ausleuchten und – je nach Erzählperspektive – den Leser mehr oder weniger intensiv daran teilhaben lassen. Auch wenn Sie in der Geschichte selbst keine Innensicht zulassen, für die Entwicklung der Biografien ist sie unverzichtbar, wenn die Figurengestaltung nicht oberflächlich bleiben soll.

Physiologische Aspekte

- Gesundheitszustand, Krankheiten
- Allergien, Unverträglichkeiten

In den Bereich des Inneren gehören physikalische, biochemische und pathologische Vorgänge im Körper des Menschen. Als jemand, der es mit seinen Helden gut meint, neigen Sie vermutlich dazu, ihnen Gesundheit, Stärke und Fitness mitzugeben. Doch damit verzichten Sie auf ein erzähltechnisches Mittel, durch das Handlungen an Dramatik gewinnen, Wünsche und Ziele existenzieller und Konflikte komplexer werden. Der Merksatz: »Lassen Sie Ihren Helden leiden!«, den Sie in fast jedem Schreibratgeber finden, lässt sich durch ein physisches oder psychisches Gebrechen einfach und sehr konkret verwirklichen.

Krankheit als Konfliktauslöser So lassen sich etwa die Hindernisse verstärken, die auf dem Weg zum Ziel zu überwinden sind. Was meinen Sie? Wird die junge Liebe zwischen Katja und Kai Bestand haben, wenn sie sich nicht vorstellen kann, jemals ohne ihre Katze zu leben, und er eine Katzenhaarallergie hat? Wird der Prinz die Prinzessin retten, wenn dazu eine Schlucht auf einer Hängebrücke überquert werden muss, er aber unter Höhenangst leidet? Bereits eine geringe Abweichung vom Normalen kann, wenn sie geschickt mit der Handlung korrespondiert, beachtliches Konfliktpotenzial erzeugen und die Binnenspannung verstärken.

Im Krimi können Vorerkrankungen oder Allergien des Opfers dem Mörder die Arbeit erleichtern und dazu beitragen, dass sich die Tat schwer nachweisen lässt. Bekannte Beispiele sind etwa die Vergiftung mit einer Überdosis Digitalis bei Herzgeschädigten oder Nüsse als Mordwerkzeug, um einen Allergiker zu töten. In einer Folge des »Tatorts« wurde das Opfer, das an einer Bienengiftallergie litt, durch den Stich einer Honigbiene außer Gefecht gesetzt und anschließend erstickt.[56] Bei sterbenskranken Protagonisten entwickelt sich die Dramatik aus dem Faktor Zeit. Wird die verbleibende Lebensspanne ausreichen, um die Mission zu erfüllen, die To-do-Liste abzuarbeiten, das bisher Versäumte nachzuholen?

Eine Krankheit oder eine körperliche Unzulänglichkeit kann sogar die Rolle der antagonistischen Kraft übernehmen. Der Protagonist kämpft gegen sein Handicap an, wenn möglich mit dem Ziel, es zu überwinden. Von Menschen, die das versuchen, geht eine besondere Faszination aus. Ein überzeugendes Beispiel für einen gehandicapten Helden in der Literatur ist der autistische Christopher Boone in dem Roman »Supergute Tage« von Mark Haddon. Christopher wächst über sich hinaus und verlässt seine eng begrenzte Welt, weil er unbedingt ermitteln möchte, wer den Nachbarshund getötet hat, und seine Mutter finden will. Auch einige ungewöhnlich erfolgreiche Spielfilme, zum Beispiel »Besser geht's nicht« mit Jack Nicholson als Zwangsneurotiker oder »Rain Man« mit Dustin Hoffmann als Autist, setzen auf die Attraktivität von Protagonisten, die gegen eine Behinderung kämpfen oder ihr trotzen.

BEISPIELE
Krankheit als Antagonist

Verschiedentlich – auch bezogen auf »Supergute Tage« – kritisieren Leser die Darstellung eines solchen Helden als sachlich nicht angemessen, nach dem Motto: So verhält sich kein Autist. Mancher meint sogar, nur Betroffene selbst seien befugt und in der Lage, über die entsprechende Krankheit oder Behinderung zu schreiben. Dem lässt sich entgegenhalten, dass in der belletristischen Gestaltung solcher Themen nicht die Korrektheit medizinischer Diagnosen und Symptome im Vordergrund steht, sondern das Lebensgefühl und die Strategien der Lebensbewältigung von Menschen, die außerhalb der Norm stehen. Unbestritten: Es ist eine gewaltige Herausforderung, als Nichtbetroffener die Welt so zu schildern, wie etwa ein Blinder oder ein Autist sie wahrnimmt. Doch wenn ein Autor sich das zutraut und das nötige Einfühlungsvermögen besitzt, kann es gelingen. Gespräche mit Betroffenen sind dabei eine große Hilfe. Recherchematerial zu Krankheiten und Behinderungen ist reichlich verfügbar und in Internetforen, Ratgebern, Gesundheitslexika und medizinischen Fachbüchern leicht zugänglich.

Psychologische Aspekte

- ▸ Charakterzüge
- ▸ Gefühlslage, Emotionen
- ▸ Ängste, Manien, Komplexe, Traumata
- ▸ Kernbedürfnis
- ▸ Träume, Sehnsüchte, Fantasien, Leidenschaften
- ▸ Vorlieben und Abneigungen
- ▸ Spezielle Begabungen und Fähigkeiten

Ihr Ziel ist es, einzigartige Figuren zu erschaffen. Damit das gelingt, sollten Sie deren inneren Werten große Aufmerksamkeit schenken. Denn wesentlicher als alle äußeren Kennzeichen ist deren Charakter. Sind sie geizig oder großzügig, pedantisch oder schlampig, Optimisten oder Pessimisten, hilfsbereit oder egoistisch? Die Liste lässt sich endlos fortsetzen. Auch in diesem Punkt gilt: Weniger ist oft mehr. Entscheidend für die Wirkung ist nicht die Menge der Eigenschaften, die Sie einer Figur zuschreiben, sondern die Passgenauigkeit und Motiviertheit. Die Gestaltung der Charaktere kann nur in enger Wechselbeziehung zu den Erfordernissen der Handlung und des Ziels erfolgen und sie sollte immer motiviert sein. Meist genügt ein zentraler psychologischer Aspekt, an den einige weitere Merkmale andocken. Die wichtigste Frage, die Sie in diesem Zusammenhang immer mitdenken sollten, ist die nach dem Warum. Ihr Protagonist ist zum Beispiel extrem sparsam, Freunde bezeichnen ihn als geizig. Warum ist das so? Stammt er aus ärmlichen Verhältnissen und hat deshalb große Angst, wieder dorthin zurückkehren zu müssen, wenn er zu verschwenderisch lebt? Spart er, um sich seinen sehnlichsten Traum zu erfüllen? Gibt es moralische Gründe, die ihn hindern, das Geld auszugeben? Je nachdem, welches Motiv zugrunde liegt, wird eine andere Geschichte erzählt.

Persönlichkeitspsychologie: »Big Five«

Bei der psychologischen Ausstattung von Figuren können die Ergebnisse der Persönlichkeitsforschung interessante Anregungen geben. Zwar empfindet sich jeder Mensch als einzigartig, trotzdem bemühen sich Wissenschaftler immer wieder darum, Charaktertypen zu bestimmen, also nicht die Unterschiede, sondern die Ähnlichkeiten herauszustellen. Ausgehend von der antiken Temperamentenlehre, die zwischen Cholerikern, Melancholikern, Phlegmatikern und Sanguinikern unterscheidet, also zwischen reizbaren, depressiven, schwerfälligen und lebhaften Menschen, entstanden im Laufe der Jahrhunderte immer wieder neue Theorien. Dass fünf unabhängige und weitgehend kulturstabile Faktoren die Persönlichkeit des Menschen bestimmen, haben Forscher in den Dreißigerjahren des 20. Jahrhunderts herausgefunden. Die »Big Five«[57], wie sie auch genannt werden, sind bipolar, das heißt, die Ausprägungen lassen sich in einem Spektrum zwischen jeweils zwei Extremen bestimmen: (1) Neurotizismus meint den Umgang mit negativen Emotionen zwischen Labilität und Stabilität; (2) das zwischenmenschliche Verhalten pendelt zwischen geselliger, aktiver Extraversion und zurückhaltender Introversion; (3) der Offenheit für Neues und Experimentierfreude stehen Orientierung an Bekanntem und Bewährtem sowie konservative Einstellungen gegenüber; (4) Verträglichkeit bezieht sich auf das interpersonelle Verhalten und kann altruistisch und empathisch oder egozentrisch und misstrauisch sein; (5) Gewissenhaftigkeit umfasst das Spektrum zwischen planend, zuverlässig und spontan, unstrukturiert.

Die Ergebnisse der Persönlichkeitspsychologie werden vor allem von Unternehmen für Personalauswahl, Karriereentwicklung und Teambildung genutzt. Ihnen als Autorin oder Autor können die Kategorien bei der Entwicklung Ihrer Hauptfiguren helfen. Im Internet finden sich entsprechende Tests mit Fragen und Auswertungen, mit deren Hilfe sich Persönlichkeitsprofile herausarbeiten oder schärfen lassen.[58] Es ist aufschlussreich, einen solchen Test nicht für sich selbst, sondern für den Protagonisten auszufüllen. Man merkt dabei sehr deutlich, wenn man – möglicherweise ohne es zu wollen – ein Abziehbild seiner selbst geschaffen hat oder noch zu wenig über die Figur weiß. Hilfreich ist solch ein Test auch, wenn es schwerfällt, beide Seiten einer Figur zu sehen, also beim Bösewicht die positiven Eigenschaften und bei einer liebenswerten

Person die negativen. Da die »Big Five« mehrere Dimensionen einer Persönlichkeit beleuchten, wird der Blick in gleicher Weise auf Schwächen wie Stärken gelenkt.[59] Und schließlich werden durch die Analyse die Grundbedürfnisse gut sichtbar. Wenn also beispielsweise die Auswertung für Ihren Protagonisten ergibt, dass er überdurchschnittlich leistungsorientiert ist und nach Anerkennung strebt, haben Sie damit einen guten Hebel, um einen Konflikt zu entwickeln: Diese Figur wird aktiv, wenn man ihre Leistung nicht honoriert, wenn sich vielleicht sogar ein anderer damit schmückt.

Fragebögen zur Charakteranalyse Über Persönlichkeitstests hinaus sind Fragen ganz allgemein ein probates Mittel, um in die Psyche der Figuren einzudringen. Ergänzende Anregungen bietet etwa auch das »Soufflierblatt«, das Elizabeth George zum Schreiben ihrer Biografien nutzt.[60] Sie fragt unter anderem nach dem stärksten und dem schwächsten Charakterzug sowie nach dem Kernbedürfnis, aber auch nach bedeutenden Ereignissen, die Charakter und Persönlichkeit formten. Vielleicht möchten oder müssen Sie noch mehr wissen, dann formulieren Sie weitere Fragen: Wie verhält sich ihre Figur in Stresssituationen? Womit kann man sie kränken? Was hasst sie? Impulse gibt zudem eine weitere Liste mit hundert Fragen zur Charakterentwicklung, darunter viele zu psychischen Aspekten, zum Beispiel: »Was bereust du am meisten in deinem Leben?« »Was ist das Peinlichste, das dir je passiert ist?«[61] Es sind diese individuellen Anlagen Ihrer Figuren, die Sie kennen müssen, um deren Ziele später glaubwürdig zu motivieren. Dazu kommen Träume, Sehnsüchte und Fantasien, die die Bereitschaft zum Handeln fördern. Ängste, Traumata und Komplexe dagegen übernehmen gewissermaßen die Rolle von Gegenspielern und verhindern oft, dass eine Figur aktiv wird, ihr Ziel richtig einschätzt und konsequent verfolgt. Auch Vorlieben und Abneigungen können als Bremse oder Motor wirken.

Gefühlserfahrungen nutzen So hilfreich Tests und Fragen auch sein können, entscheidend für das Gelingen von Figuren mit ausgeprägter Persönlichkeit ist die Fähigkeit des Autors oder der Autorin zur Empathie.

Sie sollten wie ein Schauspieler in die Rolle der Figur schlüpfen, deren Ängste, Hoffnungen, Wünsche, Empfindungen und Befindlichkeiten selbst spüren, dann können Sie auch darüber schreiben.[62] Das Mitfühlen fällt manchem leicht, anderen schwer. Sie können diese Fähigkeit bewusst trainieren. Beschäftigen Sie sich mit anderen Menschen und den Triebkräften ihres Tuns, wo und wann immer es geht. Lesen Sie Romane, Reportagen, Porträts, Interviews, hören Sie zu, wenn Ihnen jemand etwas erzählt, sammeln Sie Personen und ihre Geschichten. Vor allem: Fragen Sie nach. Was hast du in dieser besonderen Situation empfunden? Welche Emotionen haben dich beherrscht? Wie hast du reagiert? Wenn dazu keine Möglichkeit besteht: Fragen Sie sich selbst. Was würde ich fühlen, wenn mir zustoßen würde, was diesem Menschen passiert ist bzw. was meinem Protagonisten passieren soll?

Im Zusammenhang mit psychisch einschneidenden Erlebnissen wird zuweilen die Ansicht geäußert, man könne nur über etwas schreiben, das man selbst erlebt hat.[63] Diese Ansicht teile ich nicht. Jeder Mensch besitzt einen großen emotionalen Erfahrungsschatz. Notwendig ist allerdings, dass sie sich über das der Situation zugrunde liegende Kerngefühl klar sind. Nehmen wir als Beispiel das Thema Demenz. In dem Roman »Korrekturen« zeigt Jonathan Franzen in höchst eindrucksvollen Sequenzen und aus der Innensicht der Figur, wie der Rentner Alfred Lambert allmählich in die Demenz sinkt. Eine Erfahrung, die der damals gerade Zweiundvierzigjährige ganz sicher nicht selbst gemacht hat. Auf welche Gefühlserfahrungen mag er sich gestützt haben? Derjenige, der die Anfänge der Demenz an sich bemerkt, wird sicher von einem Gefühl absoluter Hilflosigkeit ergriffen, dem oft Aggressionen oder Depressionen folgen. Bei anderen Gelegenheiten dominiert vielleicht Hass, Eifersucht, Einsamkeit, Liebe, Angst, Trauer, Neid, Wut oder Verletztheit. Das sind universelle Gefühle, jeder hat sie in mehr oder weniger heftiger Ausprägung schon einmal gespürt. Der Trick besteht nun darin, ein bekanntes Gefühl auf eine weniger bekannte oder sogar fremde Situation zu übertragen. Bei allen Unterschieden im Einzelnen: Die

Trauer eines Kindes über eine verlorene Puppe hat denselben emotionalen Grundwert wie die eines Erwachsenen über seinen verstorbenen Partner. Wer einmal Eifersucht gespürt hat, weil er glaubt, die Eltern ziehen den kleinen Bruder vor, kann auch eine Frau schildern, die ihren Mann verdächtigt, eine andere zu lieben. Jeder hat eine Vielzahl von Gefühlserlebnissen gespeichert. Der Schlüssel dazu sind Erinnerungen. Sich ihnen zu stellen, kann mühsam sein oder Schmerzen verursachen, der Lohn sind Figuren, die zu tiefen und nachvollziehbaren Empfindungen fähig sind.

Vorbild Erich Kästner Über die Bedeutung der Erinnerung für das Schreiben – in diesem Fall von Kinderbüchern – machte sich auch Erich Kästner Gedanken. Was zeichnet einen erfolgreichen Kinderbuchautor aus? Diese Frage diskutierte er mit den berühmten Kolleginnen Astrid Lindgren und Pamela Travers, die seine Auffassung teilten. »Auch nach *ihrer* Meinung entstünden gute Kinderbücher nicht, weil man Kinder habe und kenne, sondern weil man, aus vergangener Zeit, *ein* Kind kenne: sich selber. Kinderbücher seien in erster Linie *nicht* Werke der Beobachtung, auch der mütterlichen nicht, sondern der Erinnerung.«[64] Wer Kästners Werk kennt, weiß, dass viele seiner Figuren autobiografisch grundiert sind. Doch die Leser lieben nicht nur Emil und Anton, sondern auch Pony Hütchen, Pünktchen und das doppelte Lottchen – liebenswerte Gegen- und Sehnsuchtsfiguren, die vermutlich aus dem erinnerten Gefühl kindlicher Einsamkeit entstanden sind. Machen Sie es wie Erich Kästner, selbst wenn Sie Romane und Erzählungen für Erwachsene verfassen: Rufen Sie sich Gefühle aus der Erinnerung ins Gedächtnis zurück und schenken Sie sie Ihren Figuren!

Lebensbild

In dieser Kategorie versammeln sich alle sozialen Parameter und Beziehungen der Figur. Kurz gesagt: Wie wurde sie, was sie ist, wie erlebt sie die Gegenwart und was erhofft sie sich für die Zukunft, das heißt, welches Ziel strebt sie an? Was jeweils zur Vergangenheit, Gegenwart und Zukunft einer Figur gehört, ist relativ und abhängig vom gewählten Lebensausschnitt. Jede Geschichte hat einen Anfang und ein Ende. Alles, was vorher geschah, zählt zur Vorgeschichte oder Vergangenheit. Die erzählerische Gegenwart beginnt mit dem Eintritt der Figur in die Geschichte, das kann ein neunzigjähriger Greis oder ein gerade geborener Säugling sein. Von diesem Status quo aus entwickelt sich die Handlung mehr oder weniger weit in die Zukunft.

Zu beachten ist in diesem Zusammenhang der Unterschied zwischen der Geschichte und deren sprachlich-struktureller Repräsentation im konkreten Erzähltext. Die Geschichte besteht aus einer Abfolge von Ereignissen in einer chronologischen Vorwärtsbewegung. In dieser Weise verfahren Sie bei der Plot- und Figurenentwicklung. Sie skizzieren die Vorgeschichte, bestimmen für die Hauptfigur(en) Alter und Status am Beginn der Handlung sowie deren weiteren Verlauf und legen fest, ob die Pläne für die Zukunft verwirklicht werden oder scheitern. **Zeitgestaltung im Erzähltext**

Im konkreten Text jedoch kann eine linear fortschreitende Darstellung vom Anfang zum Ende als zu einfach oder monoton empfunden werden. Gerade bei der Gestaltung der Zeit fühlen sich viele Autoren zu Experimenten herausgefordert: Sie erzählen rückwärts, zerstückeln, verzerren, dehnen oder stauchen die Zeit. Vor allem aber lassen sie Lücken, verschweigen Geschehnisse oder überspringen sie. Das ist das wichtigste Mittel zur Erzeugung und Aufrechterhaltung von Spannung und wird deshalb in Krimis und anderen Geschichten mit Nervenkitzel besonders häufig verwendet. Im Verlauf der Erzählung werden die Lücken Stück für Stück gefüllt, Geheimnisse gelüftet und rätselhafte Vorgänge aufgeklärt. Erst ganz am Ende kann der Leser die gesamte Chronologie des Geschehens überblicken.

Für die Gestaltung der Zeit im Erzähltext spielen jedoch nicht nur formal-ästhetische und dramaturgische Überlegungen eine Rolle, sondern auch inhaltliche. Denn das gegenwärtige Handeln eines Menschen ist maßgeblich geprägt durch seine Vergangenheit. Deshalb werden in psychologisch differenzierten Romanen üblicherweise beide Zeitebenen miteinander verknüpft. Ereignisse aus der Vergangenheit finden in Form von Erinnerungen und Reflexionen Eingang in die erzählerische Gegenwart. Diese Rückblenden können knapp gehalten sein, sich auf einzelne Gedanken und Assoziationen beschränken, sie können aber auch die vorgängige Erzählung bei Weitem übersteigen. Ein extremes Beispiel dafür ist Uwe Timms Roman »Rot«, dessen Handlung auf der Gegenwartsebene nur die wenigen Minuten umfasst, in denen der Protagonist von einem Auto erfasst, schwer verletzt wird und noch an der Unfallstelle stirbt. Im Augenblick des Todes zieht sein vergangenes Leben an ihm vorbei. Dagegen ist etwa der Held eines temporeichen Thrillers viel zu sehr damit beschäftigt, Schwierigkeiten im Hier und Jetzt zu bewältigen, als dass er Zeit fände, zurückzuschauen.

Unabhängig davon, wie Sie die Zeit in Ihren konkreten Erzähltexten gestalten, wie Sie Vergangenheit und Gegenwart gewichten und was Sie aus dem Vorleben Ihrer Figuren ausplaudern: Sie selbst sollten genau darüber Bescheid wissen, und zwar am besten, bevor Sie zu schreiben beginnen.

Vergangenheit der Figur

▸ Soziale und ethnische Herkunft, Milieu
▸ Erziehung, Familie
▸ Prägende Kindheits- und Jugenderlebnisse
▸ Geheimnisse, Erfahrungen
▸ Schule und Ausbildung

Ob Ihr Protagonist mit neun Geschwistern aufwuchs oder als Einzelkind, ob der Vater Bankdirektor oder arbeitslos, die Mutter Opernsängerin oder Verkäuferin war, ob er verprügelt oder verhätschelt wurde, im Internat oder in einer intakten Familie aufwuchs, den Ansichten der Eltern zustimmte oder sie ablehnte, mit vierzig noch im »Hotel Mama« lebte oder früh aus dem Nest der Familie flüchtete, ob er aus bildungsfernen Schichten aufstieg und Karriere machte oder das Erbe verprasste – all das kann für seine Persönlichkeit und sein späteres Handeln bedeutungsvoll sein. Sie sollten sich also über diese Aspekte Gedanken machen und zu den wichtigsten Figuren Ihrer Geschichte Lebensläufe schreiben, die von der Form her durchaus denen gleichen können, die für Bewerbungen üblich sind. Ein tabellarischer Überblick über die Lebensdaten ist hilfreich für die schnelle Orientierung im späteren Schreibprozess, eine ausführliche Schilderung macht Sie mit der Figur vertraut, vor allem, wenn Sie die Ich-Form wählen. Beginnen Sie also ruhig so: *Mein Name ist Amanda Müller. Ich wurde 1990 in Frankfurt am Main geboren und habe zwei ältere Brüder (Lars, Jg. 1988, und Jens, Jg. 1985). Meine Eltern sind geschieden. Wir Geschwister sind bei meiner Mutter Clarissa aufgewachsen, einer Tänzerin, die eine eigene Ballettschule gegründet hat ...*

In einem zweiten Schritt bietet es sich an, tiefer nach den biografischen Wurzeln zu graben. Bereits in den ersten Lebensjahren bilden sich Charakter, Hirnstrukturen und Weltbild heraus. Erlebnisse und Erfahrungen aus Kindheit und Jugend zeichnen späteres Handeln und Denken vor und entscheiden sehr häufig darüber, ob jemand Täter oder Opfer wird, ein Helfersyndrom entwickelt oder nur seine Karriere im Blick hat. Speziell in Kriminalromanen spielen Geschehnisse aus der Vergangenheit und frühe Prägungen oft eine entscheidende Rolle für die Aufklärung der Tat.

Nehmen Sie Kerneigenschaften und -bedürfnisse Ihrer Hauptfiguren in den Blick und überlegen Sie, wie diese aus der Biografie heraus erklärt werden können. Hier eine Beispielskizze zu einer Figur des 18. Jahrhunderts, die sich immer zurückgesetzt fühlt: *Friedrich Bosse stammt aus einer Bauernfamilie. Schon wegen seines exotischen Aussehens ist er früh ein Außenseiter im Dorf gewesen. (Zur Erklärung: Seine Mutter hatte eine Affäre mit einem durchreisenden Gaukler, deshalb besitzt Fritz einen etwas dunkleren Teint, schwarze Haare und Augen.) Zudem hat er schon als Zehnjähriger*

BEISPIEL
Die Herkunft einer Figur

lieber Gedichte geschrieben oder gelesen, als hinter dem Pflug herzulaufen. Jetzt besucht er in der Residenzstadt die Hohe Schule. Auch hier fühlt er sich ausgegrenzt, denn als Stipendiat verfügt er über kein eigenes Geld, die Lebensweise der adligen und bürgerlichen Kommilitonen bleibt ihm fremd.

Wie bereits gesagt, der Blick in die Vergangenheit der Figuren dient in erster Linie als Hintergrundwissen für Sie. Ob überhaupt und was davon in den Text der Geschichte übernommen wird, entscheiden Sie in Abhängigkeit vom Genre, Ihrer Intention und der gewählten Struktur.

Gegenwart der Figur

- Beruf, Status
- Besondere Lebensumstände
- Familienstand, Partner, Liebe und Sexualität
- Freunde, Feinde, Vorbilder
- Soziale und kommunikative Vernetzungen
- Hobbys und Interessen
- Einstellungen, Ansichten, Meinungen
- Lebensmotto

Bilder aus dem gegenwärtigen Leben der Figuren fließen als breiter Strom in die Geschichten ein und werden in Beschreibungen sowie Szenen gestaltet. Viele Autoren fragen sich in der Planungsphase: Wie vertraut muss ich mit einem Milieu sein, um meine Figur glaubwürdig darin agieren zu lassen? Oder – anders herum: Wenn ich in einer Zweizimmermietwohnung lebe, einen Nine-to-five-Job als Sachbearbeiterin in einer Versicherung habe und in meiner Freizeit gern lese und Rad fahre – können meine Helden dann Salonlöwinnen, Villenbesitzer, Operndiven, Obdachlose oder Globetrotter sein? Auch hier lautet die Antwort wieder: Natürlich geht das. Es gehört zu den Privilegien eines Belletristikautors, all das erfinden und nach eigenen Vorstellungen ausschmücken zu dürfen. Ihre Helden existieren in den Welten, die Sie ihnen zuweisen. In den fantastischen Genres legen Sie sogar die Regeln fest, nach denen diese Welten funktionieren, und die Gesetze, die in ihnen gelten. Das ist sicher der Grund dafür, warum viele Schriftsteller Fantasy oder Science-Fiction bevorzugen. Hier haben sie die ganz große Schöpfungsfreiheit.

Wer jedoch realistisch erzählt, will Wirklichkeit abbilden und auf unterschiedliche Erwartungen der Leser reagieren. Nähe, Vertrautheit und damit Identifikation bieten Erzählungen und Romane, die die Illusion erzeugen, der Protagonist des Romans könne ein Nachbar sein, man könne ihm auf der Straße oder im Fitnessstudio begegnen. Andere Geschichten befriedigen die menschliche Neugierde auf das Fremde, ermöglichen Einblicke in unbekannte Milieus, Lebensweisen und Berufswelten. Was jeweils das Nahe und was das Ferne ist, hängt vom Standpunkt des Betrachters ab. Dem adligen Schlossbesitzer erscheint das Leben eines Bauarbeiters sicher ebenso exotisch wie umgekehrt.

Vertraute und fremde Lebenswelten

Und der Autor? Dem steht das eigene Leben nah. Deshalb ist es kein Zufall, dass in der erzählenden Literatur die Darstellung bürgerlicher Lebenswelten überwiegt. Überdurchschnittlich oft sind zudem Protagonisten als Schriftsteller, Journalisten oder in anderen Kulturberufen tätig. Denn Figuren zu erfinden, die in fremden Milieus heimisch sind, bedeutet eine echte Herausforderung, weil ein Zugang oft versperrt oder nur sehr eingeschränkt möglich ist.

Doch es gab und gibt Autoren in großer Zahl, die aus früheren Lebensphasen oder weil sie neben dem Schreiben noch einen anderen Beruf ausüben, studieren, eine Familie organisieren, ehrenamtlich tätig sind oder ein Hobby betreiben, über einen weiten Erfahrungsradius verfügen. Also können sie aus eigener Anschauung schreiben über gehetzte Mütter, gestresste Väter oder glückliche Singles; über Marathonläufer, Bogenschützen oder Taubenzüchterinnen; über Protagonisten, die damit beschäftigt sind, Ordnung in einen chaotischen Alltag zu bringen, an der Karriere zu feilen, Kinder zu erziehen, Freundschaften zu pflegen, Mobbingattacken der Kollegen zu bewältigen, den Mister Right zu finden und tausend Dinge mehr. Jede Lebenserfahrung kommt Ihnen bei der Vergegenwärtigung Ihrer Figuren zugute.

Realität im Krimi Eine beliebte Konstellation sind Kriminalkommissare, die Kriminalromane schreiben. Damit verbindet sich meist der Anspruch, Polizeiarbeit objektiv darzustellen. Denn immer wieder wird Kritik laut, dass Buch- wie Drehbuchautoren Detektive erfinden, deren Handeln mit der Wirklichkeit nichts gemein habe.[65] Doch ist die Forderung nach exakter Nachahmung tatsächlich legitim? Anders gefragt: Wie dicht muss ein Romanautor an der Wirklichkeit bleiben, wie viel künstlerische Freiheit hat er? Das ist ein Balanceakt. Fiktionale Texte überzeugen in erster Linie, wenn sie Spannung, Unterhaltung, emotionale Beteiligung und sprachlich-ästhetischen Genuss bieten. Zugleich muss im realistischen Erzählen Wirklichkeit aber so dargestellt sein, dass der Leser sie akzeptiert. Dabei gilt: Je besser das Publikum das gezeigte Milieu kennt, desto strenger ist der Maßstab, den es anlegt. Ist es ihm wenig vertraut, ist auch der Anspruch an die Glaubwürdigkeit herabgesetzt und desto unbekümmerter kann der Autor seine Fantasie spielen lassen.

Das bedeutet für die Diskussion um den korrekten Krimi: Die meisten Leser oder Zuschauer haben wenig Ahnung von der tatsächlichen Arbeit der Polizei, die allerwenigsten haben ein Kriminalkommissariat von innen gesehen. Sie wollen spannend unterhalten werden und keine Dokumentation aus dem Behördenalltag konsumieren. Trotzdem empfiehlt es sich, ein gewisses Maß an Realitätstreue anzustreben. Denn zum einen gibt es immer Menschen, die Fehler entdecken und sich sehr darüber ärgern, und zum anderen kann man leicht in die Klischeefalle tappen, wenn man sich allein auf seine Fantasie verlässt. Der Baron im Tweedsakko zu Pferde, der Frau und Kind prügelnde Hilfsarbeiter im Trainingsanzug aus Ballonseide, der Austern und Champagner schlürfende Banker, das sind schnell gezeichnete einfallslose Abziehbilder, in denen die Vorurteile des Autors auf die des Lesers treffen und leicht Langweile erzeugen. Denn man möchte zum Beispiel über die Reichen und Schönen nicht erfahren, was man längst aus der Boulevardpresse kennt, sondern, wie sie wirklich leben.

Wer über Lebensstile, Berufe und Milieus schreiben will, die er nicht aus eigener Anschauung kennt, sollte sich durch intensive Recherche damit vertraut machen. Dann kann es nicht passieren, dass Sie eine Lektorin erfinden, an deren Arbeitsplatz im Verlag es nach Druckerschwärze riecht. Oder einen Weinhändler, der selbst nur Bier trinkt. Eine solche Berufswahl ist zumindest erklärungsbedürftig, vor allem, weil er kaum mit großem finanziellen Gewinn rechnen kann. Ein solcher Laden wird in der Regel aus Liebhaberei und Begeisterung für die Sache betrieben. Denkbar wäre allenfalls, dass der Bier trinkende Weinhändler das (ungeliebte) Geschäft geerbt hat, es als Verlierer einer Wette oder Mutprobe übernehmen musste oder es nur als Kulisse für kriminelle Hinterzimmeraktionen nutzen will.

Milieurecherche

Erfahrungsdefizite lassen sich auf verschiedenen Wegen ausgleichen. Die Lektüre von Fach- und Sachliteratur kann am Anfang stehen, reicht aber sicher nicht aus, denn mit Faktenwissen allein werden Milieus und Arbeitsatmosphären nicht anschaulich. Versuchen Sie, sich selbst einen Einblick zu verschaffen, vielleicht durch ein Praktikum, einen Besuch beim »Tag der offenen Tür« oder die Teilnahme an einer Führung (zum Beispiel durch die Kulissen eines Theaters). Eine wichtige Quelle sind ausführliche Gespräche mit Menschen, die in dem entsprechenden Umfeld leben oder arbeiten. Denken Sie daran, nicht nur nach Abläufen und formalen Details zu fragen, sondern auch nach Empfindungen, faszinierenden Seiten und Risiken. Viele Krimiautoren lassen sich von einem »echten« Polizisten beraten. Ausgedehnte Quellenstudien muss betreiben, wer historische Romane und Erzählungen schreibt. Da niemand konkrete Fragen aus eigener Erfahrung beantworten kann, müssen persönliche Dokumente wie Briefwechsel, Tagebücher oder Autobiografien als Ersatz dienen oder Experten befragt werden.[66]

Bevor Brigitte Glaser ihren ersten Krimi über die Köchin Katharina Schweitzer schrieb, machte sie sich intensiv mit dem Milieu und den Arbeitsabläufen in einer Restaurantküche vertraut.[67] Sie ließ sich von einer erfolgreichen Vertreterin ihrer Zunft erzählen, wie die den Aufstieg an die Spitze geschafft hatte, und durfte einer Kochbrigade über die Schulter sehen. Doch allem Rechercheaufwand zum Trotz – es gibt hermetische Mikrokosmen, zu denen neben dem Hotel- und Restaurantgewerbe etwa auch Krankenhaus, Zirkus, Theater oder die Obdachlosenszene zählen. Sie funktionieren nach eigenen Gesetzen, die Außenstehenden oder Kurzbesuchern weitestgehend verborgen bleiben.

Am besten, Sie machen sich eine Liste mit Berufen, Familienkonstellationen, sozialen Milieus, die Sie kennen oder über die Sie von Gewährsleuten etwas erfahren können. Oder umgekehrt: Wenn Sie für eine Figur ein besonderes, Ihnen noch unvertrautes Lebensumfeld entwerfen wollen, überlegen Sie vorher, wie Sie sich das notwendige Hintergrundwissen aneignen können.

Weltsicht der Figur Müssen Sie wissen, welche Partei Ihr Protagonist wählt, wie sein Verhältnis zur Religion ist, was er von Migranten, Menschen mit Behinderung und Sterbehilfe hält? Auch das hängt entscheidend vom Plot ab. Für eine Liebesgeschichte ist es weniger zwingend als für einen Gesellschaftsroman oder einen Politthriller. Es handelt sich um Verbindungen psychologischer Grundeinstellungen mit gesellschaftlich und familiär geprägten Normen und Werten. Im Erzähltext kommen sie oft nur indirekt zum Ausdruck. Gibt der Protagonist dem Bettler einen Euro oder wendet er sich ab? Im ersten Fall neigt er möglicherweise der Ansicht zu, jeder könne unverschuldet in Not kommen, im zweiten Fall denkt er vielleicht: »Selbst schuld.« Hilfreich kann es sein, wenn Sie ein Lebensmotto für Ihren Helden festlegen: »Jeder ist seines Glückes Schmied.« oder »Gib jedem Tag die Chance, der schönste deines Lebens zu werden.«[68] Daraus können Sie später ableiten, wie die Figur in entscheidenden Situationen reagiert.

Zukunft der Figur

▸ Ambitionen, Ziele, Absichten, Pläne, Träume, Motivationen

Entscheidend für die Dramaturgie eines Erzähltextes ist, dass die Hauptfigur ein (für den Leser erkennbares) Ziel hat, also etwas, was sie unbedingt erreichen will. Das kann ein ganz konkreter Plan sein, aber auch eine Hoffnung, Leidenschaft oder Besessenheit, ein inniger Wunsch oder ein geheimer Traum, ein Bedürfnis oder ein Verlangen. Von der Gegenwart des Erzählbeginns aus muss also ein Blick in Zukunft geworfen werden. Analog zu der beliebten Frage in Vorstellungsgesprächen: »Wo sehen Sie sich in fünf Jahren?« sollten Sie überlegen, wo Sie Ihre Hauptfigur am Ende der Geschichte sehen. Wie hat sie sich entwickelt? Hat sie die Herausforderungen bewältigt oder ist sie gescheitert?

Wie wichtig es für die Dramaturgie eines Erzähltextes ist, den Protagonisten nach etwas streben zu lassen, wurde bereits mehrfach angesprochen. Ohne Ziel lässt sich keine stringente Handlung entwickeln und demzufolge keine Spannung erzeugen. Alles, was erzählt wird, muss direkt oder indirekt mit der Verwirklichung des Ziels zu tun haben. Am Schluss ist es erreicht oder verfehlt. Wer nicht weiß, was seine Figur will, landet leicht im Irgendwo der Beliebigkeit. Wenn Sie wollen, dass der Leser in die Geschichte hineingezogen wird, dass er Seite für Seite umblättert, weil er wissen will, wie es weitergeht, sollten Sie ihm möglichst bald etwas über das Ziel der Hauptfigur verraten oder zumindest eine Ahnung davon geben. Geschieht das nicht, wird der Leser das Buch über kurz oder lang gelangweilt zur Seite legen. Prüfen Sie es nach bei dem Roman, den Sie gerade lesen! Wie lange dauert es, bis Sie erste Hinweise erhalten? Selten wird das Ziel klar formuliert, es verrät sich eher indirekt durch Fragen, die sich dem Leser aufdrängen und im Kern um den Gedanken kreisen: Wird er (oder sie) *es* schaffen? In diesem »es« verbirgt sich das Ziel der Figur.

BEISPIEL
Zielfrage

Die Romane von Wilhelm Genazino stehen im Ruf, handlungsarm zu sein. In »Die Liebesblödigkeit« etwa schlendert der Ich-Erzähler zu Beginn scheinbar ziellos durch die Stadt und passiert dabei eine Pizzeria, die ihn zu der Überlegung führt, *ob ich mit Sandra oder Judith dieses Lokal besuchen soll.*[69] Obwohl auf den nächsten zehn Seiten ausschließlich von Sandra die Rede ist, fragt sich der Leser unentwegt: Wer ist Judith? Dann wird klar, dass der Erzähler sowohl mit Sandra als auch mit Judith ein Verhältnis hat. Sofort schließen sich weitere Fragen an: Kann das gut gehen? Muss er sich nicht entscheiden? Und wenn ja, für welche? Damit hat der Leser das Ziel des Ich-Erzählers erkannt, bevor der selbst es explizit ausgesprochen hat: Er ist entschlossen, sich von einer der Frauen, die er beide liebt, zu trennen.

Viele angehende Autoren stellt die Formulierung des Ziels vor eine große Herausforderung. Besonders schwer ist es bei autobiografisch angelegten Figuren. In der Wirklichkeit lebt man oft relativ planlos vor sich hin, erkennt seine Ziele nicht, ändert sie immer mal wieder oder verliert sie aus den Augen. Manchmal ist nicht einmal im Nachhinein erkennbar, warum man in bestimmter Weise gehandelt oder Entscheidungen getroffen hat. Um aus den Irrungen und Wirrungen des eigenen Tuns nachträglich die konkreten Ziele herauszufiltern, sind ein hohes Maß an Selbstanalyse und Selbsterkenntnis sowie die Fähigkeit erforderlich, die eigene Biografie aus der Distanz zu betrachten. Wer dazu (noch) nicht in der Lage ist, dem empfehle ich, zunächst mit fiktiven Figuren zu arbeiten.

BEISPIEL
Ziel einer autobiografischen Figur

Wie eine solche Zielorientierung im Rückblick gelingen kann, zeigt Ulla Hahns autobiografischer Roman »Das verborgene Wort«. Die Protagonistin Hilla Palm weiß schon sehr früh, was sie unbedingt erreichen will: aus der Enge des bildungsfernen Elternhauses ausbrechen, die höhere Schule besuchen, Abitur machen, studieren. Alle im Roman geschilderten Kindheits- und Jugenderlebnisse stehen im Dienste der Verwirklichung dieses Plans. Hilla spricht Hochdeutsch statt Dialekt, bringt sich das Lesen bei, erfindet Geschichten aus »Buchsteinen«, sammelt Wörter und Sätze, verschlingt jede greifbare Lektüre und erträgt dafür das Unverständnis der Eltern, die Schläge des Vaters, Zurücksetzung und Spott, später Ausgrenzung in der Ausbildung, bis sie sich am Ende tatsächlich durchsetzt. Die extreme Zielstrebigkeit der Heldin zieht sich als roter Faden durch den Text und verleiht ihm eine zwingende Struktur. Doch es gibt auch eine Kehrseite. Das Erleben des Kindes und der Jugendlichen Hilla erscheint wirklichkeitsfern, die Hauptfigur wird verklärt und idealisiert und bleibt dadurch in Distanz zum Leser. Ihre Geschichte nimmt Züge eines Märchens oder einer Heiligenlegende an.

Es gibt unzählige Möglichkeiten für Ziele, sowohl äußere wie innere: endlich selbstbewusst werden, eine Million Euro besitzen, Karriere machen, eine Beziehung beenden, einen Widersacher ausschalten, der Frau von gegenüber seine Liebe gestehen, einen Schatz finden, die Welt retten, der Gerechtigkeit zum Sieg verhelfen usw. Für jedes Ziel lassen sich wiederum zahllose Möglichkeiten und Varianten der konkreten Umsetzung, des Gelingens oder Scheiterns denken.

Es ist eine Frage des Charakters, ob der Protagonist zu den aktiven oder passiven Typen zählt. Aktive Figuren setzen sich ihre Ziele selbst. Sie wollen vielleicht den Nordpol erreichen, ein Medikament entwickeln, eine Frau erobern oder berühmt werden. Sehr gut gefallen hat mir das Ziel des vierzehnjährigen Gieles aus Anne-Gine Goemans Roman »Gleitflug«. Gieles ist ein zurückhaltender, nachdenklicher Junge, hilfsbereit und harmoniebedürftig, immer darauf bedacht, weder aufzufallen noch anzuecken. Seine Bewunderung gilt Menschen, die etwas Besonderes leisten. Sein größtes Idol ist der Pilot Chesley Sullenberger, der 2009 einen mit einem Vogelschwarm havarierten Airbus sicher auf dem Wasser des Hudson Rivers aufsetzte und damit wohl zahlreiche Menschenleben rettete. Sullenbergers Äußerung »I was sure I could do it« wird zu Gieles' Leitspruch. Auch er möchte einmal im Mittelpunkt des allgemeinen Interesses stehen, möchte wahrgenommen und bewundert werden – kurz: Er möchte ein Held sein! Sein

BEISPIEL
Ziel eines aktiven Helden

Plan ist von Sullenbergers Aktion inspiriert. Gieles lebt neben einem Flughafen und er besitzt zwei Gänse. Die will er so dressieren, dass es aussieht, als flögen sie direkt auf eine landende Maschine zu, er würde sie in letzter Minute vertreiben und mit dieser Tat so berühmt werden wie sein Vorbild.

BEISPIELE
Ziele passiver Helden

Daneben gibt es den passiven Helden, dessen Ziel darin besteht, möglichst alles so zu lassen, wie es ist. Das Extrem eines solchen Helden hat Iwan Gontscharew geschaffen. Oblomow, die Hauptfigur des gleichnamigen Romans, will nur eines: auf dem Sofa liegen und schlafen. Einen ähnlich lethargischen Helden stellt uns Daniel Kehlmann vor.

Im September 1828 verließ der größte Mathematiker des Landes zum erstenmal seit Jahren seine Heimatstadt, um am Deutschen Naturforscherkongreß in Berlin teilzunehmen. Selbstverständlich wollte er nicht dorthin. Monatelang hatte er sich geweigert, aber Alexander von Humboldt war hartnäckig geblieben, bis er in einem schwachen Moment und in der Hoffnung, der Tag käme nie, zugesagt hatte.
Nun also versteckte sich Professor Gauß im Bett. Als Minna ihn aufforderte aufzustehen, die Kutsche warte und der Weg sei weit, klammerte er sich ans Kissen und versuchte seine Frau zum Verschwinden zu bringen, indem er die Augen schloß. Als er sie wieder öffnete und Minna noch immer da war, nannte er sie lästig, beschränkt und das Unglück seiner späten Jahre. Da auch das nicht half, streifte er die Decke ab und setzte die Füße auf den Boden.[70]

Ein virtuoser Auftakt. Denn der historische Abstand sowie der Beruf würden eigentlich den emotionalen Zugang zur Figur erschweren, wenn nicht gar verhindern. Doch Gauß' fast kindische Verweigerungshaltung bringt ihn uns sofort nahe. Wir sehen nicht den berühmten Wissenschaftler, sondern einen ängstlichen Menschen, der uns vertraut erscheint, weil wir seine Situation verstehen können. Denn wer hat sich nicht schon mal zu einer Sache überreden lassen und sich später über die leichtfertige Zusage geärgert, die sich nicht mehr rückgängig machen ließ. Das Beispiel zeigt auch: Ein passiver Held benötigt einen Helfer, der versucht, ihn zum Handeln zu veranlassen, ihn vom Sofa oder aus dem Bett zu zerren. Bei Kehlmann ist es der abenteuerbesessene Weltmann Alexander von Humboldt, bei Gonscharew ein alter Freund, der Oblomow dazu zwingen will, aktiv zu werden. Letztlich aber ohne Erfolg. Es ist also durchaus möglich, eine antriebslose Hauptfigur einzuführen, die emotionale Nähe vermittelt und Vertrauen schafft. Anschließend ist es aber genauso wichtig, dass die Figur mehr oder weniger freiwillig aktiv wird.

Dass die Hauptfigur eines Erzähltextes etwas erreichen will, ist eine notwendige, aber noch keine hinreichende Bedingung für das Gelingen eines Plots, wie das folgende Beispiel deutlich machen kann.

Nehmen wir einmal an, die Protagonistin Karla ist Sachbearbeiterin in einem Versicherungskonzern und träumt davon, Romanautorin zu werden. Jeden Abend schreibt sie ein paar Seiten. Nach einem Jahr schließt sie das Manuskript ab, schickt es an einen Verlag, der es sofort annimmt. Ein paar Monate später erscheint Karlas Debütroman und nach einigen weiteren Wochen steht er ganz oben auf der Bestsellerliste. Das Ziel ist erreicht. – Möchten Sie die Geschichte über Karlas Weg zur Autorin lesen? Nicht ausgeschlossen, aber so, wie ich die Handlung gerade skizziert habe, dürfte sie zum Gähnen langweilig sein. Ein Ziel, das umstandslos erreicht wird, bietet keinen Stoff für einen Erzähltext, denn es fehlt jede Möglichkeit, Spannung aufzubauen. **BEISPIEL Ziel ohne Hindernisse**

Krisen, Hindernisse, Probleme und sich daraus ergebende Konflikte verzögern oder verhindern das (schnelle) Erreichen des Ziels und erzeugen dadurch Spannung und Emotionen. Für jemanden, der Schwierigkeiten bewältigen muss und vom Scheitern bedroht ist, empfinden wir Mitleid. Dem Karrieristen gelten Bewunderung oder Neid, die aber schaffen eher Distanz. Deshalb gilt: Lassen Sie Ihren Helden leiden, lange, viel, stark – die Leser werden es Ihnen danken. Das sollten Sie vor allem dann beherzigen, wenn Sie zu den Autoren gehören, die dazu neigen, das Harmoniebedürfnis, das ihr Tun im **Helden müssen leiden** realen Leben bestimmt, in ihre Geschichten zu übernehmen. Im Fiktionalen gelten andere Regeln. Die Hürden sollten im Verlauf der Handlung immer höher und damit schwerer zu überwinden sein, und erst ganz am Ende darf der Held siegen.

Aus ein und demselben Ziel können durch unterschiedliche Hindernisse ganz verschiedene Geschichten entstehen. Nehmen wir Eva, die sich in Adam verliebt hat und ihn für sich gewinnen will. Stellt sich gleich beim ersten Treffen heraus, dass auch Adam Eva liebt, ist der Stoff erschöpft, die Geschichte noch vor dem Anfang zu Ende. Wie sich Steine in den Weg rollen lassen, kennen Sie aus zahllosen Büchern und Filmen: Adam liebt Eva ebenfalls, ist aber verheiratet. Eva ist verheiratet. Beide sind verheiratet, haben Kinder. Beide lieben sich, leben aber weit entfernt voneinander. Die Eltern sind dagegen, weil Adam aus einer anderen Kultur oder sozialen Schicht stammt. Adam spielt Eva nur vor, dass er sie liebt, weil er auf ihr Geld spekuliert usw. Je größer, vielfältiger und origineller die Probleme, desto besser.

Ziel und Bedürfnis

Ein ganz spezielles Hindernis ist gegeben, wenn der Protagonist irgendwann bemerkt, dass er dem falschen Ziel folgt. Das ist immer dann der Fall, wenn sich herausstellt, dass die erhoffte Wirkung nicht eintritt. Jedes Ziel verbindet sich mit einer Glückserwartung. Was geschieht, wenn die sich nicht erfüllt? Wenn also das Ziel nicht das Bedürfnis befriedigt?[71]

BEISPIEL Ziel kontra Bedürfnis

Schauen wir noch einmal auf Karla und ihren Traum, Schriftstellerin zu werden. Welches Bedürfnis will sie damit befriedigen? Was macht sie glücklich? Finanzielle Sicherheit? Ruhm? Kreativität? Selbstbestimmung? Im wirklichen Leben wäre es vermutlich eine Mischung aus mehreren Faktoren und wir können nicht sicher sein, ob wir ehrlich zu uns selbst sind, unsere Bedürfnisse überhaupt kennen oder sie an gesellschaftlichen bzw. sozialen Erwartungen ausrichten. Nehmen wir an, es ginge Karla in erster Linie darum, im Erfolgsfall nicht länger an den eintönigen Acht-Stunden-Arbeitstag gekettet zu sein, sondern frei und selbstbestimmt arbeiten zu können. Was passiert, nachdem sich das erste Buch glänzend verkauft hat? Der Verlag wartet dringend auf weitere Werke. Karla schreibt unter Hochdruck den zweiten und den dritten Roman, sie wird bekannt und bekannter, unternimmt eine ausgedehnte Lesereise, gibt Interviews und wird für Talkshows gebucht. Nach dem vierten Roman möchte Karla das Genre wechseln und einen Horrorroman schreiben, der Verlag interveniert: Das verkaufe sich nicht. Irgendwann gerät Karla in eine Schreibkrise und erkennt, dass sie zwar ihr Ziel erreicht, aber ihr Bedürfnis nach einem freien und selbstbestimmten Berufsleben verfehlt hat. Im Gegenteil: Noch stärker als zuvor ist sie in Zwänge eingebunden. Was nun? Karla könnte versuchen, wieder in den früheren Beruf zurückzukehren. Eine Schreibblockade, ein körperlicher und psychischer Zusammenbruch könnten sie völlig scheitern lassen. Sie könnte auch ihre Bedürfnisse uminterpretieren und sich mit dem finanziellen Erfolg zufrieden geben. Oder aber, sie bemüht sich, Ziel und Bedürfnis einander anzunähern, indem sie sich nicht länger unter Druck setzen lässt, ihren eigenen kleinen Verlag gründet und dort Bücher in ihrem eigenen Rhythmus veröffentlicht.

Wenn Ihr Protagonist zu den Unentschlossenen gehört, bzw. wenn Sie als Figurenerfinder Schwierigkeiten haben, festzulegen, wohin Ihr Protagonist strebt, kann Ihnen vielleicht das von Sabine Asgodom entwickelte Motivationsraster helfen.[72] Sie arbeitet mit insgesamt 24 Begriffen, zu den wichtigsten gehören Ruhm, Herausforderung, Spaß, Geld, Freiheit, Erfolg, Harmonie, Abenteuer, Macht, Status, Sinn, Sicherheit. Durch ein Ausschlussverfahren, bei dem immer zwei Begriffe miteinander verglichen und einer gestrichen wird, gelangt man zu drei Hauptmotivatoren, für die wiederum eine Rangfolge erstellt werden soll. Diese drei Werte sind entscheidend für das persönliche Wohlgefühl. Wenn sie nicht gelebt werden können, so Asgodam, entsteht ein Wertemangel. Auf diese Weise können Sie erfahren, was Ihren Figuren wichtig ist. Die Ziele für die Zukunft müssten dann so bestimmt werden, dass Hauptmotivatoren darin verwirklicht werden.

**TIPP
Motivationsraster**

Kapitel 3: Das Wichtigste in Kürze

- Die Entwicklung von Figuren ist eine komplexe Aufgabe, für die Menschenkenntnis, psychologisches Gespür, logisches Denken und viel Fantasie nötig sind.
- Biografien der wichtigsten Figuren werden sinnvollerweise im Wechselspiel mit dem Plot entwickelt.
- Figurenbiografien und tabellarische Lebensläufe sind wichtige Hilfsmittel für die Schreibarbeit, aber kein Bestandteil des konkreten Erzähltextes.
- Figurennamen sind ein wichtiger Schlüssel, um die Tür zum fiktionalen Traum zu öffnen.
- Bedeutsame Figuren spiegeln die Zeit, in der sie leben.
- Geburts- und Wohnorte der Hauptfigur sollte der Autor möglichst aus eigener Anschauung kennen.
- Das Außenbild einer Figur sollte das Einzigartige der Figur durch spezifische Details sichtbar machen.
- Durch eine Krankheit oder ein körperliches Handicap der Figur lassen sich Konfliktpotenzial und Spannung der Handlung beträchtlich erhöhen.
- Die inneren Werte entscheiden über die Komplexität einer Figur.
- Eigene Gefühlserfahrungen lassen sich auf die Figuren übertragen und verleihen ihnen emotionale Tiefe.
- Die Biografie umfasst Vergangenheit (Herkunft) und gegenwärtiges Leben der Figur zum Beginn der Handlung sowie die Entwicklung auf ein zukünftiges Ziel hin als Gegenstand des Erzähltextes.

4. Figuren kennenlernen

Im letzten Kapitel haben Sie erfahren, wie Sie Figuren und deren Biografien erfinden. Ob die von Ihnen geschaffenen Gestalten tatsächlich lebensfähig sind, entscheidet sich erst, wenn sie ins fiktionale Leben des Romans eintreten und sich dort bewähren müssen. Es kann sein, dass dieser Schritt problemlos gelingt. Es kann aber auch sein, dass Ihre Figuren sich als widerspenstig erweisen und nicht so handeln, wie sie sollen. Woran mag das liegen? Möglicherweise haben Sie die Protagonisten mit Eigenschaften ausgestattet, die nicht zu dem passen, was Sie erzählen wollen. Die Schriftstellerin Katja Lange-Müller hat den Zusammenhang so beschrieben: »Und wenn man beispielsweise eine sehr schweigsame Figur entwickelt, wird man Schwierigkeiten haben, der ein Geheimnis zu entlocken. Dann muss man also irgendeinen Trick finden, wie man einem totalen Schweiger nun trotzdem sein Geheimnis entwindet, ohne dass man sozusagen gegen die Figur verstößt und aus ihr plötzlich eine Plaudertasche macht.«[73]

Aber vielleicht kennen Sie Ihre Figuren einfach noch nicht gut genug und können deshalb schlecht abschätzen, wie sie in bestimmten Situationen reagieren. Dann kann es passieren, dass sie Ihnen entgleiten und – im schlimmsten Fall – eine Schreibkrise heraufbeschwören. Wenn das der Fall ist oder Sie generell das Gefühl haben, den Hauptfiguren fehle es noch ein wenig an Tiefe und Kontur, sollten Sie sich weiter mit ihnen vertraut machen. Versuchen Sie alles über sie zu erfahren: wie sie gehen, sprechen, riechen, welche Musik und welche Filme sie lieben, welches Gemüse sie verabscheuen und welchen Parteien sie bei der letzten Bundestagwahl ihre Stimmen gegeben haben. Nähern Sie sich ihnen im Wechselspiel von Fragesteller und Antwortendem oder – noch intensiver – indem Sie ihre Identität annehmen.

Einige Methoden zum besseren Kennenlernen Ihrer Figuren stelle ich im Folgenden vor. Wählen Sie die aus, die Ihnen am meisten Spaß machen oder vielversprechend erscheinen. Suchen Sie auch zwischendurch immer wieder das Gespräch mit Ihrem Helden, er wird Ihnen seine Motive und Geheimnisse verraten und Ihnen gewogen bleiben.

Befragungen

Fragen sind ein Schlüssel zur Biografie. Fragen zu stellen, ist wohl die beste Methode, um Menschen kennenzulernen. Was funktioniert, wenn Sie im Beruf, auf Partys, auf Reisen oder im Alltag auf jemanden treffen, der Sie interessiert, lässt sich auch im Umgang mit Ihren Figuren mit Erfolg anwenden. In der Rolle eines neugierigen Freundes, einer Zufallsbekanntschaft oder eines Psychologen können Sie alles fragen, was Ihnen (noch) unklar ist, auch nach Ursachen und Zielen forschen. Sie können aber auch ein eher journalistisches Interview führen oder sich mit Ihrem Helden zu einem lockeren Plausch beim Abendessen verabreden. Was liegt Ihnen mehr?

Wie Sie vorgehen können: Formulieren Sie zuerst die Fragen aus und schreiben Sie im zweiten Schritt die Antworten dazu, so gelingt eine klare Trennung von Autor und Figur. Versuchen Sie, die gewählte Gesprächssituation vor Ihrem geistigen Auge heraufzubeschwören. Wenn Sie die Möglichkeit zur Sprachaufzeichnung haben, können Sie einen echten Dialog fingieren, indem Sie – auch sprachlich – zwischen den Rollen des Interviewers und des Interviewten wechseln. Dabei erproben Sie zugleich die Redeweise der Figur. Schreiben Sie das Interview hinterher ab und heften es zur entsprechenden Biografie.

Was Sie fragen können: Neben den Dingen, die sich aus der Erzählhandlung ergeben und selbst entwickelten Listen eignen sich Übernahmen von vorgefertigten Fragenkatalogen oder Tests. So enthalten beispielsweise die bereits erwähnten Checklisten zur Figurenentwicklung jeweils eine Reihe von Fragen, die über die Konzeption der Figur hinaus auf ein genaueres Kennenlernen abzielen. 24 Interview-Fragen sind auf dem Figurenblatt der Bastei Lübbe Academy zusammengestellt.[74] Bereits hingewiesen wurde auf Jacqueline Vellguth, die »100 Fragen für deine Charaktere«[75] ersonnen hat.

Berühmt wurde der sogenannte »Proust Questionnaire«, ein Fragebogen in einem englischen Freundschaftsbuch, den der Dichter Marcel Proust als junger Mann ausfüllte. Als Gesellschaftsspiel, in Gästebüchern, Zeitschriften (z. B. »Vanity Fair«) und Zeitungen wurde das historische Vorbild variiert. Das »Frankfurter Allgemeine Magazin« etwa veröffentlicht regelmäßig einen solchen Fragebogen, in dem Prominente 37 Fragen über Vorlieben und Abneigungen, Lieblingspersonen und Hassobjekte beantworten. Legen Sie Ihren Protagonisten alle Fragen oder eine Auswahl vor, beispielsweise: »Was ist für Sie das vollkommene irdische Glück? Welche Fehler entschuldigen Sie am ehesten? Wer oder was hätten Sie sein mögen? Ihr Hauptcharakterzug? Was schätzen Sie bei Ihren Freunden am meisten? Ihr größter Fehler? Was wäre für Sie das größte Unglück? Was möchten Sie sein? Was verabscheuen Sie am meisten? Welche natürliche Gabe möchten Sie besitzen? Wie möchten Sie sterben? Ihre gegenwärtige Geistesverfassung? Ihr Motto?«[76]

»Proust Questionnaire«

Denken Sie daran, wirklich die Figur antworten zu lassen, Ihre eigenen Ansichten sind in diesem Fall nicht von Belang. Bei der Formulierung der Entgegnungen ergibt sich auch hier als Nebeneffekt, dass Sie zugleich die inszenierte oder unbewusste Sprechweise der Figur einüben können. Ein gutes Gespür für die Unterschiede vermittelt ein (antiquarisch erhältliches) Buch mit den Auskünften zum F.A.Z.-Fragebogen von rund zweihundert Persönlichkeiten der Zeitgeschichte.[77] Achten Sie bei der Lektüre auf das, was die Antworten über den sachlichen Gehalt hinaus noch über den Charakter und die Selbstdarstellung der Person aussagen. Sind sie ernsthaft, humorvoll oder ironisch? Verraten sie den Menschenfreund, den Zyniker, den Überheblichen? Fragen Sie sich, mit welchen sprachlich-stilistischen Mitteln der spezifische Eindruck erzeugt wird und weisen Sie Ihren Helden die ihnen entsprechende Ausdrucksweise zu.

Max Frischs »Verhöre«
Wenn Sie noch mehr wissen möchten, modifizieren und ergänzen Sie die Liste. Anregungen geben auch die Tagebücher von Max Frisch. Zwischen Berichten, literarischen Szenen, Protokollen, Erinnerungen und Skizzen finden sich »Verhöre« genannte Dialoge über politische Zeitthemen und Listen mit differenzierten, intellektuell anspruchsvollen Fragen zu spezifischen Aspekten wie Ehe, Hoffnung, Geld, Freundschaft, Heimat und Tod, darunter der berühmte Satz: »Gesetzt den Fall, Sie haben nie einen Menschen umgebracht: wie erklären Sie es sich, daß es dazu nie gekommen ist?«[78] Frisch selbst hat seine Fragen übrigens nicht beantwortet.

Der Diogenes Verlag nutzt verschiedene Fragebögen, um in einem Lesermagazin seine Autoren vorzustellen und dabei auch private Seiten zu zeigen. Eine pfiffige Variante besteht darin, die beliebte Frage »Welches Buch würden Sie auf eine einsame Insel mitnehmen?« um zahlreiche Kategorien zu erweitern, etwa: Welchen Roman, welches Theaterstück, welchen Radiosender, welche Speise, welches Getränk, welches Kleidungsstück, welchen Gesprächs-, Streit- und Briefpartner würden Sie mitnehmen?

Entweder-oder-Fragen
Beliebt sind derzeit auch Entweder-oder-Fragen, bei denen sich der Interviewte schnell für einen von jeweils zwei als Gegensatz formulierten Begriffen entscheiden muss. Wesentlich für die Aussagekraft ist die Auswahl der Wortpaare. Die Vorlieben oder Abneigungen verweisen auf den Charakter und geben Auskunft über Einstellungen und Werte. In einem Flirtportal zum Beispiel sollen mittels der Fragen potenzielle Partner auf ihre Beziehungstauglichkeit getestet werden.

Fahrrad oder Auto?
Hier geht es nicht nur um das Verkehrsmittel, das Ihren Flirt zu Ihrem gemeinsamen Date befördert, sondern auch um seine allgemeine

Einstellung zum Leben. In beiden Fällen gilt: Die einen bevorzugen ein Finish aus eigenem Antrieb heraus, auch wenn sie sich dafür ganz schön abstrampeln müssen. Die anderen kommen lieber schnell, bequem und tadellos gestylt ans Ziel.[79]

Sie können Anregungen aus dem Internet nutzen[80] oder eigene Listen mit Entweder-oder-Fragen konzipieren, die alle zentralen Figuren Ihrer Geschichte beantworten müssen. Auf diese Weise lassen sich Kontraste zwischen den Charakteren herausarbeiten, die später auch Zündstoff für spritzige Dialoge bieten. Die Fragen können aus allen Bereichen des Lebens genommen werden und von allgemeinen Eigenschaften *(Chaos oder aufgeräumt?)* über Essgewohnheiten *(Brötchen oder Toast?)* und Kleidungsdetails *(Wollsocken oder Strumpfhose?)* bis hin zu speziellen Marotten *(Fingernägel oder Haare kauen?)* reichen.

Das moderne Freundschaftsbuch verbindet Elemente des stark vereinfachten Proustschen Fragenkatalogs mit der Funktion des Stammbuchs der Studenten, das als *Album amicorum* seine Wurzeln im 18. Jahrhundert hat. Mit philosophisch angehauchten Versen, gern in Latein, bestätigte man damals die Freundschaft mit dem Besitzer des Albums und empfahl sich späterer Erinnerung. Das akademische Stammbuch lebte in der naiv-sentimentalen Form des Poesiealbums mit moralischen Maximen *(Sei wie das Veilchen im Moose ...)* vom Biedermeier bis in die Siebzigerjahre des 20. Jahrhunderts fort und war vor allem unter Schulfreundinnen verbreitet. Abgelöst wurde es von Freundschaftsbüchern. Mitschüler und Freunde werden aufgefordert, die meist eine Doppelseite umfassenden, jeweils gleichen vorgedruckten Fragen zu beantworten. Dazu gehören etwa: Motto, Lieblingszitat, Lieblingsfarbe, Lieblingsessen, Lieblingstier, bester Film, bestes Buch, bester Schauspieler, genialste Band, liebste Fernsehsendung, Hobbys, Wunsch für die Zukunft, zuweilen noch Angaben von Größe, Gewicht, Alter, Augen- und Haarfarbe sowie Wohnort. Außerdem klebt jeder üblicherweise ein Porträtfoto von sich ein. Ein relativ neues Phänomen sind Freundschaftsbücher für Erwachsene – etwa für beste Freundinnen, Verwandte und Arbeitskollegen.

Freundschaftsbücher

Auch hier sind Steckbriefe auszufüllen, man wird aufgefordert, Geheimnisse zu enthüllen, über peinliche Erlebnisse zu berichten und brisante Details der eigenen Biografie preiszugeben.

Ein solches Freundschaftsbuch ermöglicht es, sich Figuren auf spielerisch-kreative Weise zu nähern. Kaufen Sie ein vorgefertigtes Buch im Handel[81] oder gestalten Sie selbst eines. Es ist besonders geeignet, die sozialen Beziehungen der Hauptfigur zu beleuchten. Erklären Sie den Protagonisten zum »Besitzer« des Freundschaftsbuches, die Einträge und Fotos stammen dann von denen, die als Freunde, Kollegen oder Verwandte mit ihm in Kontakt stehen, und geben Auskunft über ihr Verhältnis zur Hauptfigur. So haben Sie alle Informationen zum späteren Nachschlagen an einer Stelle zusammen und können leicht Ergänzungen vornehmen. Alternativ können Sie für jedes größere Schreibprojekt einen Figurenordner anlegen, in dem Sie figurenweise alle Materialien sammeln.

Selbsterkundungen

In der Realität kann der Unterschied zwischen Auskünften für eine wie auch immer geartete Öffentlichkeit und privaten Selbsterkundungen ganz erheblich sein, denn bei Äußerungen gegenüber einem Publikum spielen auch Aspekte der sozialen Erwünschtheit, der Inszenierung und Stilisierung eine bedeutsame Rolle, die der Ehrlichkeit zuweilen im Weg stehen. Da es Ihnen jedoch darum geht, Ihre Figuren besser kennenzulernen, werden Sie wohl dafür sorgen, dass sie aufrichtig antworten oder zumindest deren Lügen schnell durchschauen.

Selbsterkundungen haben für Sie den Vorteil, dass Sie nicht zwischen zwei Rollen hin und her wechseln müssen, sondern sich ganz in die Figur verwandeln, denken, wahrnehmen und handeln können wie sie. Zu den traditionellen Möglichkeiten zählen Tagebuch und Brief, aktuelle Äquivalente sind Blog oder E-Mail. Schreiben Sie in der Identität des Protagonisten oder der Protagonistin über Sinnfragen, Ansichten, Meinungen, Ängste und Hoffnungen. Das Tagebuch kann zudem bei der Lösung von Problemen helfen, vor denen die Figur steht, im Brief können besonders gut schwierige Beziehungen zu anderen Personen reflektiert sowie emotionale Verletzungen formuliert werden. Denken Sie etwa an Kafkas »Brief an den Vater«, der wie folgt beginnt:

Liebster Vater,
Du hast mich letzthin einmal gefragt, warum ich behaupte, ich hätte Furcht vor Dir. Ich wußte Dir, wie gewöhnlich, nichts zu antworten, zum Teil eben aus der Furcht, die ich vor Dir habe, zum Teil deshalb, weil zur Begründung dieser Furcht zu viele Einzelheiten gehören, als daß ich sie im Reden halbwegs zusammenhalten könnte. Und wenn ich hier versuche, Dir schriftlich zu antworten, so wird es doch nur sehr unvollständig sein, weil auch im Schreiben die Furcht und ihre Folgen mich Dir gegenüber behindern und weil die Größe des Stoffs über mein Gedächtnis und meinen Verstand weit hinausgeht.[82]

Autobiografische Dokumente dienen in erster Linie der Selbstvergewisserung der Figur, lassen sich aber möglicherweise später ganz oder in Teilen in den Roman oder die Erzählung übernehmen.

Listen aller Art erfreuen sich auch unter dem Aspekt der Selbsterkundung großer Beliebtheit. To-do-Listen strukturieren den Alltag, Pro-und-Kontra-Listen helfen bei der Problemlösung, Hitlisten sowie Ich-mag- bzw. Ich-mag-nicht-Listen geben Auskunft über die Dinge, die jemandem wichtig sind im Leben. Sicher verraten Ihnen die Helden Ihrer Romane und Erzählungen gern, was sie mögen und was nicht. Dabei sind einfache assoziative Aufzählungen ebenso denkbar wie die Orientierung an vorgegebenen Begriffen, etwa Vorlieben und Abneigungen bei Orten, Büchern, Speisen, Menschen usw. Auch dieses Verfahren verwendet der Diogenes Verlag zur Autorenpräsentation. Bei Astrid Rosenfeld beispielsweise steht in der Rubrik *Mag ich* unter anderem: *Schuhe mit hohen Absätzen. Jeden, der mich zum Lachen bringt. Marlene Dietrich. Pilze suchen. Meine Finger in Kerzenwachs tauchen.* Und unter *Mag ich nicht: Fisch.*

To-do- und Pro- und-Kontra-Listen

Watte. Essig. Zweiter sein. Krankenhäuser.[83] Auf diese Weise lassen sich anschauliche Details sammeln, die später in die Erzählhandlung einfließen können.

Soziale Netzwerke

Die Neuen Medien erlauben es Ihnen, bei der Aneignung von Wirklichkeit noch einen Schritt weiter zu gehen und Ihren Helden jenseits der Romanwelt in der virtuellen Realität aktiv werden zu lassen. Es gibt zahllose Möglichkeiten, mit Identitäten zu jonglieren, den Unterschied zwischen wirklichem Menschen und erfundener Figur zu verwischen oder sogar aufzuheben. Jeder, der im Internet kommunikativ unterwegs ist, inszeniert sich, entwickelt ein Image oder präsentiert sich als Marke. Da wird manches bewusst verschwiegen, beim Erstellen von Persönlichkeitsprofilen ein bisschen geflunkert oder die Identität hinter einem Spitznamen und unscharfen Fotos versteckt. Nicht immer handelt es sich dabei um harmlose Spielerei. Wenn es beispielsweise jemand darauf anlegt, andere Menschen und ihre Gefühle zu manipulieren, kann die Wirkung fatal sein. Das zeigt die Geschichte einer Frau, die sich in einen Mann mit gänzlich erfundener und geborgter Existenz (inklusive Fotos, Freunden und Familie) verliebte, als deren Schöpfer schließlich eine Psychologin entlarvt wurde.[84] Der Artikel »Verliebt in einen Fake« liest sich unglaublich, und doch ist vermutlich niemand davor gefeit, in eine solche Falle zu tappen, wenn nur der richtige Köder ausgelegt wird. Deshalb mein Appell: Wenn Sie die virtuellen sozialen Netzwerke für die Figurenarbeit nutzen, achten Sie darauf, dass niemand anderer dabei emotional zu Schaden kommen kann.

Facebook Schauen wir etwas genauer an, was Facebook und Twitter für die Figurenarbeit bieten. Es kann durchaus hilfreich sein, »die Facebookseite als großen Schreib- und Produktionsraum zu begreifen«.[85] Den Richtlinien gemäß erlaubt Facebook allerdings nur realen Menschen, sich anzumelden und eine Chronik zu führen. Allerdings scheint das nicht systematisch überprüft zu werden. Eine alternative – zulässige – Möglichkeit besteht darin, ausgehend vom persönlichen Account eine »Fanseite« für Ihren Protagonisten einzurichten. Die bietet zwar weniger Optionen zur Charakterisierung, lässt sich aber sinnvoll einsetzen, wenn eine bereits fertig entwickelte Figur, bevorzugt eine Serienfigur, in Kontakt zu (potenziellen) Lesern treten soll. In diesem Fall sollte das Erscheinen des Titels auf dem Markt absehbar sein, denn das tatsächliche Leben einer literarischen Gestalt findet zwischen zwei Buchdeckeln statt.

In der Planungsphase könnte Ihr Protagonist als fingierte Realfigur mit eigener Facebookchronik auftreten. Das Profil lässt sich mit den bereits fixierten Eckdaten füllen. Facebook fordert jeden Nutzer auf, möglichst viel über sich zu verraten. In den verschiedenen Kategorien sollen favorisierte Bücher, Fernsehsendungen, Filme, Musikstile und -titel, inspirierende Personen, Vorlieben in den Bereichen Essen, Mode, Sport und Spiele, Interessen, Aktivitäten und vieles mehr eingetragen werden. Mit wichtigen Lebensereignissen wird die Chronik erstellt. Auf diese Zeitleiste können Sie dann jederzeit und von jedem Schreibort mit Internetzugang aus zugreifen, leicht Ergänzungen vornehmen und die Fakten mit Bildern illustrieren (aber bitte nur mit solchen, deren Rechte Sie besitzen). Wer ein Smartphone besitzt, kann beispielsweise geeignete Häuser, Plätze, Wege und Sehenswürdigkeiten fotografieren, zu Schauplätzen des Romans deklarieren und in Alben zusammenstellen. Sie können alle Ideen, Ansichten und Gedanken der Figur notieren, Beobachtungen übers Wetter, Stimmungen, besondere Ereignisse, Erlebnisse oder Begegnungen. Wenn Sie es zulassen, dass andere Nutzer die Seite sehen und selbst etwas eintragen können (was für den Privataccount nicht unbedingt empfehlenswert ist), wenn Ihre Freunde bereit sind, mitzuspielen und sich mit Ihrem Protagonisten zu befreunden, eröffnet sich ein weiterer Kommunikationsradius, der Sie auf neue Ideen bringt und Ihnen erlaubt, Reaktionen auf Verhaltensweisen oder bestimmte Ansichten zu testen, die von der Figur geäußert werden. Im Idealfall dient die Facebookseite Ihrer Figur als Dokumentation, Merkhilfe, literarisches Notizbuch und Inspirationsquelle zugleich. Auf diese Weise eine Figur zu entwickeln, kann anschaulicher und zwangloser sein als auf dem konventionellen Weg.[86]

Twitter Auf ähnliche Weise können Sie eine Figur auf Twitter ins virtuelle Leben entlassen. Twitter ist ein Mikroblogging-System, ein einzelner Beitrag darf nicht mehr als 140 Zeichen haben. Das Prinzip funktioniert sehr viel unkomplizierter als Facebook. Man ist zugleich Sender und Empfänger, twittert eigene Kurznachrichten, folgt Menschen, deren Tweets einem gefallen, und kann deren Einträge an die eigenen Follower weiterleiten (»retweeten«). Erlischt das Interesse, kann man mit einem Klick wieder »entfolgen«. Es ist kein Problem, unter (auch wechselnden) Fantasienamen zu twittern. Manche schreiben so witzige, satirische, anregende und originelle Tweets, dass sie Kultstatus erlangt und viele Tausend Follower haben (z. B. »Der Postillon« oder »Wondergirl«). Wie können Sie das Verfahren für Ihre Figuren nutzen? Verfassen Sie 140-Zeichen-Statements, die Sprache und Charakter Ihrer Figur spiegeln, Ansichten, kuriose Beobachtungen, Gedankensplitter und Merksätze festhalten. In der Zeitleiste, der Timeline, können Sie jederzeit alle Beiträge nachlesen. Wer mag, nimmt andere Figuren hinzu und initiiert so Dialoge oder Streitgespräche.[87]

Horoskop und Tarot

Wem es schwerfällt, die Eigenschaften seiner Figuren festzulegen und deren Ziele zu erkennen oder wer nach ungewöhnlichen Ideen sucht, kann die Astrologie als spielerisch-kreativen Impulsgeber nutzen. Ein erster Zugang erfolgt über Typologien der Sternzeichen, außerdem können Sie einen Blick in die Zukunft Ihrer Figuren werfen. Sie müssen nicht an den Wahrheitsgehalt der Prophezeiungen glauben, um sich von ihnen stimulieren zu lassen. Früher fand man die positiven und negativen Eigenschaften der Sternzeichen zum Beispiel auf dem Einwickelpapier von Zuckerstückchen in Cafés und Horoskope in beinahe allen Tageszeitungen und Zeitschriften, heute ist darüber hinaus das Internet eine reichhaltige Quelle. Nicht nur die »Astrowoche«, auch Websites von Frauenzeitschriften wie der »Brigitte« oder von Unternehmen wie der »Deutschen Telekom« halten eine Fülle von Optionen bereit, unter anderem Sternzeichen-Typologien, Tests, mit denen Sie prüfen können, ob Ihre Figur die Merkmale des Sternzeichens erfüllt, Horoskope für Tage, Monate und Jahre, Mondkalender, Engelbotschaften, Würfel- und Farbenorakel, Tarotkarten und vieles andere mehr.[88]

Die Basiseigenschaften helfen bei der Formung der Charaktere und die Vorhersagen für Lebensereignisse erschließen weitere Facetten der Persönlichkeit, die Prise Zufall regt zu außergewöhnlichen Geschehnissen an. Entweder Sie legen vorab ein Geburtsdatum für die jeweilige Figur fest und sammeln dann Informationen dazu, oder Sie suchen sich unter den zwölf Sternzeichen dasjenige aus, das Sie am passendsten für die Figur finden. Änderungen können Sie nach Belieben vornehmen, denn die Angaben sollen inspirieren, kein Korsett sein.

In der »Astrowoche« erfahren Sie zum Beispiel über den *Krebs*, dass sein Element das Wasser sei. Das Sternbild stehe *für Gefühlshaftigkeit und seelische Tiefe, aber auch Unsichersein und Verlorenheit*. Als Stärken des Sternzeichens werden *gefühlvoll, häuslich, sensibel, fürsorglich und gemütlich* genannt. Ideale Reiseziele für Krebs-Geborene sollen unter anderem die Städte *Lüneburg, Venedig und Tunis* sein. Daraus und aus den *persönlichen Glücksbringern die Farbe Blau, Weiden, Rehe, Jasmin-Duft und Mondsteine*[89] lassen sich ebenso eigenwillige wie überraschende Erzähleffekte zaubern.

BEISPIEL
Eigenschaften eines Sternbilds

Horoskope und Tarotkarten für den jeweiligen Tag sind in der Regel absichtsvoll vage formuliert, denn die Vorhersagen sollen möglichst viele Leser ansprechen. So zeigte beispielsweise die Tarotkarte für den *Steinbock* am 3. Januar 2014 das Symbol *Kraft* und wurde folgendermaßen erklärt: *LIEBE – Sie bringen Ihr Liebesleben wieder in Einklang. JOB – Im Beruf erkennen Sie jetzt Ihren Rivalen. GELD – Es geht gut aus für Sie. GESUNDHEIT –*

BEISPIELE
Tarot und Horoskop für den Tag

Sie finden Ihre Mitte. ALLGEMEIN – Alles ist höhere Gewalt.[90] Der Astrologe Jan Reimer rät dem *Steinbock* im Kölner Stadt-Anzeiger an diesem Tag: *Tanzen Sie heute ruhig mal lustvoll aus der Reihe.*[91] Diese sehr allgemeinen Sätze sollten in konkrete Handlungen übertragen werden. Vielleicht ganz direkt: Protagonist Jan geht zufällig an einer Tanzschule vorbei und meldet sich spontan zu einem Tangokurs an, obwohl er diese Rumhopserei bisher ablehnte. Oder Hauptfigur Karla beschließt – hier kommt die Tarotkarte ins Spiel – sich mittags in der Kantine mal an einen anderen Tisch zu setzen und hört deshalb zufällig, wie ein Kollege anderen Mitarbeitern von einer Intrige erzählt, die er gegen sie spinnt.

Figurenentwicklung mit Tarotkarten

Tarotkarten lassen sich auch in komplexerer Weise zur Figuren- oder Plotentwicklung einsetzen.[92] Sie benötigen dazu ein Kartenspiel, ein Regelwerk zum Legen und die Erläuterungen der Motive. Die Tarotkarten, die auf unterschiedliche Weise angeordnet werden können, geben Auskünfte zu vorab formulierten Fragen. Ein einfaches Legeschema umfasst drei Karten: Die erste steht für die Vergangenheit der Figur, die zweite für die Gegenwart und die dritte für die Zukunft. Jede symbolisiert bestimmte Eigenschaften und Möglichkeiten in Bezug auf die Frage bzw. Figurenkarte. Statt Ihren Helden selbst um Auskünfte zu bitten, können Sie seine Absichten und Motive aus den aufgedeckten Sinnbildern ablesen. Die Tarotkarten regen die Fantasie an, wecken Assoziationen, fördern ungewöhnliche Ideen, laden zum Kombinieren und zum Knüpfen von Verbindungslinien ein.

Literarische Aufstellungen

Das Verfahren der »Familienaufstellung« stammt unter anderem aus der systemischen Psychologie. Es übersetzt Beziehungen zwischen Menschen in ein konkretes dreidimensionales Bild, ermöglicht durch das Prinzip der repräsentierenden Wahrnehmung neue Erkenntnisse und Sichtweisen und zeigt damit dem Klienten Lösungsansätze für ein Problem auf.

Meist wird in Gruppen gearbeitet. Der Klient sucht unter den Teilnehmenden Stellvertreter für die Menschen aus, um die es ihm geht, und ordnet sie so im Raum an, wie er ihre Beziehung zu anderen und sich selbst erlebt. Die Stellvertreter geben aus ihrer jeweiligen Wahrnehmungsposition heraus Auskunft über ihre Befindlichkeiten, Gefühle und Gedanken und machen so Beziehungsmuster deutlich.

Das Prinzip lässt sich auf fiktionale Figurenkonstellationen übertragen, wird aber auch bei Schreibblockaden, Plot- und Strukturproblemen eingesetzt. Wichtig ist auch hier wieder, zunächst eine konkrete Frage zu formulieren, die mithilfe der Aufstellung geklärt werden soll. Stefanie Erdrich hat einen Erfahrungsbericht über ein Seminar mit literarischen Aufstellungen veröffentlicht.[93] Als skeptischer Leser ist man immer wieder verblüfft, mit welcher Bestimmtheit die Stellvertreter Aussagen trafen und damit neue Sichtweisen anregten, obwohl sie die Inhalte der Texte zumeist nicht kannten. Die teilnehmenden Autorinnen bezeichneten die Ergebnisse als ausgesprochen hilfreich. Erdrich selbst wollte erfahren, ob ihre Nebenfiguren eine größere Rolle spielen sollten. Die Stellvertreter der Haupt- und Nebenfiguren suchten sich selbstständig einen Platz im Raum, und als Erdrich das entstandene Bild auf sich wirken ließ, erkannte sie, dass die Nebenfiguren sehr nahe bei den Hauptfiguren standen und mehr Bedeutung beanspruchten.

Um Aufstellungen zu realisieren, wird eine Gruppe von etwa zehn Personen benötigt, sodass dieses Verfahren auf die Seminarform angewiesen ist. Wem das zu aufwendig und/oder zu teuer ist oder wer überhaupt erst einmal testen möchte, ob ihm diese Methode behagt, kann Aufstellungen im Miniaturformat vornehmen. Auch das ist eine verbreitete Praxis beim Coaching sowie in der psychologischen Beratung. Das dazu benötigte System- oder Familienbrett mit Figuren wird in unterschiedlichen Ausführungen im Handel angeboten, Sie können aber ebenso gut mit Legosteinen, Bauklötzen oder Playmobilfiguren improvisieren.[94] Die stellvertretende Wahrnehmung kommt bei dieser Art der Aufstellung nicht zum Tragen, aber der Autor kann von außen auf die Figuren und ihr Verhältnis zueinander blicken und durch diese dreidimensionale Visualisierung möglicherweise aufschlussreiche Beobachtungen machen.

BEISPIEL
Aufstellung von Figuren

Nehmen wir beispielsweise an, Sie stellen während des Schreibens fest, dass Ihr Protagonist Karl nicht so freundlich erscheint, wie er sollte. Woran kann das liegen?, fragen Sie sich. Stellen Sie alle Figuren, also Karl, seinen Gegenspieler und die Nebenfiguren so auf, dass die sozialen Bezüge kenntlich werden. Vielleicht ergibt das Bild, dass die anderen enge Kontakte zur Familie und zu Freunden haben, während Karl völlig isoliert dasteht. Da ein Einzelgänger leicht unsympathisch wirkt, wäre eine mögliche Konsequenz, auch Karl einen Helfer oder Vertrauten zur Seite zu stellen.

Kapitel 4: Das Wichtigste in Kürze

Mit folgenden Hilfsmitteln können Sie Ihre Figuren besser kennenlernen:

- Interviews, Verhöre
- Fragebögen (»Proust Questionnaire«, F.A.Z.-Fragebogen, Entweder-oder-Fragen)
- Freundschaftsbücher, Poesiealben, Figurenordner
- Brief, Tagebuch, Blog, E-Mail
- To-do-, Pro-und-Kontra-, Mag-ich-/Mag-ich-nicht-Listen
- Fanseite bei Facebook, Twitter
- Horoskop, Tarotkarten
- Literarische Aufstellung

5. Erzählperspektiven festlegen

Sie haben aufregende, komplexe Figuren entwickelt und kennen diese inzwischen besser als Ihren Ehemann oder Ihre beste Freundin. Sie wissen darüber hinaus, um was es in Ihrer Erzählung oder Ihrem Roman gehen soll, haben den Plot skizziert oder ausformuliert und brennen nun darauf, mit dem »richtigen« Schreiben zu beginnen, also die Figuren endlich in der fiktionalen Welt agieren zu lassen. Doch zuvor müssen Sie noch entscheiden, wer Ihre Geschichte von welchem Standpunkt aus erzählen soll und welche Kompetenzen Sie dem Erzähler mitgeben, denn das ist entscheidend dafür, wie der Leser den Figuren im Text begegnet.

Wer erzählt die Geschichte?

Wer erzählt Ihre Geschichte? Im Mündlichen ist die Antwort einfach: Man erzählt, was man selbst erlebt oder von anderen erfahren hat. *Stell dir vor, was mir passiert ist* oder *Unglaublich, was der Eva zugestoßen ist*, in dieser Art beginnen unzählige Geschichten. Der Erzähler ist körperlich oder zumindest stimmlich unmittelbar anwesend. Und wie ist es analog dazu im Medium der Schrift? Müsste da nicht der Autor diese Rolle übernehmen?

Zugegeben: ich bin Insasse einer Heil- und Pflegeanstalt.[95] Ganz klar, hier erzählt jemand über sich selbst. Nur wer? Der Autor Günter Grass? Dass das nicht stimmt, belegt ein Abgleich des Erzählten mit der Realität. Wir wissen oder können schnell recherchieren, dass Grass keineswegs Insasse einer solchen Anstalt ist oder war. Wer »Die Blechtrommel« weiterliest, erfährt, dass der Erzähler Oskar Matzerath heißt und eine literarische Figur ist. Nun gibt es durchaus Bücher, in denen das Erleben des Ich mehr oder minder deutliche Parallelen zu dem des Autors erkennen lässt. Doch nur, wenn es sich ausdrücklich um einen autobiografischen, also einen nicht fiktionalen Sachtext handelt, ist eine Gleichsetzung von Autor und Erzähler zulässig. Uns aber geht es ausschließlich um fiktionale Texte, und für die gilt: Der Autor erfindet ein Universum, und zu diesem Universum gehört – im Unterschied zum mündlichen Text – auch der Erzähler.

Eduard – so nennen wir einen reichen Baron im besten Mannesalter.[96] Wenn es nicht der Autor Goethe ist, wer verbirgt sich dann hinter dem ominösen *wir*, das uns die Hauptfigur vorstellt? Auch wenn Sie »Die Wahlverwandtschaften« bis zum Ende durchlesen, werden Sie nichts darüber erfahren, der Erzähler bleibt ohne Namen, Gestalt und Eigenschaften. Und wie verhält es sich schließlich mit: *Jemand mußte Josef K. verleumdet haben?*[97] Hier zeigt sich überhaupt kein Erzähler.

So lauten die ersten Befunde: Der Erzähler eines fiktionalen Textes ist nicht identisch mit dem Autor; er kann sichtbar sein, kann aber auch verborgen bleiben. Das heißt, der Erzähler erscheint nicht in jedem Fall als konkrete Figur, sondern allgemeiner und abstrakter als vermittelnde Instanz. Der Erzähler präsentiert die Geschichte, und Sie als Autor oder Autorin bestimmen, in welcher Weise er das tut. Ist er ins Geschehen eingebunden oder steht er außerhalb? Erzählt er seine eigene Geschichte oder die einer Figur? Tritt er ganz in den Hintergrund oder mischt er sich ständig ein und lenkt durch Kommentare, Bewertungen und seine Sicht des Geschehens die Wahrnehmung des Lesers?

Wer mit dem Schreiben beginnt, kümmert sich meist nicht um solche Fragen. Doch wer wirklich professionell werden möchte, sollte sich irgendwann näher damit beschäftigen. Denn jede Entscheidung, die Sie in diesem Punkt treffen – ob bewusst oder unbewusst –, hat Konsequenzen dafür, wie der Leser später die Figuren wahrnimmt. Wirken sie nah oder fern, authentisch oder unglaubwürdig, sympathisch oder abstoßend? Wer die Möglichkeiten der Perspektivenverwendung und vor allem die Effekte kennt, die daraus resultieren, kann sie ganz gezielt einsetzen.

Typische Erzählsituationen

Mit den Erzählsituationen beschäftigt sich die Erzähltheorie oder Narratologie, ein Zweig der Literaturwissenschaft. Es existiert eine ganze Reihe von Modellen, im deutschsprachigen Raum hat bis heute das von Franz Karl Stanzel großen Einfluss.[98] Auch ich habe mich teilweise daran orientiert. Allerdings geht es mir nicht um Widerspruchsfreiheit und Vollständigkeit von Terminologien und Theorien, sondern allein darum, die grundlegenden Unterschiede in der Verwendung der Erzählperspektive zu erklären und Ihnen damit zu helfen, die jeweils passende für Ihre Erzähltexte zu finden.

Ein Sachverhalt kann aus unterschiedlichen Perspektiven erzählt werden. Vier typische Erzählsituationen lernen Sie im Folgenden näher kennen:

- Auktoriale Perspektive: *Was Karla neulich Merkwürdiges passiert ist, konnte wirklich nur ihr passieren. Denn es gibt nur wenige Menschen, die so chaotisch sind wie sie. Sie kam nach Hause ...*
- Personale Sie-Perspektive: *Karla ist neulich etwas Merkwürdiges passiert. Sie kam nach Hause ...*
- Personale Ich-Perspektive: *Mir ist neulich vielleicht etwas Merkwürdiges passiert. Also, ich kam nach Hause ...*
- Neutrale Perspektive: *Karla sitzt im Café, sie trägt den Arm in Gips und hat ein blaues Auge. Zu der Frau, die ihr gegenübersitzt, sagt sie: »Mir ist neulich vielleicht etwas Merkwürdiges passiert. Also, ich kam nach Hause ...«*

TABELLE Typische Erzählsituationen

Modus	Person	Standpunkt	Präsenz	Perspektive
Auktorial	Er/Sie	außerhalb	unsichtbar oder sichtbar	unbegrenzt, allwissend, prinzipielle Innen- und Außensicht auf alle Figuren
Personal	Er/Sie	außerhalb	unsichtbar	begrenzt, Innen- und Außensicht auf eine Figur
Personal	Ich	innerhalb	sichtbar	begrenzt, Innen- und Außensicht der erzählenden Figur
Neutral	Er/Sie/Ich	außerhalb	unsichtbar	begrenzt, nur Außensicht

Die drei Modi »Auktorial«, »Personal« und »Neutral« unterscheiden sich grundsätzlich durch den Blickwinkel der Wahrnehmung (begrenzt oder unbegrenzt, Innen- und/oder Außensicht). Weitere Kriterien der Differenzierung betreffen die Wahl der Person (Ich, Er/Sie) und damit den Standpunkt (innerhalb oder außerhalb der Erzählhandlung) sowie die Präsenz (sichtbar oder unsichtbar) des Erzählers. Im Folgenden werden zunächst die typischen Erzählsituationen einzeln vorgestellt. Wie sie in der Wirklichkeit des Erzählens kombiniert und variiert werden können, erfahren Sie anschließend.

Auktoriale Erzählsituation
Die auktoriale Erzählsituation ist gekennzeichnet durch einen außerhalb oder sogar oberhalb (man spricht auch von einer olympischen Position) des Geschehens stehenden Erzähler mit unbegrenztem Wahrnehmungshorizont. Er ist vom Autor mit universellen Kompetenzen ausgestattet, ist allwissend, muss sein Wissen nicht legitimieren, also nicht begründen, woher er es hat, kann prinzipiell allen Figuren in die Köpfe schauen und somit über deren Gefühle, Gedanken und Befindlichkeiten Auskunft geben. Er kennt Anfang und Ende der Geschichte sowie Vergangenheit und Zukunft der Handelnden, kann die Aufmerksamkeit des Lesers lenken und zwischen Orten und Figuren beliebig hin und her springen.

Ada war ein junges Mädchen und nicht schön. In jenem Augenblick, den der Scheinwerfer dieser Erzählung ins Licht taucht, war sie vierzehn Jahre alt, blond und kräftig gebaut. [...] Im Sommer 2002 wurde sie in die zehnte Klasse des Ernst-Bloch-Gymnasiums zu Bonn eingeschult, nachdem sie aus einem Grund, der sich in Kürze im Rahmen einer musikalischen Rückblende offenbaren wird, ihre alte Schule hatte verlassen müssen.[99]

Am Beispiel der Protagonistin des Romans »Spieltrieb« von Juli Zeh wird deutlich: Eine wesentliche Wirkung der auktorialen Perspektive besteht in der Distanz zu den Figuren, denn zwischen ihnen und dem Leser steht immer der Erzähler, der – einem Puppenspieler gleich – die Figuren führt. Je mehr der Erzähler sich in den Vordergrund drängt, desto größer wird dieser Abstand. Ada stellt sich nicht selbst vor. Der Leser sieht sie mit den Augen des Erzählers und muss glauben, was dieser ihm über das Mädchen sagt *(Ada war nicht schön)*. Doch der Erzähler bleibt unsichtbar. Er verbirgt sich hinter bildlichen Übertragungen *(Der Scheinwerfer dieser Erzählung)* und Passivformulierungen *(sich offenbaren wird)*, ist indirekt aber durch Bewertungen, Vorausdeutungen und Kommentare erkennbar und weiß damit deutlich mehr als die Figur. Nicht immer hält sich ein Erzähler so dezent im Hintergrund.

Überhaupt wünschte ich, es wäre mir schon jetzt gelungen, dir, geneigter Leser, den Studenten Anselmus recht lebhaft vor Augen zu bringen. Denn in der Tat, ich habe in den Nachtwachen, die ich dazu verwende, seine höchst sonderbare Geschichte aufzuschreiben, noch so viel Wunderliches, das wie eine spukhafte Erscheinung das alltägliche Leben ganz gewöhnlicher Menschen ins Blaue hinausrückte, zu erzählen, daß mir bange ist, du werdest am Ende weder an den Studenten Anselmus noch an den Archivarius Lindhorst glauben.[100]

Ernst Theodor Amadeus Hoffmann lässt seinen Erzähler offen auftreten, er spricht den Leser direkt an und bezieht ihn ein. In das Geschehen selbst ist er allerdings (zumindest an dieser Stelle) nicht eingebunden. Hoffmann geht sogar noch einen Schritt weiter und setzt den Erzähler mit dem Verfasser in eins. Er beglaubigt das äußerst unglaubwürdige Geschehen also mit seiner Autorität, wie es in älteren Romanen häufig geschah.

Pädagogische Absicht früher Romane In der Frühphase hatten Romane nämlich ein Imageproblem. Sie galten als Lügengeschichten und Ammenmärchen, mit denen Ungebildete und speziell Frauen in sittenverderbende Scheinwelten entführt und in die Lesesucht getrieben wurden, sodass sie ihre eigentlichen Aufgaben, vor allem natürlich die als tüchtige Hausfrau und Mutter, vernachlässigten. Mit seiner Autorität und seiner Bildung sollte der auktoriale Erzähler das Ansehen des schlecht beleumundeten Romans verbessern. Seine Aufgabe war es, den Leser in die richtigen Bahnen zu lenken, das moralische Handeln der Figuren zu bewerten und so Fingerzeige zu geben, welches Verhalten nachahmenswert und welches zu vermeiden sei. Die Gesellschaftsromane des 19. Jahrhunderts, die unsere Vorstellung von der Gattung entscheidend prägten, sind noch überwiegend auktorial erzählt. Doch dem modernen, aufgeklärten Leser ging diese Bevormundung in der Folge zunehmend auf die Nerven, er wollte sich selbst ein Urteil bilden. Und so geriet der auktoriale Erzähler an der Wende zum 20. Jahrhundert in die Krise. Da, wo er versucht, die Leser als Besserwisser und Moralapostel zu belehren, hat er nur noch wenige Anhänger. In der Kinderliteratur hielt er sich etwas länger, und es war erstaunlicherweise insbesondere Erich Kästner, der sich oft in Vorworten und »Nachdenkereien« (so in »Pünktchen und Anton«) selbst zu Wort meldete oder einen auktorialen Erzähler den pädagogischen Zeigefinger heben ließ, ohne dass es seiner Popularität schadete.

Der ironische Erzähler In einer Spielart jedoch kann der auktoriale Erzähler auch heute noch Charme entfalten. Gemeint ist die Verwendung in humoristischen, ironischen und satirischen Zusammenhängen. Auch das hat eine lange Tradition, die bis zu Schelmenromanen wie etwa dem »Don Quijote« von Cervantes zurückreicht. Auch im zitierten Beispiel aus Hoffmanns Märchen »Der goldne Topf« wird die augenzwinkernde Haltung des Erzählers zum Geschehen deutlich. Der Leser soll dessen Autorität hinterfragen und die Wahrheit hinter dem Gesagten entdecken. Als Meister des ironischen Erzählens gilt Thomas Mann, der damit der auktorialen Perspektive eine Existenzberechtigung im narrativen Kosmos des 20. Jahrhunderts sicherte. Mit seinen Über- und Untertreibungen macht er klar, dass dem Erzähler in seiner überlieferten Funktion als moralische Instanz nicht mehr zu trauen ist. Allerdings geht der Erzähler dabei nie so weit, dass man ihn nicht mehr ernst nimmt.[101]

Das ist von entscheidender Bedeutung für jeden, der die auktoriale Perspektive erproben möchte. Weder darf sich der Erzähler selbst, noch darf er seine Figuren der Lächerlichkeit preisgeben. Das ist vor allem dann wichtig, wenn der Protagonist kein Sympathieträger ist. *Diederich Heßling war ein weiches Kind, das am liebsten träumte, sich vor allem fürchtete und viel an den Ohren litt.*[102] Heinrich Mann präsentiert in »Der Untertan« einen unangenehmen Zeitgenossen, einen Opportunisten, Duckmäuser und Spießbürger. Doch gleich im ersten Satz weckt er Verständnis und macht deutlich: Hier handelt es sich um jemanden, der nie sein durfte, was er in seinem Inneren war. Und so bleibt bei aller ironischen Distanzierung doch das Bewusstsein aufrechterhalten, dass dieser Diederich Heßling letztlich auch eine tragische Gestalt ist.

Wer Nähe zu seinen Figuren und Empathie erzeugen will, wer deren Innenleben ausleuchten und psychische Entwicklungen nachvollziehbar machen will, wer einen spannenden Unterhaltungsroman schreiben will, ist mit der auktorialen Perspektive meist schlecht bedient. Sinnvoll lässt sie sich in ironischer und satirischer Absicht einsetzen, aber auch, wenn ganz bewusst Distanz geschaffen werden soll, wie etwa bei Lehrstücken, Moritaten oder Texten mit politischer oder moralischer Botschaft. Dazu gehört beispielsweise Alfred Döblins Roman »Berlin Alexanderplatz«. In den einzelnen Kapiteln ermöglicht eine überwiegend personale Sichtweise eine gewisse Annäherung an den Helden Franz Biberkopf, in den Vorreden jedoch wird der Abstand stets wiederhergestellt.

Wirkung des auktorialen Erzählers

Damit haben wir unseren Mann glücklich nach Berlin gebracht. Er hat seinen Schwur getan, und es ist die Frage, ob wir nicht einfach aufhören sollen. [...] Aber es ist kein beliebiger Mann, dieser Franz Biberkopf. Ich habe ihn hergerufen zu keinem Spiel, sondern zum Erleben seines schweren, wahren und aufhellenden Daseins.[103]

Ganz bewusst wollte Döblin eine identifikatorische Lektüre vermeiden. Franz Biberkopf soll nicht als Individuum, sondern vielmehr als Typus der leidenden Kreatur wahrgenommen werden, als Teil einer Masse und Stellvertreter des modernen, anonymen Großstadtmenschen. Eine ähnliche Funktion übernimmt die auktoriale Perspektive in Gesellschaftsromanen, in denen die Entwicklung eines zeit- und sozialgeschichtlichen Panoramas Vorrang hat vor dem Erleben des Einzelnen.

Die auktoriale Perspektive steht also einerseits für Aspekte wie Distanz, Bevormundung und ironisches Spiel, andererseits aber auch für eine unbeschränkte sprachlich-stilistische Freiheit. Wer diese Erzählsituation nutzt, muss keine Rücksicht auf die sprachlichen Fähigkeiten und Grenzen der Figuren nehmen, wie etwa beim personalen Erzählen. Deshalb haben sich vermutlich Juli Zeh und Uwe Tellkamp dafür entschieden. Ihre Romane »Spieltrieb« und »Der Turm« zeichnen sich durch einen ästhetisch anspruchsvollen Stil mit ungewöhnlichen Bildern und Metaphern aus: *Über der Nase lag ein löchriger Teppich aus Sommersprossen und wusste bei passender Beleuchtung ein paar Notlügen von gepflückten Wildblumen und Kinderspielen im hohen Gras an den Mann zu bringen.*[104] Solche artistische, hochkomplexe Prosa polarisiert. Während ein Teil der Leserschaft den kunstfertigen Umgang mit der Sprache bewundert und schätzt, empfindet ein anderer Teil solche Erzähltexte als langweilig, manieriert und spannungsarm.

Alles in allem ist die auktoriale eine schwierige Perspektive, deren Umsetzung vom Autor viel Erfahrung sowie eine exzellente Beherrschung der sprachlichen Mittel verlangt, und die nur in wenigen Verwendungsweisen wirklich überzeugt. Wer überzeugend auktorial erzählen will, muss sich Gedanken um eine weitere Figur machen: den Erzähler. Denn bei dieser Perspektive ist er die geheime Hauptfigur, selbst wenn er unsichtbar bleibt. Sie sollten sich fragen: Wie steht er dem, was er erzählen will, gegenüber? Wie ist seine Erzählhaltung? Zum Beispiel: kritisch, ironisch, mitfühlend? Wie präsentiert er sich? Soll er arrogant, klug, autoritär oder naiv wirken? Mit welcher Stimme spricht er? Was hält er von den Figuren? Vor allem aber sollten Sie sich überlegen, warum Sie diese Perspektive benötigen. Sind die Effekte, die sich daraus ergeben, tatsächlich genau die, auf die es Ihnen ankommt? Brauchen Sie einen Erzähler, der Distanz herstellt, den Leser führt, mit seiner Sprache und seinen Positionen den Text dominiert? Wenn Sie diese Frage bejahen können, haben Sie die richtige Wahl getroffen.

Personale Erzählsituationen
Im Unterschied zur auktorialen Allwissenheit schränkt der Autor die Kompetenzen eines personalen Erzählers ein. Hauptmerkmal dieser Erzählsituationen ist die Begrenzung des Blickwinkels auf eine Figur, auch Reflektor- oder Perspektivfigur genannt. Auf deren Bewusstsein sind Innensicht und Außenwahrnehmung konzentriert. Doch welchen Sinn hat es, von vornherein auf Erzähloptionen zu verzichten? Auf diese Weise erzielen Sie eine realistische Wirkung und ermöglichen dem Leser eine größere Annäherung an die Figuren und die Handlung. Zu differenzieren sind bei den personalen Erzählsituationen Ich- und Er-Erzähler.

Der personale Ich-Erzähler
Die intimste und ursprünglichste Form des Erzählens ist die aus der Perspektive eines Ich, die dem mündlichen Erzählen im Alltag entspricht. Mit einer Einleitungsformel wie *Stell dir vor, was mir passiert ist* sichert sich ein Sprecher Aufmerksamkeit und emotionale Anteilnahme seiner Zuhörer in viel stärkerem Maße, als wenn er Dinge schildert, die anderen passiert sind und die er selbst nur über Dritte erfahren hat. Kennzeichnend für diese Perspektive ist die Identität des Erzählers mit einer Handlungsfigur. Im Gegensatz zum auktorialen steht der Ich-Erzähler innerhalb der narrativen Welt und ist am Geschehen

beteiligt. Die Perspektive ist auf natürliche Weise begrenzt, außer die Figur besitzt übersinnliche Fähigkeiten. Der Ich-Erzähler kann Auskunft geben über sein Innenleben und seine Weltwahrnehmung, nicht mehr und nicht weniger.

Das Ich erzählt die eigene Geschichte

Falls Sie wirklich meine Geschichte hören wollen, so möchten Sie wahrscheinlich vor allem wissen, wo ich geboren wurde und wie ich meine verflixte Kindheit verbrachte und was meine Eltern taten, bevor sie mit mir beschäftigt waren, und was es sonst noch an David-Copperfield-Zeug zu erzählen gäbe, aber ich habe keine Lust, das alles zu erzählen.[105]

Wenn es – wie in diesem Beispiel, der autobiografischen Variante – die Hauptfigur ist, die ihre eigene Geschichte erzählt, so entsteht ein Höchstmaß an Nähe. Der Leser hat unmittelbaren und ungefilterten Zugang zu den Gefühlen, Gedanken und Ansichten des Protagonisten. Das macht den speziellen Reiz dieser Perspektive aus, die besonders gut geeignet ist, um eine Identifikation des Lesers mit der Figur zu ermöglichen.

Verstärkt wird der Eindruck von Nähe und Authentizität dadurch, dass die Sprache zugleich die der Figur ist. Nicht nur, was sie sagt, sondern auch, wie sie es sagt, lässt Rückschlüsse auf ihren Charakter zu. Der schnoddrige, kraftmeierisch wirkende Ton, in dem Holden Caulfield, der Protagonist des Beispiels, seine Geschichte erzählt, zeigt ihn als unsicheren Jugendlichen mit ambivalentem Wesen, der seine Position in der Gesellschaft noch nicht gefunden hat. Übrigens war es gerade diese mit Übertreibungen, Jargon und vulgären Ausdrücken durchsetzte Sprache, auf die seinerzeit – in den Fünfziger- und frühen Sechzigerjahren – viele Leser mit großer Empörung reagierten.

Es ist eine besondere Herausforderung für jeden Autor, gewissermaßen in die Hauptfigur zu schlüpfen und mit deren Stimme zu sprechen, also Rollenprosa zu verfassen. Sie müssen Ihren Protagonisten sehr gut kennen, damit es weder künstlich noch konstruiert klingt. Die Gefahr des Misslingens ist besonders groß, wenn man als Erwachsener versucht, die Sprache von Heranwachsenden zu treffen, oder als junger Mensch, den Tonfall eines Achtzig- oder Hundertjährigen nachzuahmen. Sie sollten auf jeden Fall darauf achten, dass Sie nicht versehentlich in Ihre eigene Sprache zurückfallen und autobiografisch schreiben. Das passiert leicht, wenn die Figur zu nah an den eigenen Erfahrungen und Denkweisen bleibt. Besser ist es, das fiktive Ich deutlich von sich abzugrenzen, selbst wenn Sie ihm eigene Erlebnisse, Eigenschaften und Denkweisen unterschieben.[106]

Eine große Stärke der personalen Ich-Perspektive liegt in der Möglichkeit, innere Prozesse authentisch abzubilden. Den literaturhistorischen Beginn der Entwicklung markieren die Tagebuch- und Briefromane des 18. Jahrhunderts, in denen der Schreiber seine Liebesverwirrungen und Lebenszweifel in höchst expressiver und emotionaler Weise artikuliert. Das bekannteste deutsche Beispiel ist Goethes Sturm- und Drang-Roman »Die Leiden des jungen Werther«. Als gut hundert Jahre später die Psychologie in den Fokus der gesellschaftlichen wie wissenschaftlichen Aufmerksamkeit rückte, begann eine Phase des Experimentierens, in der der Ich-Erzähler immer mehr von seinem Innenleben preisgab. Zu den extremsten Beispielen gehören Monologerzählungen wie Arthur Schnitzlers »Leutnant Gustl«, die sich ganz auf das Innere beschränken. Es werden ausschließlich die Gedanken des Ich wiedergegeben.

Wirkung der Ich-Perspektive

Wie lange wird denn das noch dauern? Ich muß auf die Uhr schauen ... schickt sich wahrscheinlich nicht in einem so ernsten Konzert. Aber wer sieht's denn? Wenn's einer sieht, so paßt er gerade so wenig auf, wie ich, und vor dem brauch' ich mich nicht zu genieren ... Erst viertel auf zehn? ... Mir kommt vor, ich sitz' schon drei Stunden in dem Konzert. Ich bin's halt nicht gewohnt ...[107]

BEISPIEL Monologerzählung

Ein ganz wesentlicher Aspekt der Wirkung ergibt sich aus dem zeitlichen Abstand zwischen Erleben und Erzählen. Fallen beide zusammen, wie etwa im Beispiel von Schnitzler, oder

Zeitlicher Abstand von Erleben und Erzählen

steht das Erzählen noch ganz unter dem Eindruck des gerade erst Geschehen wie im Brief- und Tagebuchroman, wirkt die Darstellung sehr unmittelbar, ist oft geprägt von starken Emotionen, intensiven Stimmungen und spontanen Urteilen aus dem Augenblick heraus. Wird dagegen aus großer zeitlicher Distanz erzählt, haben wir es im Grunde mit zwei Ichs zu tun. Das ältere und gereiftere Ich erzählt die Geschichte des jüngeren und naiveren. Es weiß inzwischen um die Folgen des früheren Handelns und wird das Geschehen in einem eher reflektierten, abgeklärten Ton schildern. So nähert sich das Erzählen in einigen Punkten der auktorialen Perspektive an, denn es sind Vorausdeutungen und Bewertungen aus einer die Vergangenheit überblickenden Position möglich. Ein Beispiel dafür sind Thomas Manns fingierte Memoiren des »Felix Krull« oder »Die Blechtrommel« von Günter Grass.

Beschränkung der Wahrnehmung Wer ein Ich realistisch erzählen lässt, muss die Beschränkungen, die sich aus dieser Perspektive ergeben, berücksichtigen und die Gesetze der Wahrscheinlichkeit einhalten. Ein Ich-Erzähler kennt nicht die Gedanken anderer Figuren, sondern muss sie aus deren Reden, Handeln und Aussehen ableiten. Er kann nur erzählen, was er weiß, und dem Leser muss glaubwürdig vermittelt werden, woher die Informationen stammen und wie er an sie gekommen ist. Er kann nicht sehen, was hinter seinem Rücken passiert, und er darf nicht sterben.

Aber natürlich gibt es Autoren, die sich über solche Wirklichkeitspostulate einfach hinwegsetzen und den Radius ins Auktoriale erweitern. Die Ich-Erzählerin in Irene Disches Roman »Großmama packt aus« etwa maßt sich sehr wohl an, ihrem Ehemann in den Kopf sehen zu können, und plaudert nach ihrem eigenen Tod munter weiter. Günter Grass' »Blechtrommler« Oskar Matzerath kann beispielsweise seine Zeugung beschreiben. Und in Markus Zusaks »Bücherdiebin« tritt der Tod selbst als Ich-Erzähler auf.

Der unzuverlässige Erzähler Ein weiteres Kennzeichen der Ich-Perspektive ist die Subjektivität, durch die ebenfalls Nähe erzeugt wird. Wir Leser lernen die Ansichten, Denk- und Verhaltensweisen des Erzählers gewissermaßen aus erster Hand kennen. Grundsätzlich sind wir bereit, zu glauben, was uns erzählt wird – in der Literatur wie im Alltag. Doch manchmal schleichen sich Zweifel ein, werden Widersprüche sichtbar. Stimmt das wirklich? Kann es so gewesen sein? Demjenigen, der seine eigene Geschichte in Romanform schildert, fehlen manchmal der Überblick und die kritische Distanz, er sieht blinde Flecken nicht, betrügt sich möglicherweise selbst oder verfängt sich in Lebenslügen. Vielleicht will er den Leser aber auch absichtlich über sein Wesen oder seine Absichten täuschen. Wie er Dinge und Ereignisse bewertet und kommentiert, entspricht allein seiner Logik und seiner Weltsicht – und die kann durchaus gestört sein, wie Max Frisch mit dem berühmten Anfangssatz *Ich bin nicht Stiller* deutlich macht, mit dem sich ein zwischen zwei Identitäten schwankendes Ich vorstellt. In all diesen Fällen sprechen wir von einem »unzuverlässigen« Erzähler. Damit das Konzept funktioniert, muss der Leser es allerdings erkennen können. Dazu muss der implizite Autor (eine vorgestellte Instanz zwischen Autor und Erzähler) – gewissermaßen am Erzähler vorbei – Spuren legen, Hinweise streuen und Signale setzen. In »Holzfällen« etwa lässt Thomas Bernhard seinen Ich-Erzähler im Ohrensessel bei den Auersbergs sitzen und in der für ihn typischen Art darüber räsonieren, *daß es ein gravierender Fehler gewesen ist, die Einladung der Auersberger anzunehmen.* Dreihundert Seiten lang schimpft der Erzähler, und irgendwann fragt man sich als Leser: Warum ist er hingegangen und warum bleibt er dort sitzen, wenn er die Leute nicht mag? Man ahnt, dass der Erzähler möglicherweise nicht ganz aufrichtig ist. Am Schluss, auf dem Heimweg, folgt dann die Erkenntnis, *daß diese Menschen, die ich immer gehaßt habe und die ich hasse und die ich immer hassen werde, doch die besten Menschen sind.*[108]

Üblicherweise ist ein Ich-Erzähler zugleich der Protagonist. Daneben gibt es die seltenere biografische Variante: Der Erzähler ist zwar Bestandteil der erzählten Welt, jedoch nicht als Haupt-, sondern als Nebenfigur. Aus seiner Sicht erzählt er die Geschichte der Hauptfigur. Das kann allerdings nur funk-

Das Ich erzählt die Geschichte eines anderen

tionieren, wenn er in enger Beziehung zum Protagonisten steht oder stand, zum Beispiel als Freund, Vertrauter oder Schüler.

Mit aller Bestimmtheit will ich versichern, daß es keineswegs aus dem Wunsche geschieht, meine Person in den Vordergrund zu schieben, wenn ich diesen Mitteilungen über das Leben des verewigten Adrian Leverkühn, dieser ersten und gewiß sehr vorläufigen Biographie des teuren, vom Schicksal so furchtbar heimgesuchten, erhobenen und gestürzten Mannes und genialen Musikers, einige Worte über mich selbst und meine Bewandtnisse vorausschicke.[109]

Serenus Zeitblom heißt der Chronist in Thomas Manns Roman »Doktor Faustus«, weitere Beispiele sind Doktor John H. Watson und Arthur Hastings, die als Freunde, Konversationspartner und zeitweilige Mitbewohner die Fälle der Detektive Sherlock Holmes bzw. Hercule Poirot schildern. Diese Konstellation nahm sich wiederum Umberto Eco für seinen Roman »Der Name der Rose« zum Vorbild. Kurz vor seinem Tod schreibt der Mönch Adson von Melk auf, was er viele Jahrzehnte zuvor als Schüler und Gehilfe des Inquisitors, Zeichendeuters und Spurensuchers William von Baskerville erlebte.

Wirkung der biografischen Variante

Was lässt sich mit diesem Kunstgriff erreichen? Von der Funktion her Ähnliches wie mit einem auktorialen Erzähler, denn zwischen Hauptfigur und Leser tritt mit dem Erzähler-Ich ebenfalls eine vermittelnde Instanz, die durch Wertungen und Kommentare die Wahrnehmung des Lesers lenkt. Aus der freundschaftlichen Verbundenheit ergibt sich allerdings, dass die Sicht des Erzählers auf den Helden in der Regel von Wohlwollen und Sympathie geprägt ist. Das ist oft auch dringend nötig, denn bei Protagonisten wie Leverkühn, Holmes oder Poirot handelt es sich um schwierige Charaktere – exzentrisch, hochmütig, verschroben. Stellten sie sich selbst vor, würden ihnen die Leser wohl kaum viel Zuneigung entgegenbringen. Der erzählende, pragmatischer denkende Freund wirkt als Korrektiv. Er kann zum Beispiel kleine Schwächen erwähnen und so das Image verbessern helfen: *Mein kleiner Freund war eine eigentümliche Mischung aus flämischer Sparsamkeit und künstlerischer*

Begeisterungsfähigkeit.[110] Erzählt wird meist aus einer generellen Haltung der Bewunderung für den anderen heraus. Auch wenn der Erzähler in Status und Bildungsgrad ebenbürtig ist, nimmt er sich zurück und lässt Klugheit, Scharfsinn oder Genie des Freundes umso heller strahlen. Die erzählende Nebenfigur in ihrer Normalität erscheint als Stellvertreter des Lesers und erdet gewissermaßen den geistig abgehobenen Freund. Thomas Mann hat mit dem Doktor der Philosophie Serenus Zeitblom in sehr raffinierter und durchdachter Weise einen Vernunftmenschen und Inbegriff des deutschen Intellektuellen und damit ein rationales Gegenbild zu dem stolzen, hypersensiblen Künstler Adrian Leverkühn geschaffen. Außerdem konnte er so ein abgeschlossenes Leben aus der zeitlichen Distanz schildern – Zeitblom beginnt mit seinen Aufzeichnungen 1943, zwei Jahre nach dem Tod Leverkühns. Dessen Pakt mit dem Teufel wird durch diese Verschiebung der Zeitachse mit den Katastrophen des Nationalsozialismus und des Weltkriegs synchronisiert. Die Folge: Auch wenn Zeitblom seine Vernunft gegen Dämonie und Teufelspakt setzt, er entgeht dem Bösen ebenso wenig wie der Freund, nur eben im wirklichen Leben und nicht in der Kunst.

Zusammenfassend lässt sich sagen: Die Ich-Perspektive in ihren verschiedenen Spielarten erweist sich als bestens geeignet für psychologische Romane, bei denen Empfinden, Reflexionen, innere Krisen und Konflikte im Mittelpunkt stehen. Ein Ich-Erzähler, der seine eigene Geschichte aus keiner oder geringer Distanz zum Geschehen schildert, bietet dem Leser das höchste Maß an Nähe und Identifikation. Damit einher gehen Subjektivität und möglicherweise auch Unzuverlässigkeit, wenn das Ich den Leser täuscht. Bei größerer Distanz zwischen Erleben und Erzählen oder wenn eine Nebenfigur die Geschichte der Hauptfigur erzählt, ändert sich der Effekt. Das Geschehen lässt sich leichter überblicken, die emotionale Distanz nimmt zu und es können Bewertungs- und Kommentaroptionen eingesetzt werden, die sich denen des auktorialen Erzählers annähern.

Personale Er-Perspektive
Die personale Erzählsituation in Er- bzw. Sie-Form lässt sich unproblematischer anwenden als die personale Ich-Perspektive, denn die äußere, nicht mit der Figur identische Erzählerstimme bleibt führend. Dieser Erzähler steht außerhalb des Geschehens, hält sich im Hintergrund und tritt ganz in den Dienst der Perspektiv- oder Reflektorfigur, deren Weltsicht, Denkweisen und Gefühle er schildert. Vielleicht erwähnt er außerdem ein paar notwendige Fakten und beschreibt den Schauplatz, aber er verzichtet auf eigene Wertungen.

In einem überfüllten Aufzug schauen alle Leute aneinander vorbei. Auch Hans Beumann spürte sofort, daß man fremden Menschen nicht ins Gesicht starren kann, wenn man ihnen so dicht gegenübersteht. Er bemerkte, daß jedes Augenpaar sich eine Stelle gesucht hatte, auf der es verweilen konnte: auf der Zahl, die angibt, wieviel Personen der Aufzug tragen kann; auf einem Satz der Betriebsordnung [...] oder auf einem Ohr [...]. Beumann dachte an die Fische in den Hotelaquarien, deren reglose Augen gegen die Scheiben stehen oder auf der Flosse eines Schicksalsgefährten, der sich offensichtlich nie wieder bewegen wird.[111]

Schon dieser kurze Ausschnitt macht die Wirkung deutlich. Wir stehen mit diesem Hans Beumann im Fahrstuhl, sehen, was er sieht, denken, was er denkt. Es ist charakteristisch für diese Perspektive, dass der Leser mit der Figur durch die Geschichte oder durch das Kapitel geht, deren Handeln und Beweggründe nachvollziehen kann. Trotzdem kommt man dem Er nie so nah wie einem Ich, das mit eigener Stimme spricht.

Eine solche Form des Erzählens kennen wir im Alltag nicht, deshalb haftet ihr etwas Konstruiertes an. Das ist der Preis, der für die Ausgeglichenheit zu entrichten ist. Der Er-Erzähler steht zwischen den Extremen, zwischen Nähe und Distanz, zwischen Innen- und Außensicht, zwischen dem subjektiven, manchmal nicht ganz zuverlässigen Ich-Erzähler und dem geschwätzigen, alles kommentierenden auktorialen Erzähler. Außerdem gelingen mit dieser Perspektive geschmeidige Übergänge vom Erzählerbericht zur Figurensicht, wie im Beispiel oben am Übergang vom ersten zum zweiten Satz erkennbar wird.

Die Sicht der Figur

Beim Schreiben fällt es bei einem Er – im Unterschied zum Ich – oft schwer, die Perspektive konsequent durchzuhalten. *Karl rannte weg. Anna sah ihm traurig hinterher.* Diese Abfolge ist korrekt, wenn Anna die Perspektivfigur ist. Wenn die Leser jedoch Karl folgen sollen, dann laufen sie gedanklich mit ihm fort, werden mit dem nächsten Satz aber wieder gestoppt, weil sie sich Anna zuwenden müssen, und verlieren dabei den Handlungsfaden. Sie wollen unbedingt erwähnen, dass Anna traurig ist? Dann müssen Sie sich etwas einfallen lassen. Vielleicht: *Karl rannte weg. Hinter sich hörte er lautes Schluchzen. Er blieb stehen und drehte sich um. Anna sah ihn traurig an, Tränen rannen ihr die Wangen hinab.*

Sie machen es automatisch richtig, wenn Sie sich beim Schreiben in den Kopf der Perspektivfigur versetzen und von dort aus dem Film folgen, der vor ihrem inneren Auge vorbeizieht. Dann unterlaufen Ihnen sicher auch nicht Formulierungen folgender Art: *»Hau bloß ab, du Idiot«, rief Anna Karl hinterher. Aber das konnte der nicht mehr hören.* Ganz klar: Wenn ich der Wahrnehmung einer Figur folge, lässt sich das Nichtwahrgenommene nicht ausdrücken. Das gilt auch für Beobachtungen. Sie können nicht ein Ereignis oder eine Sache erst ausführlich schildern und anschließend lapidar hinzusetzen: *Anna sah das alles nicht.* Jedenfalls nicht, wenn Sie konsequent bei der personalen Perspektive bleiben wollen. Auch die Reihenfolge ist zu beachten. *Es klingelte. Anna schreckte aus dem Schlaf hoch.* Nein, so kann es von der Figur nicht wahrgenommen worden sein. Vielleicht so: *Anna schreckte aus dem Schlaf hoch. Warum war sie aufgewacht? Hatte es geklingelt?*

Was die Figur an anderen beobachtet und welche Schlüsse sie daraus zieht, ist so spekulativ wie wir selbst es aus dem Alltag kennen. Beim personalen Erzählen muss die Perspektivfigur Befindlichkeiten oder Absichten anderer aus äußeren Zeichen und Signalen ableiten. *Karl wirkte müde* (nicht: *war müde*). *Anna hatte es offenbar eilig* oder *Anna blickte auf die Uhr und sprang auf.* Kehren wir nochmal zu Hans Beumann zurück, der die Umstehenden betrachtet: *Die mit ihm fuhren, mochten Abonnenten und Annoncenvermittler sein, Journalisten, Photographen und Beschwerdesüchtige.*[112] Wie Beumann darauf kommt? Nun, er weiß, dass in dem Hochhaus verschiedene Zeitungsredaktionen ihren Sitz haben. Durch das *mochten* wird deutlich, dass es sich um eine Vermutung handelt und dieser Satz zu einer personalen Erzählperspektive gehört. Nur aus auktorialer Sicht könnte es stattdessen heißen: *Die mit ihm fuhren, waren Abonnenten ...*

Mit etwas Übung lässt sich die personale Er- bzw. Sie-Perspektive flexibel und universell nutzen. Sie werden zahllose Beispiele dafür finden, denn sie dominiert im modernen Unterhaltungsroman, nicht zuletzt, weil sie relativ unkompliziert ist. Im Wechsel von Dialog, Gedanken- und Gefühlsprotokoll und Erzählerbericht lässt sich lebendig erzählen und ein spannungsvolles Verhältnis von Nähe und Distanz aufbauen. Empfohlen sei diese Form insbesondere wenig erfahrenen Autoren und Autorinnen, die so Sicherheit im perspektivischen Schreiben gewinnen können.

Neutrale Erzählsituation
Noch größere Zurückhaltung erlegt sich ein Erzähler auf, der aus einer neutralen Perspektive schreibt. In einigen literaturwissenschaftlichen Modellen wird sie nicht als eigenständige Form ausgewiesen, sondern gilt als radikale Variante des personalen Er-Erzählers.[113] Dabei handelt es sich nicht etwa um erzählerloses Erzählen. Die Wahrnehmung des unsichtbaren Beobachters ist mit der Aufnahmetechnik einer Filmkamera (deshalb auch der Begriff *Camera Eye*) vergleichbar. Im Unterschied zur personalen Perspektive verzichtet er gänzlich auf die Innensicht und beschränkt sich auf das, was in der äußeren Welt zu sehen, zu hören, zu riechen und zu tasten ist. Er kann im Wechsel auf verschiedene Figuren blicken oder nur auf eine, kann von einem Punkt aus in bestimmte Richtungen oder rundum schauen oder sich mit einer Figur bewegen. Übli-

cherweise wird die Sie- bzw. Er-Form gewählt; prinzipiell möglich ist aber auch ein Ich-Erzähler, der nichts von sich preisgibt und ausschließlich im Beobachterstatus verharrt.

DeLoo überquerte die Straße [...] und drückte die Tür der Imbißstube auf. [...] Hinter der halbhohen Trennwand, den Töpfen voller Kies und Seidenblumen, leise Stimmen, ein Gemurmel mit schweren Zungen. Doch vorn, an den Stehtischen oder Spielautomaten, niemand mehr. Das Buffet war fast ausgeräumt; nur zwei Teller mit einem Klecks Nudelsalat und einem hautlosen Hühnerbein standen hinter der Scheibe. Neben dem Döner-Spieß dampfte Kaffee in einer bauchigen Kanne, und ein paar türkische Blätterteigröllchen schienen Honig zu schwitzen.
Hannelore warf das Sieb der Fritteuse ins Abwaschbecken und drehte sich um. [...] Er zeigte auf den Kaffee. Sie blickte zur Wanduhr, langte ins Regal und pustete etwas aus dem Becher mit dem friesischen Muster, ehe sie ihn vollgoß. Randvoll. Mit dem Geschirrtuch wischte sie Tropfen von der Unterseite und stellte ihn auf das Geldstück, das DeLoo ihr hingelegt hatte.[114]

Zugegeben, ich habe bei diesem Beispiel getrickst und einige wenige personale Momente ausgespart, wie zum Beispiel: *Jähe Hitze, Zigarettenqualm und der Gestank des Ölofens nahmen ihm momentlang den Atem.* Aber Ralf Rothmann ist ein Autor mit ausgeprägter Tendenz zu neutraler Darstellung. Möglich wird so ein direkter, objektiver Blick aufs Geschehen, auf die Schauplätze und das Handeln der Figuren. Da der Erzähler den Leser nicht leitet, ist der ganz auf sich gestellt. Aus dem Verhalten, aus Mimik, Gestik und Sprache der Figuren muss er auf psychische Zustände, Befindlichkeiten und Emotionen schließen und sich selbst ein Urteil bilden. Der Leser befindet sich in derselben Lage wie der Betrachter eines Films oder Theaterstücks. Abgesehen von sehr seltenen Beispielen, bei denen im *Voice-over*-Verfahren die Gedanken einer Figur mit einer über die Szene gelegten Stimme gesprochen werden, muss der Schauspieler deren inneres Erleben äußerlich sichtbar machen. Je besser ihm das gelingt, desto höher werden seine künstlerischen Fähigkeiten eingeschätzt. Übertragen auf Sie als Autor bedeutet das: Wenn Sie aus einer neutralen Perspektive schreiben wollen, müssen sie die Kunst beherrschen, dem Leser Details der äußeren Realität so zu präsentieren, dass sie Rückschlüsse auf das Innere der Figuren ermöglichen.

Sehen wir uns den Ausschnitt aus Rothmanns Roman »Hitze« unter diesem Aspekt noch einmal genauer an: Hannelore wirft das Sieb ins Abwaschbecken, sie blickt erst auf die Uhr, bevor sie den Kaffee eingießt – es ist anzunehmen: Sie will Feierabend haben. Doch dann pustet sie etwas aus dem Becher – warum ist Rothmann diese Einzelheit eine Erwähnung wert? Damit wird zum einen der bereits durch die Beschreibung erweckte Eindruck einer leicht schmuddeligen Atmosphäre verstärkt, aber auch die Haltung der Frau zu DeLoo deutlich. Obwohl sie den Imbiss schließen will, nimmt sie sich Zeit, den Becher zu kontrollieren, sie gießt ihn randvoll und entfernt noch Tropfen – mit solcher Sorgfalt würde sie wohl nicht handeln, wenn ihr DeLoo unsympathisch wäre. Vermutlich ist er ein Stammgast, sonst hätte Hannelore den Becher wahrscheinlich vom Regal gerissen, halb vollgegossen und auf die Theke geknallt – wenn sie den späten Gast überhaupt noch bedient hätte.

Wann passt die neutrale Perspektive? Die neutrale Perspektive ist die modernste, weil sie unserer durch die audiovisuellen Medien geprägten Art der Wahrnehmung entspricht. Stehen auf der einen Seite des neutralen Erzählens Aspekte wie Objektivität, Anschaulichkeit, Unmittelbarkeit und Modernität, so auf der anderen der Verzicht auf das Alleinstellungsmerkmal des Erzähltextes im Vergleich mit anderen Medienformen: Nur in der fiktionalen Literatur können Charaktere von allen Seiten und bis in die Tiefe hinein ausgeleuchtet werden, sind innere Monologe, Gedankenläufe und Bewusstseinsströme darstellbar. Für eine durchgängig neutrale Perspektive ist mir – zumindest im Roman – kein Beispiel bekannt. Häufig jedoch bildet sie einen Schwerpunkt, wird absatz- oder kapitelweise eingesetzt. Sie passt zu aktions- und dialoglastigen szenischen Darstellungen und zu coolen, unnahbaren Typen – wie Simon DeLoo aus dem Beispiel oben oder auch Sam Spade aus Dashiell Hammetts Hard-boiled-Krimi »Der Malteser Falke«. Als Kameramann bzw. Privatdetektiv haben bemerkenswerterweise beide einen Beruf, in dem objektive Beobachtung eine wichtige Rolle spielt. Ein extremes Beispiel ist auch Albert Camus' Roman »Der Fremde«. Meursault, ein kleiner Angestellter in Algier, erzählt zwar die eigene Geschichte, aber gänzlich ohne Reflexionen und innere Beteiligung. Er wirkt in seinem Handeln mechanisch, gefühllos und ohne Tiefendimension. Sein Fremdsein in der Gesellschaft und die fehlende Fähigkeit zur Empathie finden so in der Perspektive ihren angemessenen Ausdruck. Oft ist neutrales Erzählen auch notwendig, um Geheimnisse nicht vorzeitig aufzudecken. So verzichtet man besser darauf, Empfinden und Reflektieren eines Mörders zu zeigen, um ihn nicht zu früh als Täter zu entlarven. Reizvoll ist die neutrale Perspektive für Kurzgeschichten, weil sie dem Leser ermöglicht, sich ein eigenes Urteil zu bilden.

Perspektiven auswählen und variieren

Dass die Erzählsituationen zunächst getrennt voneinander vorgestellt wurden, bedeutet nicht, dass sie im Erzähltext nur einzeln eingesetzt werden sollten. Es liegt ganz in Ihrem Ermessen, die Muster zu variieren und zu mischen, Regeln zu brechen, Neues zu schaffen. Nur zwei Bedingungen sollten Sie einhalten. Sie sollten sich klar darüber sein, warum Sie gerade diese Perspektive, diese Abweichung oder diesen Mix gewählt haben. Das Verfahren sollte zur Gattung, zum Thema oder zur Aussage des Textes passen. Und dem Leser sollte es außerdem möglich sein, dessen Funktion für den Text zu erkennen.

Welches ist die Perspektivfigur?
Diese Frage ist von Bedeutung, wenn Sie einen personalen Erzähler installieren wollen. Von ein und demselben Geschehen wird jeder Beteiligte eine eigene Version erzählen. Das kennt man etwa von Zeugenaussagen. Karls Sichtweise unterscheidet sich von Annas, und Maria, die davon nur über Dritte erfährt, hat wieder eine andere Meinung. Es empfiehlt sich, die Perspektivfigur zu bestimmen, bevor Sie zu schreiben begin-

nen. Es sollte nicht der langweilige Typ sein, der das Nachdenken scheut, lust- und ziellos in den Tag hinein lebt. Fragen Sie sich: Welche von den infrage kommenden Gestalten hat den größten Konflikt? Welche ist am aktivsten? Diese ist am besten als Haupt- und damit Perspektivfigur geeignet. Mit ihr durch die Geschichte zu gehen, bringt dem Leser den größten Gewinn, ihre Gedanken, Empfindungen und Handlungsweisen interessieren und erzeugen Spannung. Wichtig ist, dass die Leitfigur im konkreten Text auch tatsächlich zu identifizieren ist.

Karl sah den Bahnsteig entlang. Der ICE war zum Stillstand gekommen, die Türen glitten auf. Ein Fahrgast nach dem anderen stieg aus. Dann erschien Anna in der Türöffnung mit einer Reisetasche in der Hand und blickte sich um. Karl freute sich, sie zu sehen, und winkte ihr zu. Im gleichen Moment bemerkte Anna ihn, ihr Herz machte einen Sprung. Sie winkte auch und lief ihm entgegen. Er nahm sie in die Arme, und in diesem Moment wusste sie, dass sie ihn nie wieder verlassen würde.

Hier ist der Leser zunächst bei Karl, doch in der Mitte dreht sich die Perspektive zu Anna. Das schafft Verwirrung und Unruhe. Es erleichtert den Einstieg in die Erzählhandlung, wenn die Perspektivfigur möglichst früh eingeführt und konsequent bei ihr geblieben wird.

Perspektivfiguren für junge Zielgruppen Wenn Sie für Kinder schreiben, sollten Sie der Sichtweise eines jungen Protagonisten (Ich- oder Er-Perspektive) folgen, denn nur so ist die von Heranwachsenden bevorzugte identifikatorische Lektüre möglich. Obwohl in der Pädagogik immer wieder betont wird, wie individuell unterschiedlich die intellektuelle Entwicklung verläuft, sind bis heute Altersempfehlungen üblich und von Verlagen, Buchhändlern und Bibliothekaren erwünscht: ab acht, zehn oder zwölf Jahren etwa. Am besten, Sie bestimmen zunächst das Alter Ihrer Zielgruppe und erfinden dann eine Hauptfigur, die etwa zwei bis drei Jahre älter ist. Warum das so sein sollte? Ganz klar, nur Ältere sind Vorbilder, denen man nacheifert. Eine Zehnjährige liest gern etwas über eine Dreizehnjährige, aber ganz sicher nichts über eine Sechsjährige. Natürlich funktioniert es auch umgekehrt, dass Sie erst das Alter Ihrer Hauptfigur und danach das Lesealter festlegen. Vermeiden sollten Sie allerdings, aus der Perspektive von Erwachsenen zu schreiben, die in der modernen Kinderliteratur allenfalls den Status von Nebenfiguren haben. Mit ihren Erfahrungen, ihrem Wissen und ihrer rationalen, »erwachsenen« Kompetenz bei der Behandlung von Schwierigkeiten sind sie dermaßen überlegen, dass Kindern kaum eine Chance bleibt, eigene Lösungen zu finden. Wenn Erwachsene tragende Rollen übernehmen, dann handelt es sich in der Regel um skurrile, unkonventionelle Außenseiter wie zum Beispiel Herrn Taschenbier, den Ziehvater des Sams, oder Onkel Ringelhuth in Kästners »Der 35. Mai«, die sich viel kindliche Naivität bewahrt haben.

Ich als Beobachter

Vom Ausnahmefall eines Ich-Erzählers als Nebenfigur war bereits die Rede gewesen. Wenn Sie diesem Muster folgen, sollte seine Funktion klar erkennbar sein. Wir hatten ihn vor allem als Freund und Vertrauten des Protagonisten kennengelernt, der diesen idealisiert und darüber hinaus als Medium, Ratgeber und die Handlung vorantreibender Gesprächspartner am Geschehen beteiligt ist. Wenig zu überzeugen vermag dagegen ein Ich, das völlig in der Position eines Beobachters verharrt und von dort aus seine Wahrnehmungen bewertet und kommentiert. Damit gerät der Erzähler in eine auktoriale Rolle. Da er selbst konturlos bleibt, folglich keine Empathie erzeugen und keine Angriffsfläche bieten kann, wirkt er leicht selbstgerecht und überheblich. Es ist ähnlich wie mit Klatsch, Tratsch und Diffamierung: Als Erzähler ohne (positive oder negative) Eigenschaften kann er sich als moralische Instanz geben, die über das Verhalten anderer urteilt, ohne Gefahr zu laufen, selbst in den Fokus der Bewertung zu geraten.

Erzählen aus einer Perspektive
Am einfachsten ist es, wenn Sie eine Perspektive für den gesamten Text bestimmen: eine auktoriale, personale oder neutrale. Das empfiehlt sich insbesondere für Kurzgeschichten. So bleibt die Einheit von Ort, Zeit und Handlung erhalten, die

zu runden, in sich stimmigen Geschichten führt. Eine einzige Perspektive genügt oft auch bei Erzählungen sowie Romanen mittlerer Länge (bis zu etwa 300 oder 400 Seiten). In umfangreicheren Werken wird meist mit mehreren Handlungssträngen und somit auch mit mehreren Perspektiven gearbeitet. Doch zwingend ist das nicht. »Der Distelfink« von Donna Tartt folgt über mehr als tausend Seiten einer einzigen Figur, ohne dass der Roman auch nur für einen Moment an Spannung verliert.

Eine einzige Perspektive, das bedeutet im Fall eines Er- oder Ich-Erzählers für den Leser: Er begleitet eine Figur durch die Geschichte, kann eine enge Beziehung zu ihr aufbauen, sie inklusive ihrer Gedanken und Meinungen kennenlernen, mit ihr empfinden. Es bedeutet aber auch einen begrenzten Darstellungsradius und eingeschränkte Möglichkeiten, die Sichtweise der Figur auf ihren Wahrheitsgehalt hin zu überprüfen.

BEISPIEL
Eine oder zwei Perspektiven?

Plötzlich wachte sie auf. Es war halb drei. Sie überlegte, warum sie aufgewacht war. Ach so! In der Küche hatte jemand gegen einen Stuhl gestoßen.[115] Einen klassischen Auftakt für personales Erzählen hat Wolfgang Borchert in seiner bekannten, viel interpretierten Kurzgeschichte »Das Brot« gewählt. Wir sind bei der Frau und ihren Überlegungen, wer da wohl in der Küche sein mag. Und wir bleiben bei ihr: Sie tastet nach dem Bett neben sich, findet es leer, steht auf und trifft in der Küche auf den Ehemann. Die Entscheidung für diese Perspektive lässt sich auch inhaltlich begründen, denn es geht darum, dass die Frau den aus der Not des Hungers verursachten Betrug ihres Mannes (er isst heimlich von ihrer Brotration) nur aus Beobachtungen ableitet und zu einer Lösung kommt, ohne dass darüber gesprochen wird. Kennte man auch die Gedanken des Mannes, würde das ganze Geschehen mit seinen emotionalen Motiven zumindest für den Leser überdeutlich ausgesprochen. Trotzdem findet sich mitten in der Geschichte ganz unvermutet ein Perspektivwechsel: *Sie sieht doch schon alt aus, dachte er.*[116] Dasselbe war der Frau gerade auch an ihrem Mann aufgefallen. Es ist nicht zu entscheiden, ob Borchert absichtlich oder versehentlich die Einheit der Perspektive gebrochen hat. Vielleicht wollte er die Übereinstimmung im Denken des alten Ehepaars zeigen, um den Vertrauensbruch noch schärfer hervortreten zu lassen. Der Effekt ist in jedem Fall eine Irritation des Lesers, der für einen Moment aus seinem inneren Film gerissen wird. Wenn Sie das vermeiden möchten, sollten sie auf willkürlich wirkende Perspektivwechsel verzichten.

Erzählen aus mehreren Perspektiven
In umfangreichen Texten, vor allem in vielschichtigen Romanen mit zahlreichen Handlungssträngen, werden oft mehrere Perspektiven verwendet. Das ermöglicht größere Abwechslung, Komplexität und Freiheit in der Komposition sowie ein breites Panorama an Themen, Stimmen und Ansichten, kurz gesagt: an Welthaltigkeit. Im Gegenzug bleibt das Verhältnis zum Protagonisten, der nun nur noch einer unter vielen ist, distanzierter, er verliert seinen exklusiven Status. Prinzipiell lassen sich alle Perspektiven mischen.

In der Gegenwartsliteratur werden häufig zwei oder mehr personale Er- bzw. Sie-Perspektiven parallel geführt oder auch Er- und Ich-Perspektive kombiniert. Dadurch ergibt sich eine psychologisch differenzierte Sicht auf die Figuren, die ergänzende, kontrastierende oder relativierende Funktion haben kann. So lässt sich auch einem unzuverlässigen Erzähler eine Figur an die Seite stellen, die als Korrektiv zu dessen Wahrnehmung oder Ansichten dient. Spannend wird es vor allem, wenn Figuren unterschiedliche Ziele verfolgen. Wenn etwa in einem zweiten Handlungsstrang die Intrigen des Antagonisten oder die Taten des Mörders geschildert werden und der Leser deshalb mehr weiß als der Protagonist. Er liest weiter, weil er wissen will, wann der Held endlich merkt, was der Gegner plant, und wie er mit der neuen Herausforderung fertig wird. Weiter steigern lässt sich die Spannung durch Cliffhanger, zu denen ebenfalls mindestens zwei Handlungsstränge nötig sind. Sie sollten immer dann wechseln, wenn die jeweilige Perspektivfigur sich in ausweisloser Lage befindet, wenn sie kurz vor einer Entscheidung steht oder der Kampf seinem Höhepunkt zustrebt.

Parallele Perspektiven

Welche Sichtweise für welches Kapitel? Wenn Sie mehrperspektivisch schreiben wollen, sollten Sie sich darüber Gedanken machen, zu welchem Kapitel oder welcher Szene welche Sichtweise am besten passt. Nehmen wir zum Beispiel an, im ersten Kapitel folgt der Erzähler Anna, im zweiten Karl. Dann sollte auch Karl eine zentrale Figur sein, deren Erleben mit dem von Anna verknüpft ist, selbst wenn das im Text erst später deutlich wird. Stellt sich jedoch heraus, dass Karl völlig bedeutungslos ist und zudem nur in diesem einen Kapitel auftritt, fühlt sich der Leser getäuscht. Frustriert ist er auch, wenn Sie der Hauptfigur den Showdown vermasseln. So fühlte ich mich nach der Lektüre eines Romanmanuskripts über einen verschwundenen Ehemann. Die Frau setzt alles dran, dass er gefunden wird. Das geschieht nach langer Zeit tatsächlich, allerdings in einem weit entfernten Land. Dem Leser wird die Befreiung des Mannes aus der Sicht der daran beteiligten Polizisten erzählt, die zuvor und danach keine Rolle spielen. Sie sollten alles daran setzen, damit der Leser »den finalen Kampf« zwischen Protagonist und Antagonist direkt miterlebt. Denken Sie nur daran, welche zuweilen absonderlichen Zufälle etwa im Fernsehkrimi bemüht werden, damit der Kommissar bei der Festnahme des Täters allein ist. Um glaubwürdig erscheinen zu lassen, was in der Realität der Polizeiarbeit absolut undenkbar ist, werden Funklöcher, leere Handyakkus, Verkehrsstaus, Autopannen und andere Unwägbarkeiten bemüht.

Für jede Perspektive ein eigenes Ziel Unabdingbar ist, für jede Perspektivfigur einen eigenen Handlungsstrang, ein eigenes Ziel und einen eigenen Konflikt zu bestimmen. Tun Sie das nicht, hängt der Spannungsbogen durch. Es ist nicht unbedingt notwendig, dass die verschiedenen Perspektiven jeweils die gleichen Erzählanteile und den gleichen Grad an Dramatik aufweisen. In den Nebensträngen können weniger gewichtige Probleme thematisiert werden. Dominiert eine Perspektive, lassen sich weitere mehr oder weniger regelmäßig dazwischenschalten oder als Rahmen am Beginn und am Ende einfügen. Wichtig ist, dass ein Kompositionsmuster erkennbar wird und nicht der Eindruck von Willkür und Beliebigkeit entsteht, wie es etwa der Fall ist, wenn eine Perspektive nur einziges Mal verwendet wird. Ein einfaches Verfahren ist ein kapitelweiser Wechsel. So machen es etwa Elke Heidenreich und Bernd Schroeder in »Alte Liebe«: Lore und Harry, seit fast vierzig Jahren verheiratet, erzählen abwechselnd aus der Ich-Perspektive. Jedes Kapitel ist mit dem Figurennamen überschrieben. Das ist klar und übersichtlich, doch die Regelmäßigkeit wirkt auf Dauer monoton.

Eine Meisterin der Mehrperspektivität ist Elizabeth George, deren Kriminalromane extreme Vielstimmigkeit auszeichnet. Wenn Sie Ihren Blick für die Anwendung von Perspektiven schulen möchten, sollten Sie eines ihrer Bücher unter diesem Aspekt lesen und analysieren. »Im Angesicht des Feindes« etwa besteht aus mehr als zehn Haupt- und Nebensträngen, erzählt wird aus Er- bzw. Sie-Sicht des Opfers, der Ermittler, ihrer Angehörigen und des Täters. Während es bei einigen Figuren um Leben und Tod geht, haben andere weniger existenzielle, für sie persönlich aber ebenfalls bedeutsame Probleme zu lösen. Alle kreisen um Fragen des Mutterwerdens und Mutterseins, die das Hauptthema des Romans sind. Es geht zum Beispiel um die Vereinbarkeit von Beruf und Familie, um traumatische Kindheitserlebnisse, ungewollte, verschwiegene oder sich nicht einstellende Schwangerschaften.

BEISPIEL Mehrperspektivität

Eine besondere Funktion hat die Tätersicht als Zweitperspektive im klassischen Ermittlerkrimi. Traditionell steht der Detektiv als Er oder Ich im Mittelpunkt. Der Täter als eigentlicher Gegenspieler tritt erst zum Schluss deutlicher in Erscheinung, denn zunächst kann er als einer von mehreren Verdächtigen nur in Außensicht gezeigt werden. Wie der Täter tickt, wo die Motive für seine Tat liegen, welche Vorgeschichte ihn dazu gebracht hat, erfährt der Leser nur indirekt durch die Schlussfolgerungen, die der Ermittler aus den zusammengetragenen Indizien und Beweisstücken zieht. Um die Psyche des Täters zu ergründen, ohne ihn zu früh zu entlarven, können Kapitel aus seiner Perspektive einfügt werden. Wichtig ist dabei, dass die Identität dieser Figur, ihr Name, möglicherweise auch

Perspektiven im Krimi

ihr Geschlecht, ihr Alter oder andere verräterische Details im Dunklen bleiben.

BEISPIEL
Verschränkte Perspektiven

Ganz besonders raffiniert hat Dieter Wellershoff in seinem Roman »Der Liebeswunsch« die Perspektiven der vier Hauptfiguren – zwei Frauen und zwei Männer – miteinander verschränkt, die durch wechselnde Liebes- und Freundschaftsbeziehungen miteinander verbunden sind. Es gibt Kapitel, in denen Paul, Marlene und Anja selbst erzählen, und andere, in denen ein Er- oder Sie-Erzähler ihnen oder auch dem vierten Protagonisten, Leonhard, folgt. Außerdem gibt es Passsagen, in denen ein überschauender, aber neutral-objektiv bleibender Erzähler auftritt. Bemerkenswerterweise kommt Leonhard als Einziger nicht mit eigener Stimme zu Wort (außer im Dialog). Damit unterstreicht Wellershoff die Rolle des Juristen als rationalem, sehr sachorientiert handelndem Gegenpart zu den drei anderen, emotional unsteten, von einer Gefühlskrise in die andere schlitternden Figuren. Manche Geschehnisse werden aus verschiedenen Blickwinkeln beleuchtet. So heißt es zum Beispiel aus Anjas Perspektive: *Am Abend vor meinem dreiunddreißigsten Geburtstag kamen Paul und Marlene zu Besuch.*[117] Im nächsten Kapitel dann schildert ein Er-Erzähler dieses Ereignis aus Leonhards Sicht in der Rückblende: *Heute war Anjas Geburtstag. Und gestern waren Marlene und Paul zum Roméabend gekommen, um mit ihnen in den Geburtstag hinüberzufeiern. Er war dankbar gewesen, daß sie zugesagt hatten.*[118]

Da in »Der Liebeswunsch« zu Beginn der Kapitel die Perspektivfigur nicht immer ausdrücklich genannt wird, ist es zuweilen mühevoll, sie zu identifizieren. Doch diese Erzählweise korrespondiert überzeugend mit dem Inhalt. Die perspektivischen Überblendungen und Verknüpfungen machen die Labilität und Störanfälligkeit von Beziehungen deutlich, denn Wellershoffs Roman handelt ähnlich wie Goethes »Wahlverwandtschaften« von den Anziehungs- und Abstoßungskräften zwischen Paaren. Das Handeln einer Figur wirkt sich immer auch auf die anderen aus, jeder ist zugleich Täter und Opfer, verletzt andere und wird selbst verletzt. Die Vielfalt der Perspektiven lässt dieses Geflecht aus Liebe, Vertrauen, Verrat und Verzweiflung für den Leser unmittelbar anschaulich und emotional nachvollziehbar werden.

In den bisher vorgestellten Beispielen folgt der Erzähler einer Figur jeweils über eine gewisse Strecke, für die Länge einer Szene oder eines Kapitels. Der Leser hat so die Möglichkeit, sich in deren Gedankenwelt hineinzuversetzen, Verständnis und Empathie zu entwickeln. Doch ganz allgemein geht der Trend in allen Medien hin zu kürzeren Einheiten und – daraus resultierend – mehr Tempo. Presseartikel etwa werden immer knapper, Filmsequenzen immer kürzer und abrupter geschnitten. Und auch Romane legen an Geschwindigkeit zu, das gemächliche Erzählen eines Fontane oder Stifter findet nur noch wenige Anhänger. Wenn Sie also einen temporeichen, aktionsbetonten Erzähltext schreiben wollen, kann es durchaus sinnvoll sein, in kürzeren Intervallen die Perspektive zu wechseln, zum Beispiel von Absatz zu Absatz oder – im Extremfall – von Satz zu Satz. Auch hier gilt wieder: Ein zu gleichmäßiger Rhythmus erzeugt Langeweile.

BEISPIEL Doppelperspektive

Mann, ist die mies drauf, dachte Weller. Das kann ja eine interessante Zugfahrt werden.
Er versuchte, abzulenken: »Meinst du, die Zeit reicht noch, dass ich uns einen Kaffee hole?«
Er konnte ständig Kaffee trinken und brauchte am Tag mehrere Espressi. Sie konnte sich nicht vorstellen, dass ihm der Kaffee in so einem Schnellrestaurant schmecken würde. Sie selbst wäre nicht auf die Idee gekommen, bei Burger King oder McDonald's einen Kaffee zu bestellen.
Sie zuckte mit den Schultern. Er lief ins Restaurant und stellte sich zu den Schülern in eine Schlange.[119]

Das Prinzip, das Bestsellerautor Klaus-Peter Wolf hier verwendet, ist schnell erkannt: Zwei Perspektiven alternieren. Sein Erzähler folgt sowohl Kommissarin Ann Kathrin Klaasen als auch ihrem Kollegen Frank Weller. Der Leser lernt beide kennen, erfährt etwas über ihre Gedanken und Ansichten, kann männliche und weibliche Sichtweise vergleichen. Doch das

Verfahren hat auch Nachteile. Man muss bei der Lektüre ständig umschalten und kommt deshalb keinem der beiden Protagonisten wirklich nah. Zudem wirkt der Text etwas abgehackt und schwerfällig, weil nach jedem Wechsel die jetzt wahrnehmende Figur ausdrücklich genannt werden muss.

Perspektivenmischung Noch extremer verfährt Tamara Bach in ihrem Roman »Jetzt ist hier«, in dem sich die Perspektive teilweise von Satz zu Satz ändert und zwischen Bowie, Fienchen, Zanker, Mono und anderen Mitgliedern einer Clique von Jugendlichen hin und her springt. Eine schwierige Lektüre mit einleuchtender Funktion. Es geht nicht um die Befindlichkeit des Einzelnen, sondern um die Gruppe, gemeinsam repräsentiert sie ein Lebensgefühl in unterschiedlichen Facetten, und in dieser Gesamtheit bilden sie »den« Protagonisten.

Kapitel 5: Das Wichtigste in Kürze

- Der Erzähler eines fiktionalen Textes ist nicht identisch mit dem Autor.
- Der Erzähler kann im Text offen auftreten, indirekt bemerkbar sein oder ganz verborgen bleiben.
- Jede Erzählperspektive hat eine spezifische Wirkung. Sie entscheidet darüber, wie der Leser die Figuren wahrnimmt.
- Ein auktorialer Erzähler erzeugt eine große Distanz gegenüber den Figuren, lenkt das Urteil des Lesers, besitzt aber einen unbegrenzten Wahrnehmungsradius und große sprachlich-stilistische Freiheiten.
- Ein Ich-Erzähler kommt dem Leser sehr nah, lädt zur Identifikation ein, ist aber möglicherweise unzuverlässig.
- Ein Er-Erzähler hält die Mitte zwischen Nähe und Distanz, Innen- und Außensicht.
- Eine neutrale Erzählsituation steht für Objektivität und Anschaulichkeit, verzichtet aber auf Innensicht.
- Werden verschiedene Erzählperspektiven in einem Text kombiniert, sollten das Prinzip und die Funktion für den Leser klar erkennbar sein.

6. Figuren auftreten lassen

Am Ende einer langen, aber hoffentlich produktiven Vorbereitungsphase haben Sie den Fahrplan für Ihren Roman oder Ihre Erzählung erstellt: eine Szenenliste, aus der nicht nur der Inhalt hervorgeht, sondern auch, aus welcher Perspektive jeweils erzählt wird und wie die Szenen aufeinanderfolgen. Jetzt können Ihre Figuren endlich die Bühne der fiktionalen Wirklichkeit betreten, tatsächlich handeln, ihre Ziele verfolgen, Hindernisse aus dem Weg räumen, Konflikte lösen, kämpfen, leiden und lieben bis zum glücklichen oder unglücklichen Ende. Und jetzt – im konkreten Erzähltext – trifft auch der Leser auf Ihre Figuren. In diesem Kapitel geht es darum, zu zeigen, wie Sie Ihre Helden und Heldinnen dabei ins beste Licht rücken. Sie erfahren etwas über die Tücken der Anrede und des ersten Auftritts Ihrer Figuren, vor allem aber lernen Sie die unterschiedlichen Möglichkeiten, Effekte und daraus resultierenden Probleme bei der Vorstellung der Figuren kennen.

Wie redet der Erzähler die Figur an?

Beim personalen Schreiben aus der Sie- bzw. Er-Perspektive ist noch eine Frage vorab zu klären: Siezt oder duzt der Erzähler die Perspektivfigur? Wird sie unter ihrem Vor- oder Nachnamen durch die Geschichte begleitet? Beides ist möglich, bei der Wahl sollten Sie jedoch die unterschiedliche Wirkung bedenken. Setzen Sie auf Distanz, soll der Protagonist stark, unnahbar und unbestechlich erscheinen, passt das Sie in Verbindung mit dem Nachnamen, wie bei *Derrick* oder *Weller*[120]. Mir sind dafür nur Beispiele männlicher Hauptfiguren bekannt. Setzen Sie dagegen auf Empathie, Sympathie und die Möglichkeit zur Identifikation, sollten Sie das Du und den Vor-, Spitz- oder Kosenamen verwenden. Am einfachsten ist es, in einem der ersten Sätze die Figur mit Vor- und Zunamen einzuführen: *Apollon Apollonowitsch Ableuchow stammte aus vornehmem Geschlecht.*[121] Immer den ganzen Namen zu erwähnen, wäre umständlich und würde den Text unnötig aufblähen. So schreibt etwa Hanns-Josef Ortheil: *Georg von Heuken verläßt sein Haus kurz nach neun*[122] und im weiteren Text einfach *von Heuken*.

Eindeutigkeit Dass ein Name unter Umständen oft wiederholt werden muss, lässt sich kaum vermeiden. Alternativen überzeugen nicht immer, vor allem auf den richtigen Bezug sollte geachtet werden. *Meiner Mutter ging es immer schlechter. Erika fiel es schwer, ein Glas zu halten. Die Seniorin schlief kaum noch.* Sind die *Mutter*, *Erika* und die *Seniorin* dieselbe Person? Das lässt sich aus dem Kontext zwar vermuten, nicht aber mit Bestimmtheit sagen. Eindeutigkeit ist wichtiger als Abwechslung um jeden Preis, das gilt generell. Krampfhaft gesuchte Scheinsynonyme wie *das silbrig glitzernde Ding* statt *Schlüssel* oder *braunes Heißgetränk* statt *Kaffee* wirken vor allem eines: unfreiwillig komisch. Bei der Verwendung von Eigennamen ist zudem die Logik der Perspektive einzuhalten. In einer personalen Erzählsituation werden alle weiteren Handelnden von der Perspektivfigur aus gesehen und benannt, das heißt, die Mutter ist entweder *meine Mutter*, vielleicht auch *Mutsch*, *Mama* oder *Mom* oder eben *Erika*, wenn die Mutter üblicherweise mit dem Vornamen angesprochen wird, aber nicht mal das eine und mal das andere. Und wenn Karl Müller die Perspektivfigur ist, ist sein Vater Egon Müller weder *Müller senior* noch der *alte Müller*, sondern *(sein) Vater* bzw. *Müllers Vater*. Wechselt die Perspektive, wechselt natürlich auch die Bezeichnung. Aus der Sicht der Nichte wird aus der Mutter *Tante Erika*, und der Arbeitskollege spricht von *Egon* oder vom *ollen Müller*. Weiterhin ist es sinnvoll, Nebenfiguren zumindest ganz knapp in ihrer Beziehung zur Perspektivfigur vorzustellen, wenn das nicht aus dem Erzählkontext hervorgeht. Also statt *Maria rief an*, besser: *Maria, Mutters beste Freundin, rief an*.

Fürwörter richtig verwenden Es gibt einen simplen Trick, wie Sie allzu häufige Namensnennungen reduzieren können: durch das Fürwort, das jedoch korrekt eingesetzt werden sollte. *Sie erreichte die Haustür. Anna stellte den Koffer ab.* Hier stimmt die Abfolge nicht: Das Fürwort heißt

Fürwort, weil es für ein anderes steht. Und deshalb muss das, für das es steht, zuerst genannt werden: *Anna erreichte die Haustür. Sie stellte den Koffer ab.* Wenn Sie am Beginn eines Absatzes den Namen genannt haben, konsequent bei der Perspektive bleiben und kein weiteres Subjekt gleichen Geschlechts dazukommt, genügt es, im Folgenden *er* bzw. *sie* zu schreiben. Und schließlich noch ein Hinweis: Bitte bleiben Sie bei der Figur. Abstrakte Formulierungen mit *man* oder im Passiv, in denen der Handelnde ausgespart wird, haben in einem Erzähltext nur sehr selten eine inhaltliche Berechtigung.

Tücken des ersten Figurenauftritts

Sie haben Ihren Roman oder Ihre Erzählung vom Protagonisten aus konzipiert, und so ist es nur folgerichtig, ihn so früh wie möglich in der Geschichte auftreten zu lassen. Idealerweise lernt der Leser ihn schon ein wenig kennen, bevor das Ereignis stattfindet, das die Handlung in Gang setzt. Sie sollten ein besonderes Augenmerk auf diese erste Begegnung legen. Denn sie entscheidet über Zuneigung oder Ablehnung, ganz wie im richtigen Leben. Und dabei kann eine Menge schiefgehen.

Um gleich am Anfang Spannung aufzubauen, beginnt ein Autor vielleicht so: *Eine dunkle Gestalt ging die Straße hinunter. Schwarze Augen blitzten aus ihrem bleichen Gesicht ...* Der willige Leser folgt Seite um Seite dieser *dunklen Gestalt*, bis endlich der Schleier gelüftet wird und die Figur des siebzigjährigen Rentners Egon Müller enthüllt. Und möglicherweise den Leser verärgert. Denn der hatte vielleicht keinen älteren Herrn, sondern eine Blondine vom Typ Paris Hilton vor Augen, eine Assoziation, die durch die weibliche Form des Wortes begünstigt wird. Jetzt muss er feststellen, dass sein fiktionaler Traum mit der Romanwirklichkeit kollidiert. Vielleicht ist der innere Film aber auch erst gar nicht angelaufen, weil der Begriff *Gestalt* sehr abstrakt und vage bleibt. Es scheint Autoren und Autorinnen zu geben, die glauben, mit dem Verstecken von Figuren und

Problematische Gestalten

deren Identität den Leser in den Bann ziehen zu können. Doch nur in den seltensten Fällen geht dieses Konzept auf. Seine Bedeutung mag es im Genre der Horrorgeschichte haben oder in einem Whodunit-Krimi, in dem der Täter gezeigt, aber noch nicht entlarvt werden soll. Von solchen Ausnahmen abgesehen, gilt: Der Protagonist sollte nicht nur früh eingeführt werden, sondern auch klar erkennbar sein.

Auch bei autobiografisch gefärbten Texten kann der Einstieg leicht misslingen. Hier vergessen Autoren manchmal, dass zwar sie selbst und der Rest der Familie Onkel Herbert, die Enkeltochter und die anderen Beteiligten kennen, der fremde Leser aber nicht. So beginnt zum Beispiel eine Erzählung mit der Bemerkung, die Mutter sei in den letzten Wochen schwächer und blasser geworden, ohne das weiter zu erklären. Wer das Alter der Tochter (und Schreiberin) kennt oder ermitteln kann, hat einen gewissen Anhaltspunkt, sonst muss man spekulieren: Ist die Mutter vierzig oder achtzig? Ist ihr Zustand Folge einer Erkrankung oder eine Alterserscheinung? Wen soll sich der Leser vorstellen? Eine einsame hochbetagte Witwe? Eine berufstätige Frau in gut situierten Verhältnissen? Nichts davon verrät der Text über die Person, die doch im Zentrum des Leserinteresses stehen soll. Deutlicher wäre es, vielleicht so zu beginnen: *Ein paar Wochen nach ihrem neunzigsten Geburtstag baute meine Mutter plötzlich ab. Jedesmal, wenn ich sie besuchte, fand ich sie blasser. Es dauerte immer länger, bis sie aus dem Sessel aufstehen konnte.*

Heute bin ich zum ersten Mal in der Stadt herumgelaufen. Diesem ersten Satz eines Reiseberichts folgten durchaus spannende Beobachtungen aus einer offenbar amerikanischen Metropole. Doch in welchem Ort sich der Erzähler zu welchem Zweck und Zeitpunkt aufhält, wer er selbst ist – das bleibt im Dunklen. Da nützt es auch nichts, wenn die Informationen über den Autor im Anhang ein paar Hinweise geben, denn ein Text muss aus sich heraus verständlich sein, sonst verfehlt er sein Ziel. Dabei ist es leicht möglich, dem Leser Orientierung zu bieten, damit er in das Erleben eintauchen und es einordnen kann. So kann beispielsweise in vorangestellten Absätzen das zum Verständnis notwendige geografische, biografische und historisch-politische Basiswissen knapp skizziert werden: *Das Jahr 1975, in dem der Vietnamkrieg endete und Gerald Ford als Präsident der USA amtierte, verbrachte ich als Gastprofessor in New York.*

Sehr gewagt ist es auch, mit einer Nebenfigur zu beginnen, weil es der Lesererwartung widerspricht. Elizabeth George hat es in »Gott schütze dieses Haus« trotzdem gemacht: *Es war ein Fauxpas schlimmster Art. Er nieste der Frau mitten ins Gesicht, laut, naß, absolut unverzeihlich.*[123] Mit diesem Missgeschick, das dem linkischen Pater Hart aus York im Zug nach London passiert, beginnt der Roman. Spannung wird trotzdem erzeugt, weil Hart zu Scotland Yard will und bereits den Schlüssel zur Lösung des Falls bei sich trägt. Das heißt, es hat zunächst den Anschein, dass der Pater eine Nebenrolle spielt, doch am Ende wird klar, dass diese Szene höchst bedeutungsvoll war.

Wie gelingt denn nun die erste Begegnung mit dem Protagonisten? Auf der sicheren Seite sind Sie, wenn Sie – nicht sonderlich originell, aber wirksam – dem Leser am Beginn Ihres Romans oder Ihrer Erzählung die Hauptfigur konkret vorstellen. Name, ungefähres Alter und Geschlecht sind Mindestanforderungen für die Erzeugung einer Vorstellung. Weitere spezielle Details, die Neugier wecken und Fragen aufwerfen, sind ebenfalls empfehlenswert.

Als Herr Bilbo Beutlin von Beutelsend ankündigte, daß er demnächst zur Feier seines einundelfzigsten Geburtstages ein besonders prächtiges Fest geben wolle, war des Geredes und der Aufregung in Hobbingen kein Ende.[124]

BEISPIEL
So gelingt der Auftritt der Figur

Tolkien gelingt der perfekte Einstieg. Man will sofort wissen, was es wohl mit Bilbos ungewöhnlich hohem Alter auf sich haben mag, warum er seinen Geburtstag diesmal so großartig feiern will, und wieso dieser Anlass zu Aufregung und Gerüchten im Ort führt. In den nächsten Sätzen werden Vermutungen erwähnt, die das Interesse weiter anheizen, und gleich im vierten Absatz wird mit Frodo Beutlin, dem Lieblingsvetter, Adoptivsohn und Erbe Bilbos, der Protagonist vorgestellt.

Regeln für Umfang und Genauigkeit der Figureneinführung existieren nicht. Mancher Autor entscheidet sich bewusst gegen eine ausführliche Beschreibung, mit dem Argument, die Leser könnten doch ihre Fantasie spielen lassen. Mancher schätzt das tatsächlich, andere hätten es gern genauer. In vielen Erzähltexten steht kaum etwas über das Äußere der Figuren, vor allem in literarisch ambitionierten Romanen mit einer engen personalen Perspektive und psychologischer Tiefensicht wird häufig darauf verzichtet, ohne dass es als Defizit empfunden wird. Denn grundsätzlich gilt: Nicht die Menge an Einzelheiten ist entscheidend dafür, ob eine Figur plastisch wirkt, sondern die Passgenauigkeit und Stimmigkeit der ausgewählten Details.

Wichtige und unwichtige Figuren

Wichtig ist außerdem, dass die Intensität der Vorstellung von Figuren deren Bedeutung für den Erzähltext entspricht. Wird eine Figur sehr genau porträtiert, geht jeder Leser automatisch davon aus, dass sie eine wichtige Rolle spielen wird. Erfüllt sich diese Erwartung nicht, fühlt er sich getäuscht. Verfahren Sie also am besten nach einem abgestuften Prinzip: Malen Sie das Bild der Hauptfiguren mit feinem Pinsel, skizzieren Sie Mitspieler mit gröberen Strichen und begnügen Sie sich bei Nebenfiguren mit dem Notwendigsten, meist reicht es aus, Name oder Funktion zu nennen: *der Nachbar, die Putzfrau* usw. Gibt es nicht nur eine, sondern drei Sekretärinnen, müsste weiter unterschieden werden: die blonde, die mit dem Silberblick und die mit dem mintgrünen Schal. Gern wird auch das Stilmittel des *Pars pro Toto* (ein Teil steht für das Ganze) genutzt und eine Person nach einem besonders auffälligen Merkmal bezeichnet: die »bezopfte Halbglatze« oder der »Betonpullover«[125]. Das wirkt aber nur dann witzig, wenn es sich um eine Nebenfigur handelt, die kurz auftaucht und wieder verschwindet, denn niemand kann über mehrere Kapitel hinweg darüber lachen.

Verfahren der Figureneinführung

Von den unzähligen Arten, wie Sie den Helden und anderen Beteiligten Ihres Romans oder Ihrer Erzählung einen glanzvollen Auftritt verschaffen können, stelle ich im Folgenden die gängigsten vor. Sie können Figuren zum Beispiel beschreiben, über sie berichten oder sie als Handelnde zeigen. Je nach Darstellungsweise und Blickwinkel werden sie direkt oder indirekt, durch den Erzähler oder eine andere Figur eingeführt. Sind beide identisch – wie bei der Ich-Perspektive –, muss die Figur sich selbst vorstellen.[126] Auch hier gilt natürlich wieder: Mischungen, Abweichungen und Brüche sind zulässig und erwünscht. Sie sollten jeweils die Form entwickeln, die Ihrer Absicht am meisten dient, dabei aber den Leser mitnehmen auf die fiktionale Reise Ihres Protagonisten und ihn unterwegs möglichst nicht verlieren.

Der Erzähler beschreibt die Figur
Der Besitzer des Umhangs mit der Kapuze war ein junger Mann von ebenfalls sechsundzwanzig oder siebenundzwanzig Jahren, von etwas über mittlerem Wuchse, mit sehr blondem, dichtem Haar, eingefallenen Wangen und einem dünnen, fast ganz weißen Spitzbärtchen. Seine Augen waren groß und blau.[127]

Das ist ein knapper Ausschnitt aus einer sehr ausführlichen, klassischen Beschreibung, deren Aufgabe prinzipiell darin besteht, den »augenblicklichen oder dauernden Zustand einer Sache oder Person« festzuhalten.[128] Zwei junge Männer – der gerade aus der Schweiz zurückkehrende Fürst Myschkin und der Kaufmann Rogoschin – sitzen sich auf einer langen Zugfahrt nach Sankt Petersburg gegenüber. So hat der Erzähler ausreichend Zeit, Protagonist und Antagonist vorzustellen. Sein Vorgehen ähnelt der Herstellung eines großformatigen Ölgemäldes. Mit satten Farben und dichten Pinselstrichen entstehen vielschichtige Figurenporträts, die der Fantasie des Lesers keine Freiräume lassen. Solche opulenten Beschreibungen kennzeichnen die großen realistischen Romane. Oft weist die Charakterisierung der Figuren weit über das Individuelle hinaus und spiegelt oder kritisiert zugleich Zustände der Gesellschaft. Der von Dostojewski in »Der Idiot« gewählte Zugang zu den Figuren simuliert aber auch die allmähliche Annäherung an fremde Menschen im wirklichen Leben. Zunächst sehen wir das Äußere, im Gespräch erfahren wir ihre Namen, etwas über ihre Denkungsart und Herkunft, und erst sehr viel später auch etwas über ihre Wünsche, Hoffnungen, Ängste und Ziele. Genauso ist der Anfang dieses Romans aufgebaut. Der ansonsten auktoriale Erzähler hält sich zurück, bleibt fast neutral, gibt vor, das Alter Myschkins nicht genau zu kennen, und lässt erst, nachdem die Männer schon eine ganze Weile miteinander gesprochen haben, den Fürsten Auskunft geben über Namen, Stand und Lebensverhältnisse. So wird auf natürlich wirkende Weise Interesse an den Figuren geweckt, das zum Weiterlesen animiert.

Spezifische Details Es spricht vieles dafür, eine Beschreibung der Hauptfigur an den Anfang des Textes zu stellen, und das Verfahren scheint einfach zu sein. Man muss nur notieren, was man sieht, oder? *Anna hatte blonde halblange Haare, hellblaue Augen und eine Stupsnase, sie trug Jeans und Pullover.* Zugegeben, das ist eine Beschreibung – aber sie erzeugt nur ein sehr blasses Bild. So sehen Abertausende von Frauen aus. Wo bleibt das Besondere? Das, was Anna von allen anderen unterscheidet, was sie einzigartig macht? Der Leberfleck am Kinn? Die steile Falte zwischen den Augen? Die Lücke zwischen den Schneidezähnen? Nehmen wir ein anderes Beispiel: *Hinter dem Ladentisch steht eine blonde junge Frau. Sie trägt eine gemusterte Dederonschürze über einem karierten Kleid. Ihre Haare sind mit einem Schnippsgummi zu einem Pferdeschwanz zusammengebunden.*[129] So stellt uns Roswitha Haring eine Figur vor: Der Mustermix in der Kleidung, der in der DDR bekannte Markenname Dederon für Kunstfasern, die im Westen Nylon und Perlon hießen, das schlichte Gummiband, das auf einen Mangel an Eitelkeit schließen lässt, all das fügt sich zu einem stimmigen, individuellen Bild. Und genau das ist das Ziel einer jeden Beschreibung, egal ob Ölgemälde, Skizze oder Schnappschuss: Sie sollte eine charakteristische und unverwechselbare Vorstellung von einer Figur erzeugen.

Mancher Autor glaubt, dass das am besten mit exakten Angaben gelingt. *Anna war 28 Jahre alt, 1,75 Meter groß, wog 52,3 Kilogramm, trug Kleidergröße 36 und Schuhgröße 40.* Eine solche Pseudogenauigkeit erinnert an Steckbriefe und passt eher in ein Sachbuch als in einen Roman. Zahlen sind abstrakte Größen, deshalb in hohem Maße unanschaulich, und sie geben immer Erzählerwissen wieder. Nur wer sich mit Kleidergrößen auskennt und die Angaben von Größe und Gewicht korrelieren kann, gewinnt eine ungefähre Vorstellung von Annas Körperform, alle anderen nicht. In der Regel genügen ungefähre Angaben: *Anna war Ende zwanzig, mittelgroß und klapperdürr* oder *Karl hatte schon als Kind alle Mitschüler überragt und musste jetzt bei jeder Tür den Kopf einziehen.*

Bilder lassen sich nicht aus Zahlen und Fakten gewinnen, sondern ausschließlich aus wahrnehmbaren Dingen. Bilder sind immer konkret. Mir fällt dabei die in den Siebzigerjahren ungeheuer populäre Cartoonreihe »Liebe ist ...« von Kim Casali ein, in der es darum ging, für den abstrakten Begriff Bilder zu finden. So entstanden Formulierungen in der Art von *Liebe ist, ihr Kaffee ans Bett zu bringen* oder *Liebe ist, mit ihm Sportschau zu sehen statt den Rosemunde-Pilcher-Film.* Auch das Herz als Symbol oder bildhafte Redensarten wie die überstrapazierten *Schmetterlinge im Bauch* sollen die abstrakte *Liebe* veranschaulichen.

Bilder überzeugen

Der einfachste Weg, um Bilder in den Kopf des Lesers zu bringen, besteht also darin, ihm Bilder anzubieten. Damit verbindet sich übrigens ein willkommener Zusatzeffekt: Bilder lassen sich leichter merken und bleiben länger im Gedächtnis haften als Zahlen und Fakten. Auf diese Weise funktionieren Mnemotechniken. Nicht nur das mit den Augen Wahrnehmbare, sondern etwa auch Töne und Gerüche erzeugen Bilder und Assoziationen und prägen auf diese Weise die Vorstellung von einer Figur: *Neuerdings betrachtete ich Tante Isy als jemanden, der einen Tantengeruch nach Mottenkugeln und Stoff verströmte und dunkle Farben trug [...] und die immer noch mit hoher Stimme sagte: »Lottie, Lottie, Middlemarch, Middlemarch.« Und [...] Onkel George stellte ich mir als einen blassen Mann in einem grauen Mantel vor.*[130]

Jetzt zahlt es sich aus, wenn Sie bei der Entwicklung der Figurenbiografien viele Einzelheiten zusammengetragen haben. Daraus können Sie charakteristische Details übernehmen. Auf ganz unkomplizierte Weise generieren Sie ein Bild, indem Sie die Ähnlichkeit der Figur mit einem Prominenten erwähnen: *Ihren Arm hatte sie unter den eines wesentlich älteren Mannes mit weißgrauem Haar und Vollbart geschoben, der Anna an den Schauspieler Mario Adorf erinnerte.*[131] Da die Vorstellung allerdings nur oberflächlich bleibt, sollten Sie diesen Trick eher bei Neben- als bei Hauptfiguren anwenden.

Halten wir fest: Bildhafte und einprägsame Figurenporträts entstehen durch die Beschreibung konkreter sinnlicher Wahrnehmungen. Fragen Sie Ihre Testleser gezielt danach: Was siehst du? Welche Bilder hast du vor Augen? Und prüfen Sie selbst Ihre Manuskripte daraufhin. Wie würden Sie die folgenden Sätze beurteilen? *Maria war eine attraktive Frau. Sie war sehr hübsch, hatte wunderschöne, große, braune Augen mit langen Wimpern.* Die großen Augen mit den langen Wimpern lassen sich durchaus als Zeichen für ein anziehendes Äußeres deuten. Aber sonst? Attraktiv und hübsch – die wertenden Adjektive zeigen uns nichts vom Aussehen Marias, sie enthalten nur die subjektive Schlussfolgerung des Erzählers aus seiner Wahrnehmung. Wenn Sie Ihr Publikum nicht bevormunden wollen, sollten Sie bei Beschreibungen auf der phänomenologischen Ebene bleiben und es dem Leser überlassen, sich ein eigenes Urteil zu bilden.

Verhaltensweisen und Vorlieben Zunächst das Äußere einer Figur zu schildern, ist wohl das am häufigsten genutzte Verfahren, doch es sind auch außergewöhnliche Varianten denkbar. So stellt in Uwe Tellkamps Roman »Der Turm« ein wissender Erzähler die Mitarbeiter des Hermes-Verlags mit ihren Eigenschaften, Spitznamen, Vorlieben und Abneigungen vor: *Felizitas Klocke, genannt Miss Mimi, ein ältliches Fräulein mit einer Vorliebe für harte, aktionsgeladene Melodramen, Samuraischwerter und Alain Delon als jugendlichem Killerengel: Sie züchtete Kakteen, trug Bommelmützen, mochte Schlangen und Verschwörungstheorien und konnte kein Blut sehen.*[132] An spezifischen Details mangelt es dieser Beschreibung wahrlich nicht. Trotzdem hat mich die zugegebenermaßen originelle und witzige Zusammenstellung nicht völlig überzeugt, denn die vielen Einzelheiten wachsen nicht zu einem stimmigen Figurenbild zusammen.

Das gelingt dagegen Elke Pistor, die den Fan von Modellschiffen Kai Rokke Hornbläser – der Name erinnert auf satirische Weise an den literarischen Seehelden Kapitän Hornblower – nicht mit seinem Aussehen, sondern mit seinen spezifischen Abneigungen einführt: *Große Menschenmengen waren ihm zuwider. Laute Musik verursachte bei ihm Übelkeit, aufgedrängte Gespräche Schweißausbrüche. Er hasste Geschrei. Ebenso Hundebellen. Und Essen. Er verabscheute Fisch. Ekelte sich vor Fleisch. Mochte kein Gemüse und kein Obst.*[133]

Wie können Sie Ihre Figuren auf außergewöhnliche Weise vorstellen? Wie wäre es, wenn Sie die Handschrift[134], die Sprache, die Kleidung, die Wohnungseinrichtung, den Inhalt der Hand- oder Hosentasche als Ausgangspunkt nehmen?

Mit Beschreibungen können Sie Figuren sehr genau porträtieren und atmosphärisch dichte Bilder schaffen, aber Sie müssen auch einen Nachteil in Kauf nehmen. Beschreibungen sind zeitlos. Solange beschrieben wird, schreitet die Handlung nicht voran, die Zeit steht still. Gerade zu Beginn einer Erzählung ist das meist nicht erwünscht. Besondere Tempokiller sind Adjektivketten wie: *Anna hatte langes schwarzes, weich fallendes, glänzendes Haar und braune, hell schimmernde Augen* und Formulierungen mit starren Verben und Hilfsverben wie: *haben, sein, stehen, befinden, beinhalten*. Deshalb lauten die Empfehlungen für moderne Erzählprosa, die unterhalten will: Halten Sie rein beschreibende Passagen eher kurz; dosieren Sie Adjektive sparsam und brechen Sie mit Verben der Bewegung die Statik auf. Schreiben Sie statt *Ihr Haar war schwarz und lockig* vielleicht *Schwarzes Haar kringelte sich um ihre Wangen.*

Der Erzähler berichtet über die Figur
Im Bericht fasst der Erzähler einen Geschehensablauf zusammen. Von der statischen Beschreibung unterscheidet er sich, weil er Zeit abbildet. Durch die straffende Darstellungsweise wird das Erzähltempo sogar beschleunigt. Im Unterschied zum szenischen Erzählen, von dem im nächsten Abschnitt die Rede sein wird, zeigt der Bericht das Geschehen aber nicht direkt, sondern mittelbar.

Innerhalb eines Erzähltextes kann der Bericht unterschiedliche Aufgaben übernehmen. Hier soll ausschließlich gezeigt werden, was er bei der Figurenvorstellung leistet. Da beim Bericht viel Geschehen in wenige Sätze gepackt werden kann, ist diese Darstellungsweise bestens geeignet, um Informationen aus der Vorgeschichte einer Figur zu vermitteln, die für das Verständnis der Erzählhandlung wichtig werden.

Der Friseur, so die Legende, ist eine Mischung aus einem arabischen Findelkind und einem (gewordenen) Wiener, aufgefunden von Nomaden und von ihnen am Leben gehalten, gesäugt von Kamelen, nachts warm gehalten von ihrem Dung, bemuttert von Palmenschatten, in die man ihn während der Ruhepausen bettete. Die Hölle war es trotzdem. [...] Eine Gruppe von Matrosen, die um eine Wasserpfeife saß, nahm das verlorene kleine Bündel in Port Said an Bord ihres Frachters (mit Ziel São Paulo), in keiner Absicht.[135]

Wolf Wondratschek stellt auf wenigen Seiten die abenteuerliche Biografie seines Protagonisten bis zu dem Augenblick vor, da er in Wien ein Friseurgeschäft eröffnet. In diesem Laden spielt dann die eigentliche Geschichte. Im Bericht lassen sich große geografische Distanzen und Zeitabschnitte rasch überwinden. Es können aber auch erste Spuren gelegt oder Geheimnisse angedeutet werden, die in der Haupthandlung später wichtig werden. Es ist eindeutig der zwischen Leser und Figur stehende Erzähler, der die Figur präsentiert. Wondratschek schafft allerdings durch konkrete Handlungseinschübe *(gesäugt von Kamelen)* eine Anschaulichkeit, die die Distanz zum Protagonisten verringert. Im langweiligsten Fall ähnelt ein solcher Bericht einem klassischen Lebenslauf mit einer trockenen Aufzählung von Fakten und Stationen.

Ansonsten dient der Bericht weniger der Charakterisierung als vielmehr der Navigation durch die Geschichte des Protagonisten. Phasen, in denen er wenig oder nichts Erzählenswertes erlebt, lassen sich so zügig überbrücken: *Sechs Wochen lang liefen die Tage gleichförmig dahin. Dann begannen die Sommerferien;* Sprünge in der Biografie auf den Punkt bringen: *Fünf Jahre später hatte er es zum Chef der Abteilung gebracht und war Vater von drei Kindern;* Gewohnheiten beispielhaft zeigen: *Jeden Sonntag traf sich Karl mit der ganzen Familie zum Frühstück. Immer gab es ...* Auch können so die Lebensumstände von Nebenfiguren mit wenigen Strichen skizziert werden: *Karl war der Ex von Maria. Er hatte sie wegen einer Jüngeren verlassen.*

Überlegen Sie, ob die Vorgeschichte der Figur wirklich am Anfang stehen muss. Oft ist es schon aus dramaturgischen Gründen sinnvoller, sie nachzutragen, wenn die Handlung bereits in Gang gekommen ist und der Leser die Figur im erzählerischen Hier und Jetzt kennengelernt hat. Fragen Sie sich auch, ob die gesamte biografische Vergangenheit auf einen Schlag erzählt werden muss. Eleganter wirkt es meist, wenn immer mal wieder Einzelheiten aus dem Vorleben als kürzere Rückblenden in die aktuelle Handlung eingeflochten werden. Und schließlich: Versuchen Sie, Daten und Fakten durch anschauliche Details und Bilder zu ersetzen. Schreiben Sie statt *Drei Jahre waren vergangen* vielleicht *Inzwischen hatte Julia Sandschippe und Backförmchen mit dem Schulranzen vertauscht.* **TIPPS für den Erzählerbericht**

Der Erzähler zeigt das Handeln der Figur
Beschreibungen bringen den Erzählfluss zum Stillstand, Berichte halten die Figuren auf Distanz. Deshalb sollten Sie beide Darstellungsweisen sehr kontrolliert verwenden und zumindest die Hauptfigur möglichst viel im konkreten Handeln zeigen. Szenisches Erzählen benötigt zwar viel mehr Raum als ein Bericht, weil es das Geschehen nicht zusammenfasst, sondern zeitdeckend oder sogar zeitdehnend schildert, dafür wird

der Leser aber in den Text hineingezogen, er findet direkten Zugang zu den Figuren, kann deren Erleben mitvollziehen und es selbst beurteilen. Beschreibende und auch berichtende Elemente lassen sich gut mit Handlungssequenzen verbinden, sodass der Leser sowohl das Äußere als auch die Eigenschaften der Figur kennenlernt.

Im Haus schlugen die Uhren seines Vaters die Stunde. Schwach drangen die Klänge zu der Stelle hinaus, wo er im Garten stand, ein schlanker junger Mann im Sommerpullover und formloser blauer Hose, der sich mit der Ecke eines zerknüllten Taschentuchs die Brillengläser putzte. Er hatte die vergangene Stunde damit zugebracht, mit dem Schlauch die Blumenbeete zu sprengen und den Boden um die jüngeren Bäume herum gründlich zu wässern, wie man es ihm aufgetragen hatte. Nun ging er, nachdem er den Schlauch sorgfältig zusammengerollt hatte, zurück in Richtung Haus.[136]

Ich finde diesen Einstieg sehr gelungen, weil er uns direkt in die Szene führt. Wir erfahren etwas über das Aussehen des Mannes und über sein Wesen: Ihm selbst scheint Ordnung nicht besonders wichtig zu sein *(formlose Hose, zerknülltes Taschentuch)*, doch im Auftrag anderer – ob aller oder nur bestimmter Menschen, bleibt an dieser Stelle noch offen – erweist er sich als verlässlich und penibel. In der unmittelbaren Anschauung deutet sich eine komplexe psychische Persönlichkeit an, die Neugier weckt.

BEISPIEL
Handlungs-
protokoll

Er bog mit dem Fahrrad um die Hausecke, sprang ab, lief noch zwei Schritte neben dem ausrollenden Fahrrad her und schnaubte durch die geschlossenen Lippen. Er legte den Hund an die Leine, denn draußen, jenseits des Zaunes, in der Feldmark, herrschte die Tollwut. Man hatte schon einen verwesten Fuchs gefunden. Er kontrollierte den Freßnapf vor der Hütte. »Ein Hund ist keine Abfallgrube.« Er nahm den Kindern den Ball weg, wenn man auf dem Hof spielt, können Scheiben kaputtgehen. Im Gras rollt der Ball genauso gut, jawohl. Er pfiff die Kinder vom Dach zurück, ein Ziegel könnte zerbrechen, Regen einsickern.[137]

Auch dies ist nur ein kurzer Abschnitt aus einer umfangreichen Passage, in der ein Er allein durch sein Handeln vorgestellt wird, von einem Erzähler, der sich um größtmögliche Objektivität bemüht. Bernward Vesper wählte diese Darstellungsweise aus gutem Grund: Sein Vater war Will Vesper, ein bekannter »völkischer« Dichter der Nazizeit. Der Sohn, 1938 geboren, litt sehr unter dessen Vergangenheit und autoritärem Wesen. In seinem autobiografischen Roman »Die Reise« thematisierte Bernward Vesper unter anderem das Verhältnis zu seinen Eltern. Doch er war klug genug, das nicht in Form einer Anklage zu tun. Der Leser soll selbst entscheiden, was für ein Mensch der Vater war. Das Handlungsprotokoll erlaubt eine ambivalente Sichtweise: Es zeigt einen Gutsbesitzer, dessen Verhalten durchaus als tyrannisch bezeichnet werden kann. Doch seine Befehle und Anordnungen sind nie von Willkür getragen, sondern vom Bemühen um sorgsamen Umgang mit den Ressourcen, dem Erhalt aller Einrichtungen und dem reibungslosen Zusammenleben einer großen Anzahl von Menschen, für die er verantwortlich war. Der Leser sieht diesen Vater nicht aus dem Blickwinkel des Sohnes, sondern mit eigenen Augen.

Beherzigen Sie den Grundsatz des literarischen Erzählens »Show, don't tell« auch, wenn Sie Ihre Hauptfiguren vorstellen. Das funktioniert mit allen möglichen Handlungen: mit Hobbys, Arbeitsabläufen im Beruf und Alltagstätigkeiten. Schon wie jemand Kaffee oder Tee kocht, kann deutlich machen, was für ein Mensch er ist. Das beginnt bei den Geräten und der Art der Zubereitung: Bereitet der Protagonist mit einem alten Tauchsieder heißes Wasser, das er über löslichen Schnellkaffee gießt, oder benutzt er eine superteure, chromblitzende Espressomaschine? Misst er das Kaffeemehl mit einem Löffel genau ab oder schüttet er die Menge nach Gefühl in den Filter? Wichtig ist, erst zu überlegen, welche Eigenschaft gezeigt werden soll, und anschließend nach einer dazu passenden Aktion zu suchen. Denken Sie auch hierbei wieder an die spezifischen Details: *Sie belegte das Brot mit zwei Scheiben Käse, schnitt rasch eine Gewürzgurke ein, fächerte sie auf und schob sie mir vom Brett auf den Teller.*[138] Knapper und zugleich anschaulicher lässt sich kaum zeigen, dass hier eine patente Hausfrau am Werk ist.

Zeigen statt Behaupten

Halten Sie Ausschau nach Beschreibungen und Berichten in Ihrem Manuskript, die sich in Handlungen verwandeln lassen und auf diese Weise den Text lebendiger machen. Schreiben Sie beispielsweise statt *Elsa hatte weiße, dünne Haare* vielleicht *Mit der freien Hand strich Elsa sich eine Strähne ihres dünnen weißen Haars aus dem Gesicht;* statt *Karl war schüchtern* eher *Karl studierte das Muster des Teppichbodens;* statt *Lisa achtete auf ihre Figur* besser *Im Restaurant bestellte sie einen gemischten Salat ohne Dressing und ein Mineralwasser.* Vermeiden Sie dabei Doppelungen. *Karl war sehr schüchtern. Als er seinem Chef gegenübersaß, blickte er ihm nicht in die Augen, sondern starrte unablässig auf die Tischplatte.* Hier wird ein Sachverhalt als Bericht und als Handlung geschildert, manchmal noch durch eine Bewertung ergänzt, mit der Zustimmung oder Ablehnung des Verhaltens suggeriert werden soll: *Karl war leider sehr schüchtern.* Vertrauen Sie der Intelligenz des Lesers – er wird die Handlung verstehen, sie zu deuten wissen und die richtigen Schlüsse daraus ziehen.

Handlung und Beschreibung

Bei der Verbindung von Handlungsschilderungen mit beschreibenden Elementen sollten Sie zudem auf die Perspektivlogik achten. Das gilt insbesondere, wenn Sie aus der personalen Er- oder Sie-Sicht schreiben. Da wirken Sätze wie *Anna strich sich die blonden Haare aus der Stirn* oder *Karl senkte seine blauen Augen* mitunter unpassend, denn es ist eher unwahrscheinlich, dass die Figur während des Handelns für sie selbstverständliche Äußerlichkeiten wie Augen- oder Haarfarbe an sich selbst wahrnimmt bzw. ihnen Aufmerksamkeit schenkt. Wenn Sie unsicher sind, formulieren Sie den Satz in die Ich-Form um. Dann merken Sie schnell, dass *Ich strich mir die blonden Haare aus dem Gesicht* schief klingt. Hier bietet sich eine szenische Einbettung als Alternative an. Doch auch *Anna sah in den Spiegel und betrachtete ihr blondes Haar* überzeugt noch nicht. Natürlich klingt es immer dann, wenn sich damit etwas Besonderes, Außergewöhnliches verbindet: *Anna sah in den Spiegel und erschrak. Hatten sich da etwa graue Haare zwischen die blonden geschlichen?*

TIPP Subjektvariation

Wer handlungsorientiert schreibt, steht leicht vor dem Problem, Sätze aneinanderzureihen, von denen jeder mit demselben Subjekt beginnt. *Sie stellte den Koffer ab. Sie kramte den Schlüssel aus der Handtasche. Sie steckte ihn ins Schloss. Sie merkte, dass die Tür nicht verschlossen war. Sie öffnete die Tür. Sie betrat den Hausflur.* Wie lässt sich solche Monotonie vermeiden? Sie können mehrere Aussagen in einem Satz zusammenfassen und mit »und« verbinden, manchmal durch ein vorangestelltes Adverb oder Adjektiv die Stellung der Satzglieder verändern sowie Beschreibungen, Wahrnehmungen, wörtliche Rede oder Gedanken einfügen. *Sie stellte den Koffer ab und kramte den Schlüssel aus der Handtasche. Irgendetwas war anders als sonst. Sie steckte den Schlüssel ins Schloss. Die Tür war nur zugezogen. Vorsichtig drückte sie die Klinke herunter und betrat den Hausflur.*

Der Erzähler zeigt die Figur in ihrem Umfeld
Nicht nur durch ihr Handeln allein kann eine Figur charakterisiert werden, sondern auch durch den Ort, an dem sie das tut, und durch das soziale und gesellschaftliche Umfeld.[139] Wie es geht, lernen Sie am besten von Theodor Fontane, der ein Meister darin war, seine Protagonisten durch Milieu und Schauplatz einzuführen.

Die [...] Dame fühlte zunächst das Bedürfnis, sich auszuruhen und musterte bei der Gelegenheit den ihr übrigens von langer Zeit her bekannten Vorflur [...]. Dazu wehte [...] ein sonderbarer Küchengeruch heran, der, wenn nicht alles täuschte, nur auf Rührkartoffeln und Karbonade gedeutet werden konnte, beides mit Seifenwrasen untermischt. »Also kleine Wäsche«, sagte die von dem allen wieder ganz eigentümlich berührte stattliche Dame still vor sich hin.[140]

Auf raffinierte Weise macht Fontane uns mit der *stattlichen Dame* bekannt, die zunächst recht geheimnisvoll erscheint, weil weder Name noch Status genannt werden. Und doch hat man den Eindruck, dass sie, die mit Gesellschafterin und Schoßhündchen in der Kutsche vor einem etwas schäbig wirkenden Berliner Mietshaus hält, nicht an diesen Ort gehört. Kurz darauf fragt man sich allerdings, wieso ihr der Flur und dessen Gerüche bekannt sind. Dafür kann es nur eine Erklärung geben. Die Dame stammt selbst aus diesem Milieu. So umreißt

Fontane gleich in den ersten Absätzen Thema und Konflikt seines Romans »Frau Jenny Treibel«. Es geht um die Chancen und Risiken des sozialen Aufstiegs am Ende des 19. Jahrhunderts. Jenny Treibel – *die stattliche Dame* – ist zwar durch ihre Heirat mit einem späteren Kommerzienrat im gehobenen Bürgertum angekommen, aber ganz konnte sie ihre Herkunft nicht abschütteln. Die Eingangsszene macht deutlich, dass sie im Grunde die Krämertochter von einst geblieben ist.

BEISPIEL
Natur und Figur

Georg Büchner lässt seinen Protagonisten Lenz durch ein Gebirge wandern – und schildert dazu die Landschaft und die Wetterverhältnisse:

Den (20. Januar) ging Lenz durch's Gebirg. Die Gipfel und hohen Bergflächen im Schnee, die Täler hinunter graues Gestein, grüne Flächen, Felsen und Tannen. Es war naßkalt, das Wasser rieselte die Felsen hinunter und sprang über den Weg. Die Äste der Tannen hingen schwer herab in die feuchte Luft. Am Himmel zogen graue Wolken, aber Alles so dicht, und dann dampfte der Nebel herauf und strich schwer und feucht durch das Gesträuch, so träg, so plump.[141]

Was auf den ersten Blick wie eine beliebige Schauplatzbeschreibung erscheint, erweist sich bei genauer Betrachtung als Charakterisierung der Figur. Die nasse Kälte, die hängenden Äste, das Dumpfe, Dichte, Schwere – all diese Details verweisen auf das Befinden des stark depressiven Lenz, der sich am Ende der Novelle das Leben nehmen wird.

BEISPIEL
Glaubwürdigkeitsprobleme

Mit der Umfeldmethode können Sie Elemente der Schauplatzbeschreibung mit der Figurenhandlung zu einer atmosphärisch wirkungsvollen und bildmächtigen Szene verbinden. Das ist eine vergleichsweise anspruchsvolle Aufgabe, denn Sie müssen sich vorab darüber Gedanken machen, mit welchen Details welcher Effekt erzielt wird, und zudem die Regeln der Logik beachten.

Karin holte ihre Tasche mit den Sportsachen aus dem Schrank. Sie musste los, in einer Viertelstunde begann das Training. An der Tür ihres

Wohnzimmers drehte sie sich nochmals um und ließ den Blick über die beigen Tapeten, das mit braunem Cord bezogene Sofa und den Röhrenfernseher in der Ecke wandern. Der Tisch aus Kiefernholz, den sie vor fünfzehn Jahren bei IKEA gekauft hatte, war abgeschabt.

An diesem Beispiel aus einem Manuskript habe ich nur ein paar Einzelheiten geändert. Der Versuch, die Protagonistin durch die Umfeldmethode vorzustellen, ist inhaltlich recht gelungen. Das Abgelebte, Freudlose des Raums spiegelt den Zustand der Figur wider, die in Routine gefangen ist und einen Neubeginn wagen will. Aber die Passage leidet unter einem doppelten Glaubwürdigkeitsproblem. Karin hat es eilig, wie wahrscheinlich ist es da, dass sie sich an der Tür umdreht? Und warum betrachtet sie – noch dazu unter Zeitdruck – die Einrichtung derart intensiv? Es ist doch eher so, dass wir die Dinge in unserer Umgebung nach einer Weile kaum noch wahrnehmen, dass wir vor allem die Macken und Mängel übersehen. Hier wird ganz offensichtlich nicht aus dem Bewusstsein der Figur, sondern über ihren Kopf hinweg erzählt. Wird die Situation verändert, wirkt die Szene realistischer. Karin sollte nicht in Eile sein und außerdem einen besonderen Anlass haben, den Raum genauer zu mustern. Vielleicht erwartet sie wichtigen Besuch oder will die Wohnung während ihrer Abwesenheit vermieten? So könnte eine geänderte Version aussehen:

Karin ging zum Fernseher und schaltete ihn aus. Es war ein uraltes Röhrengerät ohne Fernbedienung und anderen Schnickschnack. Unschlüssig blieb sie stehen. Sie sollte schlafen gehen. Ihr Blick glitt über die Couch mit dem abgewetzten braunen Cordbezug, den Cocktailsessel und die vergilbte Raufasertapete. Mit den Fingern fuhr sie Einkerbungen der Kiefernholzplatte nach. Zum ersten Mal fiel ihr auf, wie armselig das alles hier wirkte. Es wurde Zeit für einen Neubeginn.

Die Figur wird von einer anderen vorgestellt
Was passiert, wenn nicht der Erzähler, sondern eine andere Handlungsfigur den Protagonisten vorstellt? Diese reizvolle Variante haben Sie bereits im Kapitel über den personalen Ich-Erzähler kennengelernt, der als Nebenfigur die Geschichte des

Helden erzählt. Dort haben wir ihn vor allem als Vertrauten der Hauptfigur erlebt, dem es hauptsächlich darum ging, deren Verdienste und Leistungen ins rechte Licht zu rücken. Doch andere Personen können weniger wohlwollend sein. Selbst negative Urteile lassen sich glaubwürdig vermitteln, wenn sie nicht einer auktorialen, unangreifbaren Erzählerinstanz zugerechnet werden, sondern einer Figur, die selbst nicht frei von Makeln ist. *Die Frau entsprach da schon eher seinen Erwartungen. Sie war klein und ein etwas kantiger Typ. Das zerknitterte, fleckige Kostüm saß hinten und vorn nicht. Und noch dazu eine unmögliche Farbe, jedenfalls für sie.*[142]

Die Vorstellung aus zweiter Hand ist gut geeignet, verschiedene Facetten eines Charakters zu zeigen: Die Nachbarin hat Anna als liebevolle Mutter erlebt, das Au-pair-Mädchen als autoritäre »Tiger-Mom«, die ihre Kinder drillt, der Lehrer als engagierte Elternsprecherin. Und der Leser fragt sich: Wie ist sie wirklich? Dieser Zugang bietet die wunderbare Gelegenheit zu Klatsch, Tratsch, Mutmaßungen und Verleumdungen, die den Leser ebenfalls verunsichern und das Interesse an der Hauptfigur wachhalten. Man liest weiter, weil man wissen will, was davon zutrifft.

Von der Form her können Beschreibungen und Bewertungen des Protagonisten durch andere Personen bei mehrperspektivischem oder auktorialem Erzählen in den Gedanken der Nebenfigur gezeigt werden, wie bei dem oben erwähnten Beispiel. Bei neutralem oder personalem Erzählen aus der Sicht der Hauptfigur ist das dagegen nur in direkter Rede möglich.

BEISPIEL
Selbst- und Fremd-
wahrnehmung

Eine noch andere Option wählte Martin Meyer. Seine Hauptfigur Michael fühlt sich von einem neuen Mitschüler beobachtet. *Er spürte die auf ihn gerichteten Blicke – [...] auf sein peinliches Biene-Maja-Mäppchen mit dem roten Pelikano, den exakt nach Farbton geordneten Buntstiften und [...] auf seine Lateinhefte, akkurat beschriftet sowie in blaue Hüllen eingeschlagen.*[143] Unter den Augen des fremden Jungen verändert sich die Selbstwahrnehmung der Perspektivfigur und erzeugt eine Doppelsicht. Dinge, die für Michael bisher selbstverständlich waren, wirken plötzlich unangemessen und pedantisch. Damit wird zugleich die Unsicherheit als Charakterzug des Protagonisten deutlich.

Die Figur stellt sich selbst vor
Während es einem personalen Er- oder Sie- oder einem auktorialen Erzähler relativ problemlos möglich ist, eine Figur vorzustellen, wirkt das bei einem Ich-Erzähler nicht immer glaubwürdig. Der Blick von außen gilt gemeinhin als der angemessenere. So wird es auch im realen Leben gehandhabt. Wer einen Vortrag hält oder vor Publikum aus seinen Büchern liest, wird üblicherweise vom Veranstalter vorgestellt.

Was natürlich wirkt und was nicht, hängt entscheidend von der Erzählweise des Ich ab. Sucht der Ich-Erzähler den kommunikativen Kontakt mit dem Leser, erzählt also gewissermaßen einem imaginären Zuhörer seine Geschichte, bereitet eine Selbstvorstellung keine Schwierigkeiten: *Tubutsch, mein Name ist Karl Tubutsch.*[144] Er kann außerdem über sein Aussehen Auskunft geben, über seine Eigenschaften, seine Vorlieben und Abneigungen. Der Leser entscheidet dann, ob er das glaubwürdig findet oder die Fähigkeit der Figur zu Ehrlichkeit oder Selbsterkenntnis bezweifelt.

Man kann den Leser aber auch in ein Spiel mit der Ironie verwickeln und bewusst in der Schwebe lassen, ob das Behauptete stimmt oder nicht. So macht es Irene Disches »Großmama«, die bereits erwähnt wurde.

BEISPIEL
Ironische Selbstvorstellung

In meiner Familie galt ich immer als die Schönste weit und breit [...]. Das klingt vielleicht eitel – aber ich bin bloß objektiv. Zunächst einmal sagten immer alle, ich und mein Lieblingsbruder Otto seien entzückend. Daran änderte sich auch nichts, als wir in die Pubertät kamen. Und zweitens bin ich nicht blind: wir sahen wirklich aus wie germanische Götter, beide mit dichtem, kastanienbraunem Haar, feingeschnittener Nase, großen, blauen Augen, die wie Weltkugeln leuchteten, und fast vollkommen fleischlosen Lippen.[145]

Wenn nicht so deutlich wie in diesem Beispiel gegen die Regeln der Glaubwürdigkeit verstoßen wird, kann eine Selbstschilderung des Äußeren leicht fragwürdig erscheinen.

BEISPIEL
Ironie oder
Eitelkeit?

Ich habe ein kluges Gesicht. Einer Frau kann gar nichts Gräßlicheres passieren. Cellulitis läßt sich unter spitzenbesetzten Boxershorts verstecken, Krähenfüße lassen sich hinter die Ohrmuscheln straffen. Männer verzeihen ja fast alles. [...] Bloß bei mir ist einfach nichts zu retten. Die Augenbrauen ironisch geschwungen, das Lächeln immer eine Spur maliziös.[146]

Ein *kluges Gesicht*? Weiß man das? Nimmt man das an sich selbst wahr? Oder gehört das nicht eher zu den Dingen, die nur andere sehen, ebenso wie die Mimiksignale der *ironisch geschwungenen Augenbrauen* und des *maliziösen Lächelns*. Und wenn man das tatsächlich beobachtet: Ist es dann nicht ein Zeichen dafür, dass man ständig sein eigenes Auftreten überprüft und vielleicht sogar vor dem Spiegel einübt? Daraus leitet der Leser möglicherweise ab: Die Frau, die hier von sich erzählt, ist eitel und selbstverliebt. Vermutlich hatte die Autorin Marlene Faro diese Wirkung nicht beabsichtigt. Denn das Buch zählt zur Gattung der »frechen Frauenromane«, und die setzen üblicherweise auf Sympathie und Identifikation.

Bekannt ist dieser ungewollte Negativeffekt auch aus Kontaktanzeigen. Obwohl es zumindest im Berufsleben längst zum Standard gehört, die eigenen Stärken souverän zu präsentieren, liest man doch oft mit einer gewissen Skepsis von einer *gescheiten, toleranten Kauffrau mit inspirierendem Charme und optimal proportioniertem Körper* und fragt sich, ob es wirklich möglich ist, sich selbst so objektiv einzuschätzen. Wer nicht arrogant wirken will, überlässt das Urteilen deshalb gern Gewährsleuten: *Meine Freunde sagen, ich habe viel Humor* oder nimmt Zuflucht zu Formulierungen wie *nicht ganz hässlich, nicht wirklich doof*. Mit Selbstironie sammelt auch ein Ich-Erzähler Pluspunkte. Behalten Sie also beim Schreiben aus der Ich-Perspektive immer den Subtext und die Wirkung des Gesagten mit im Blick.

Das Problem bei einem Ich-Erzähler ist oft, dass Auskünfte über Selbstverständliches gezwungen wirken, der Leser aber zumindest Informationen über Geschlecht und Alter benötigt, um nicht völlig falsche Vorstellungen aufzubauen. In »Fänger im Roggen« etwa wird der Leser durch indirekte Hinweise in die gewünschte Richtung gelenkt. Das Ich plaudert direkt los und nutzt damit die wichtige Möglichkeit der Selbstcharakterisierung durch seine Sprache. Der schnoddrige Umgangston lässt den Leser recht schnell vermuten, dass hier ein Jugendlicher erzählt. In den Fünfzigerjahren, als das Buch erschien, hätte man diese Ausdrucksweise sicher keiner jungen Frau zugeordnet, heute wäre das nicht mehr so eindeutig zu sagen. Aber es gibt weitere Hinweise auf das Geschlecht des Helden: Sein Interesse für Autos, Fußball und Fechten wird erwähnt sowie eine Anzeige der Schule, die er besucht, und die damit wirbt, dass Schüler zu *klardenkenden jungen Männern* geformt werden. So werden die richtigen Bilder schon erzeugt, bevor man auf Seite 11 dann endlich den Namen des Protagonisten Holden Caulfield erfährt, als ihn jemand begrüßt.

BEISPIEL
Indirekte Hinweise

Nach diesem Muster lassen sich Details in den Erzählfluss einflechten, die Orientierung bieten und den Leser auf die richtige Spur führen. Denn nichts ist störender, als viele Kapitel lang im Ungewissen zu sein, ob ein Mann oder eine Frau, eine Achtzehnjährige oder ein Achtzigjähriger erzählt. Solange man darüber nachgrübeln muss, kann man sich kaum auf die Handlung konzentrieren. Dass über das Aussehen des Ich bei dieser Darstellungsweise generell wenig oder nichts zu erfahren ist, wird meist nicht als Manko empfunden, denn dafür entschädigen die Einblicke in die Gedanken- und Gefühlswelt des Erzählers. Wer unbedingt Informationen zum Äußeren unterbringen will, lässt das Ich gern in den Spiegel oder auf glänzende Flächen schauen. Aber Achtung – die Figur muss wie beim personalen Er-Erzähler schon eine spezielle Absicht damit verbinden oder eine besondere Entdeckung machen: *Ein Blick in den Spiegel bestätigt mir – ich sehe schrecklich aus. Die Augenringe sind so tief und schwarz wie nach zwei Wochen ohne Schlaf.*

Ansonsten können Sie darauf vertrauen, dass sich ein Ich-Erzähler durch seine Reflexionen, Gedanken und Ansichten selbst hinreichend vorstellt: *Ich kann meinen Edelsinn nicht lange ertragen und fliehe in den Spott. Älterer, zunehmend einfallsloser Apokalyptiker wird im letzten Augenblick von verblendeter Sekretärin gerettet. Aber meine Witze machen mich nicht lustiger.*[147]

Kapitel 6: Das Wichtigste in Kürze

- Der Protagonist sollte möglichst früh eingeführt werden, dabei zumindest Alter und Geschlecht erkennen lassen.
- Die Intensität der Vorstellung ist abhängig von der Bedeutung der Figuren für die Erzählhandlung.
- Figurenbeschreibungen sollten sich auf besondere Kennzeichen konzentrieren.
- Durch bildhafte, sinnliche Beschreibungen oder szenische Schilderungen wirken Figuren besonders lebendig.
- Die Form des Berichts ist vor allem geeignet, um notwendige Informationen aus der Vorgeschichte der Figuren kurz und knapp zu vermitteln.
- Mit der Umfeldmethode lassen sich Schauplätze und Figuren zu atmosphärisch dichten, symbolischen Szenen verbinden.
- Wenn eine Figur durch andere vorgestellt wird, können die verschiedenen Facetten des Charakters gut deutlich gemacht werden.
- Stellt eine Figur sich selbst vor, kann sie leicht eitel oder arrogant wirken.
- Ein Ich-Erzähler erhält ein Profil durch seine Gedanken, Ansichten und Sprechweise. Äußere Aspekte sind weniger bedeutsam.

7. Figuren sprechen und denken lassen

In diesem letzten Kapitel wird gezeigt, wie sich die Figuren selbst zu Wort melden können, auch wenn sie ihre Geschichte nicht selbst erzählen. Die Figurenrede wird von den Äußerungen des Erzählers abgegrenzt, zu denen nicht nur der Bericht, sondern auch Beschreibung, Erörterung, Kommentar und szenische Darstellung gehören. »Dem Erzählerbericht [...] steht [...] die Personenrede als Gesamtheit aller Äußerungen entgegen, die erkennbar einer Handlungsfigur zugeordnet sind.«[148] Auch wenn es paradox klingt: Zur Figurenrede gehören auch Denken und Empfinden, die – abgesehen vom Sonderfall der erlebten Rede – formal ganz gleichartig gestaltet werden.

Formen und Funktionen der Redewiedergabe

Wie bei den Perspektiven und Darstellungsarten erzeugen auch die verschiedenen Äußerungsformen der Figurenrede jeweils eine andere Wirkung. Welche Optionen gibt es?

- Wörtliche oder direkte Rede: *Karl fragte Lena: »Wie geht's?«*
- Indirekte Rede: *Karl fragte Lena, wie es ihr gehe.*
- Redebericht des Erzählers: *Karl fragte Lena nach ihrem Befinden.*

Nur in der wörtlichen Rede kommt die Figur selbst zu Wort, der Leser hört ihre Stimme direkt und ungefiltert und kann aus der Sprechweise seine Schlüsse ziehen. Es entsteht eine große Nähe zur Figur, sie wirkt im Reden lebendig, authentisch und plastisch. Aber: Die wörtliche Rede beansprucht viel Erzählraum. Wenn der Inhalt nicht interessant ist, flacht die Spannungskurve rasch ab. Außerdem wird durch die direkte Sprachwiedergabe der Erzählfluss unterbrochen, weil zwei oder mehr Stimmen miteinander konkurrieren.

Wer das vermeiden möchte, nutzt die indirekte Rede, die sich besser an den Erzählfluss schmiegt. Der Erzähler kleidet die Figurenrede in eigene Worte und passt sie in seinen Bericht ein. Er kann Überflüssiges weglassen und Aussagen stärker auf den Punkt bringen. So entfernt sich die Darstellung allerdings wieder ein Stück weit vom Originalton, zudem wirkt die indirekte Rede durch den notwendigen Konjunktiv etwas schwerfällig. Der Redebericht schließlich übernimmt dieselben Funktionen wie der Erzählerbericht allgemein: Er rafft, gliedert und überbrückt. Dazu löst er sich ganz von der Sprache der Figur. Auch längere Gesprächspassagen lassen sich mit wenigen Worten zusammenfassen und zeigen so das Vergehen der Zeit an: *In den nächsten zwei Stunden sprachen sie über das Wetter.*

Die Kunst besteht nun darin, mit diesen Möglichkeiten so zu jonglieren, dass ein ideales Verhältnis entsteht zwischen Figuren- und Erzählerstimmen, Dehnung und Raffung der Zeit, szenischer Situierung und Zusammenfassung, Authentizität und Ökonomie, und dass Spannung und Aufmerksamkeit des Lesers erhalten bleiben. Das gilt vor allem für die Organisation komplexer Gespräche, in denen durch den Wechsel der Darstellungsweise das Tempo variiert sowie die Balance zwischen Nähe und Distanz gehalten werden kann.

BEISPIEL
Verschiedene
Redeformen

»Lieber Treibel«, fuhr die Rätin fort, »ich richtete mich an das Fräulein v. Bomst, das [...] mir in allem, was ›Hof‹ angeht, doch um ein Erhebliches kompetenter ist als du.«
»Zweifellos«, sagte Treibel. Und die Bomst [...] nahm nun ihrerseits das Wort und erzählte von der Prinzessin, die ganz die Großmutter sei, denselben Teint und vor allem dieselbe Laune habe. [...] Auch die Ziegenhals mischte sich jetzt mit ein.[149]

Figuren reden

Der äußere
Monolog

Zwei Formen der direkten Figurenrede sind zu unterscheiden: die eines einzelnen Sprechers (Monolog) und die Wechselrede von zwei oder mehr Personen (Dialog). Den laut artikulierten, äußeren Monolog werden Sie vermutlich relativ selten verwenden. Wenn es Ihnen darum geht, den Protagonisten überwiegend selbst sprechen zu lassen, ist die Wahl der Ich-Perspektive sinnvoller. Natürlich können Sie einen etwas skurrilen Charakter zeigen, der laute Selbstgespräche führt, jemand kann sich auf diese Weise in einer Robinson-Situation absoluter Einsamkeit vor dem Wahnsinn retten wollen, vor Schreck oder Überraschung aufschreien oder etwas rufen. Sprechen ohne Publikum bleibt jedoch in Roman und Erzählung eine Ausnahme.

Realistische Kommunikationsformen des Monologs sind vor allem Rede oder Vortrag: Jemand spricht zu anderen, ohne dass eine Gegenrede vorgesehen ist. Einen solchen Text vollständig im Wortlaut zu präsentieren, ist selten gerechtfertigt, denn er sprengt schnell den Erzählrahmen, vor allem, wenn über ein Sachthema referiert wird. Es empfiehlt sich, die entscheidenden Aussagen wörtlich zu zitieren, andere Passagen in indirekter Rede oder als Bericht zusammenzufassen und durch Hinweise auf Raum, Zeit, Mimik, Gestik, Wahrnehmungen, Reaktionen und Ähnliches die Wirklichkeitsillusion der Szene aufrechtzuerhalten. *Kröchert hatte inzwischen zu reden begonnen. Nach einer knappen Begrüßung kam er sofort zur Sache: »Ich habe das Seehotel zum ersten Juni [...] verkauft. [...]« Dann dankte er jedem Mitarbeiter einzeln. [...] Anna sah sich um. Alle saßen wie vom Donner gerührt.*[150]

Rede oder Vortrag

Das monologische Erzählen kann auch in Dialogsituationen dominieren, in denen ein Sprecher die anderen nicht zu Wort kommen lässt oder diese von sich aus schweigen. Das ist zum Beispiel der Fall, wenn jemand ein Verbrechen gesteht und dabei ausführlich die Vorgeschichte und seine Tatmotive schildert. Dabei sollten Sie aber darauf achten, dass dem Leser durch eingeschobene Erzählerberichte die Situation immer wieder vergegenwärtigt wird.

Monologischer Dialog

Manchmal wird jedoch der Handlungsrahmen zunehmend ausgeblendet, während der Monolog sich zur selbstständigen

Binnenerzählung weitet, wie etwa in Leo Tolstois »Kreutzersonate«: Auf einer viele Tage dauernden Reise kommen die Passagiere eines Eisenbahnabteils miteinander ins Gespräch. Es geht um Themen wie Liebe, Ehe und Scheidung. Ein grauhaariger, zunächst schweigsamer Herr behauptet plötzlich, dass die Ehe ein Betrug sei, gesteht, seine Frau ermordet zu haben, und legt eine sich immer mehr zum Monolog entwickelnde Lebensbeichte ab.

BEISPIEL
Monolog als Binnenerzählung

»Nun, dann will ich Ihnen erzählen ... Aber wollen Sie es wirklich anhören?«
Ich wiederholte, ich würde es sehr gerne hören. Er schwieg eine Weile, rieb sich das Gesicht mit den Händen und begann: »Wenn ich erzählen soll, dann muß ich alles von Anfang an erzählen.«[151]

Wenn der Monolog als eigenständige Geschichte bestehen kann und Sie fürchten, dass durch Unterbrechungen Spannung und Zusammenhang verloren gehen, sollten Sie eine Alternative wählen. Grenzen Sie diesen Text als Binnenerzählung deutlich vom übrigen ab *(Und der alte Mann begann zu erzählen ...)* oder gestalten sie ihn als eigenes Kapitel, eventuell mit eigener Überschrift.

Der Dialog

Ganz überwiegend wird die wörtliche Rede innerhalb eines Dialogs eingesetzt, sie ahmt also ein Gespräch zwischen zwei oder mehr Figuren in einer Szene nach und soll deshalb so natürlich klingen wie im wirklichen Leben. Lässt sich das nicht vielleicht am besten erreichen, indem ich die Sprache ganz dem Alltag ablausche? *»Wie geht es dir?«* – *»Danke, muss ja, und selbst?«* – *»Auch gut!«* – *»Was machst du heute Abend?«* – *»Mal sehen, vielleicht gehe ich ins Kino.«* – *»In welchen Film?«* – *»Ich weiß noch nicht. Und du, was machst du?«* Seitenlang ließe sich dieser Dialog weiterführen, denn genau so laufen unzählige Gespräche in der Realität ab, meist noch ergänzt um Floskeln wie *äh* und *hm*. Möchten Sie das lesen? Ich glaube nicht. Ein solcher Dialog ist langweilig, ermüdend, banal. Begrüßung und Vorgeplänkel lassen sich – wenn sie überhaupt erwähnenswert sind – rasch in einem Satz zusammenfassen: *Nachdem sie sich begrüßt hatten, sprachen sie über ihre Pläne für den Abend.*

Damit ein Eindruck von Natürlichkeit entsteht, müssen Sie sehr gezielt und kunstfertig vorgehen. Otto Kruse bezeichnet einen guten Dialog als »verbalen Zusammenprall zweier Menschen [...], die in unterschiedliche Richtungen streben«.[152] Das sollten Sie als Maßstab nehmen für die Entscheidung, welche Teile eines Gesprächs Sie in wörtlicher Rede gestalten. Und: Es zählt nicht, was gesagt wird, sondern vor allem die Wirkung. Ein gelungener Dialog zeichnet sich durch Spannung oder ein Geheimnis aus. Er sagt etwas aus über das Verhältnis der Akteure zueinander und führt zu einer Veränderung ihrer Beziehung. Die wortgetreue Wiedergabe sollte also nur dann Eingang in Ihren Roman oder Ihre Erzählung finden, wenn etwas zwischen den Sprechenden geschieht, das nicht vorhersagbar und konventionell ist. Vielleicht bahnt sich ein Missverständnis an, einer will den anderen von etwas überzeugen oder ihn manipulieren, ein Konflikt entsteht, unterschiedliche Positionen werden sichtbar oder ein Streit bricht aus – je heftiger die Fetzen fliegen, umso besser.

Die Aufmerksamkeit des Lesers können Sie mit einem einfachen Trick sichern: Indem Sie einen indirekten Dialog schreiben, der nicht mit der indirekten Rede verwechselt werden darf. Indirekt ist ein Dialog, wenn eine Frage nicht direkt beantwortet wird, sondern vom Erwarteten abweicht. Wenn also auf die Frage *»Wie geht es dir?«* nicht wie üblich *»Danke gut, und selbst?«* folgt, sondern vielleicht *»Was machst du denn hier?«* oder *»He, was wollen Sie von mir? Ich kenne Sie nicht!«*. Solche vordergründig »falschen« Antworten irritieren und provozieren, deuten unterschwellig Konflikte, Aggressionen, Hoffnungen oder Erwartungen im Verhältnis der Gesprächspartner an.

TIPP
Der indirekte Dialog

Im Erzähltext werden Sie selten den Dialog pur präsentieren, so wie es in Drama oder Drehbuch üblich ist. Dort werden mit Szenen- bzw. Regieanweisungen die Schauplätze und Handlungen beschrieben, die auf der Bühne oder im Film konkret gezeigt werden. Es gibt einige wenige Beispiele für reine Dialogromane, und wenn die Situation zuvor geschildert wurde und eine Szene ihrem Höhepunkt zustrebt, ist es auch legitim, sich eine Weile ganz auf den verbalen Schlagabtausch der Gesprächspartner zu konzentrieren.

Grundsätzlich aber gilt: Erzählerbericht und Figurenrede werden verbunden, damit der Leser die Szene wie in einem Film direkt vor seinem geistigen Auge sehen kann. Lassen Sie die Figuren nicht im Nirgendwo reden, sondern verorten Sie das Gespräch. Sitzen beide an einem Tisch im Café? Stehen Sie vor dem Haus auf der Straße? Beim folgenden Beispiel ist der Schauplatz eine Siedlung im Ruhrgebiet, bei dem Ich-Erzähler handelt es sich um einen Mann, Lisbeth ist eine Nachbarin.

BEISPIEL
Indirekter,
szenischer Dialog

Ich harkte das Laub vom Rasen [...] und als ich einen schönen Haufen zusammengekratzt hatte, kam Lisbeth auf den Balkon. Sie trug ihren blauen Hosenanzug, einen Rolli und Ohrclips aus Perlmutt, und ich sagte: »Donnerwetter! Gehst du aus?«
»Ach was.« Sie roch nach Haarspray oder Kölnisch Wasser. »Muß die Sachen mal auftragen. Willst du 'n Bier?«[153]

Ein ganz alltäglicher Dialog, so scheint es, und doch ist er höchst kunstvoll gearbeitet – indirekt. Frage und Antwort bedeuten mehr und anderes als das Gesagte. Natürlich will der Mann nicht wissen, ob Lisbeth ausgeht. Natürlich muss Lisbeth weder Hosenanzug noch Ohrclips auftragen. Vielmehr macht er ihr ein verstecktes Kompliment, denn er hat sehr wohl gemerkt, dass sie ihm gefallen will. Vielleicht will sie ihn sogar verführen? Man fragt sich: In welchem Verhältnis stehen die beiden zueinander? Nur wenn man weiterliest, erfährt man, was die beiden verbindet.

Vor jedem Dialog, den Sie schreiben wollen, sollten Sie sich Gedanken machen, was Sie auf der Beziehungsebene zeigen wollen. Danach legen Sie fest, was auf welche Weise gesagt wird, damit es zwischen den Zeilen gelesen werden kann. Nur so gelingt ein komplexer, indirekter Dialog.

Zusätzlich lassen sich Informationen vermitteln, beim Krimi etwa über den Stand der Ermittlungen, Meinungen austauschen, Absichten und Vorhaben erläutern und vieles mehr. Ganz wichtig ist dabei, dass immer die Figuren miteinander sprechen und der Autor den Dialog nicht dazu missbraucht, gewissermaßen über deren Kopf hinweg dem Leser etwas mitzuteilen. Dann wirken Texte nämlich tatsächlich hölzern. *»Was arbeiten Sie?«, wollte Karl wissen. – »Ich leite eine PR-Agentur«, sagte Lisa. – »Was heißt das – PR?« – »Public Relations, also Öffentlichkeitsarbeit im weitesten Sinne. Wir haben uns auf die Kommunikation zwischen Reiseveranstaltern und Touristikern spezialisiert ...«* Wenn jetzt noch eine lange Erklärung des Berufsfeldes folgt, haben wir es mit dem berüchtigten »Infodump«[154] zu tun, der Szenen wie Dialoge zum Platzen bringen kann. Es sind nur wenige Situationen in einem Gegenwartsroman vorstellbar, in denen ein erwachsener Gesprächspartner fragt, was denn eine PR-Agentur sei. Selbst wenn er es nicht weiß, wird er das vermutlich nicht oder zumindest nicht so unverblümt zugeben. Vermutlich wollte der Autor hier dem Leser erklären, was seine Figur beruflich macht. Ebenso schief wirken Äußerungen, in denen einer dem anderen etwas sagt, was für den selbstverständlich ist: *»Tschüss, Liebling, ich gehe jetzt zu meiner Arbeit als technischer Zeichner bei der Baufirma Meier.«*

Informationen im Dialog

Vorsichtig sollten auch Partikeln verwendet werden. *»Äh, übrigens, was ich sagen wollte, ist, dass ich mich, äh, hm, eigentlich irgendwie nicht besonders wohl fühle.«* Wer solche Sätze aneinanderreiht, bringt den Leser schnell zum Gähnen. Was im realen Gespräch nur einen flüchtigen Eindruck hinterlässt, wirkt im Medium der Schrift bedeutungsvoll, denn es lässt sich nicht so leicht überlesen wie überhören. Gänzlich auf Partikeln zu verzichten, ist oft auch keine Lösung. *»Ich fühle mich unwohl«* klingt in manchem Kontext zu abgehackt und emotionslos. Sogenannte Abtön- oder Modalpartikeln wie *doch, nur, aber* oder *schon* ändern den Sinn von Aussagen um eine Nuance und wirken zugleich als stilistisches Gleitmittel. Es kommt auf die richtige Balance zwischen zu viel und zu wenig an. *»So richtig wohl fühle ich mich nicht«* wäre vielleicht eine angemessene Variante.

Gesprochene Sprache nachahmen?

Um behutsame Dosierung und Gleichgewicht geht es auch bei anderen Besonderheiten im sprachlichen Ausdruck wie Lieblingswörtern oder -wendungen *(»Ich sag ja immer ...«)*, Dialekt, Slang, Fremd- und Fachwörtern, sehr verknappter oder sehr komplexer Syntax. Eine stark individualisierte Personenrede kann nerven, wenn sie dominiert, spricht dagegen ab und zu eine Nebenfigur ungewöhnlich, trägt das zur Auflockerung bei. Denken Sie auch daran, dass die Sprache einer Figur deren Bewusstsein, Alter, sozialer Stellung und Bildung zumindest nicht widersprechen sollte.

Ein guter Kompromiss sind relativ neutrale Formulierungen mit eingefügten Signalwörtern. Wenn es sich um unbekannte oder wenig verbreitete Begriffe handelt, empfiehlt es sich, eine knappe Erklärung einzufügen. Auf diese Weise illustriert zum Beispiel Ulla Hahn die regionale wie soziale Herkunft ihrer Protagonistin und bleibt trotzdem verständlich: *Lommer jonn, sagte der Großvater, laßt uns gehen, griff in die Luft und rieb sie zwischen den Fingern. [...] Lommer jonn. [...] Mit dem Großvater liefen wir weiter, hinunter, dorthin, wo das Verbotene begann, und niemand schrie: Paß op de Schoh op! Paß op de Strömp op! Paß op! Paß op!*[155]

Schweigen statt reden? Spannende und anregende Dialoge zu schreiben, macht zugegebenermaßen viel Arbeit. Das darf aber nicht der Grund dafür sein, es einfach zu unterlassen. In einer Erzählung ist davon die Rede, dass sich beste Freundinnen im Restaurant treffen, und dann heißt es lapidar: *Sie aßen schweigend.* Wenn die beiden nicht zerstritten sind (aber dann würden sie sich nicht verabreden), ist das mehr als unwahrscheinlich. Reden sie nur Belangloses, ist die Szene vielleicht insgesamt überflüssig und kann übersprungen oder gerafft werden, sonst sollte zumindest das Thema erwähnt werden: *Während des Essens redeten sie über den Urlaub.*

Von den weiter oben erwähnten Ausnahmen abgesehen, sollten Sie Ihre Figuren nicht zu lange monologisieren lassen. Bringen Sie durch zügigen Wechsel von Rede und Gegenrede Tempo in den Dialog, viel mehr als drei Sätze sollte ein Gesprächsschritt nicht umfassen. Hat das Gespräch seine Funktion erfüllt, kann abgeblendet oder zur nächsten Szene übergeleitet werden: *Den Rest des Abends sprachen sie über andere Themen* oder *Karl murmelte etwas Unverständliches und verließ türknallend den Raum.*

Am Ende dieses Abschnitts wiederhole ich, was für alle anderen Tipps in diesem Buch ebenfalls gilt: Es kann gute Gründe dafür geben, sie nicht zu befolgen, sondern das genaue Gegenteil zu tun. Die beiden Freundinnen schweigen vielleicht, weil sie feststellen, dass sie sich nichts mehr zu sagen haben. Jemand monologisiert ohne Unterbrechung mehrere Seiten lang über Dinge, die der Gesprächspartner längst kennt, weil Sie zeigen wollen, wie egomanisch er ist. Jemand redet in einer unverständlichen Sprache, weil man so mitempfinden kann, wie sich der Protagonist bei seiner Ankunft in einem fremden Land fühlt. Entscheidend ist nur: Der Leser muss die Chance haben, zu erkennen, warum etwas so und nicht anders dargestellt wird.

Bleibt noch die formale Gretchenfrage, wie es denn mit der Markierung der wörtlichen Rede zu halten sei. Grammatisch korrekt wird die sprechende Figur bzw. der Redeakt durch eine sogenannte *inquit*-Formel (lateinisch für »er sagt«) und ein *verbum dicendi* – ein Verb des Sagens – eingeleitet und die direkte Rede selbst in doppelte Anführungszeichen (unten und oben im Wechsel oder wie hier im Buch in spitzen Doppelklammern) eingeschlossen.[156] Als belletristischer Autor sind Sie allerdings nicht gezwungen, dudenkonform zu schreiben. Und so haben Sie sicher schon Bücher gelesen, in denen ein Gedankenstrich am Beginn einer Zeile den Beginn wörtlicher Rede signalisiert, einfache Anführungszeichen genutzt werden oder sogar ganz auf eine Kennzeichnung verzichtet wird. Dafür gibt es durchaus nachvollziehbare Gründe. Denn bei schneller Wechselrede und zusätzlich eingefügten Gedanken kann das Textbild durch die zahlreichen Anführungszeichen unruhig und überfrachtet wirken. Andererseits wird durch ein Fehlen der Markierungen die Lektüre erschwert. Wenn Sie es Ihren Lesern leicht machen möchten, sollten Sie konventionell verfahren. Wenn Sie zudem

Formale Kennzeichen

bei jedem Sprecherwechsel eine neue Zeile beginnen, wirkt der Dialog sehr übersichtlich.

Als Störungen im Erzählfluss werden oft auch die Er-sagt-Formeln empfunden. Aber auch hier sollte Eindeutigkeit die oberste Maxime sein. Im Zweiergespräch kann man meist einigen Sprecherwechseln folgen, ohne die Orientierung zu verlieren. Könnte es Missverständnisse geben, sollte der Redner genannt werden. Man kann monoton bei *sagte sie, sagte er* bleiben, weil der Leser schnell darüber hinwegliest. Dezente Abwechslung bieten Verben wie *fragen, entgegnen, erwidern, meinen*. Wenn es zutrifft, machen Ausdrücke wie *flüstern, schreien, keifen* eine besondere Modulation der Stimme anschaulich. Abzuraten ist allerdings davon, nur um der Variation willen unpassende Verben zu verwenden. Äußerst selten sind *raunen, säuseln* oder *deklamieren* wirklich angemessen.

Grammatisch falsch und deshalb in jedem Fall zu vermeiden ist die Verwendung eines Handlungsverbs in der Er-sagt-Formel: *»Es regnet schon wieder«, nahm sie den Schirm aus dem Ständer.* Stattdessen sind zwei Varianten möglich: *»Es regnet schon wieder«, sagte sie und nahm den Schirm aus dem Ständer.* Wenn erkennbar ist, wer spricht, kann die Handlung in einem gesonderten Satz die Formel ersetzen. *»Es regnet schon wieder.« Sie nahm den Schirm aus dem Ständer.*

Figuren denken

Mit der wörtlichen Rede wird eine Wirklichkeit imaginiert, die jeder kennt, denn wir sprechen täglich mit Menschen. Der Einblick in die Gedanken und Empfindungen anderer ist dagegen exklusives Vorrecht von fiktionalen Texten. Zu erfahren, wie andere denken und fühlen, und sei es auch nur in der Möglichkeitsform, macht den spezifischen Reiz der Lektüre von Erzählungen und Romanen aus, erweitert den eigenen Horizont und stärkt die Fähigkeit zur Empathie.

Von den grammatischen Formen her werden innere Vorgänge ebenso gestaltet wie die Figurenrede. An die Stelle von Verben des Sagens treten Verben des Denkens, Wahrnehmens oder Fühlens. Auch hier haben Sie wieder verschiedene Möglichkeiten.

- Direkte Gedankenwiedergabe: *Karl dachte: »Wie mag es Lena (wohl) gehen?«*
- Indirekte Gedankenwiedergabe: *Karl dachte darüber nach, wie es Lena wohl gehe.*
- Gedankenbericht: *Karl machte sich Gedanken über Lenas Befinden.*

Da die korrekten Anführungszeichen beim Denken leicht mit denen des Sprechens kollidieren, wenn etwa innerhalb eines Gesprächs auch Gedanken wiedergegeben werden, hat es sich durchgesetzt, bei der direkten Darstellung innerer Vorgänge darauf zu verzichten. *»Wie schön, dass wir uns endlich mal treffen«, sagte Karl. Für sich aber dachte er: Dieser Mistkerl, dem werde ich es zeigen.* Wenn Sie die Gedanken trotzdem markieren möchten, sollten Sie doppelte Anführungszeichen verwenden. Alle Gedanken in einem Erzähltext kursiv zu setzen, empfiehlt sich nicht, weil der Textfluss dadurch ebenfalls gestört wird und es nicht darum geht, etwas hervorzuheben. Manchmal erscheinen innere Vorgänge fälschlicherweise auch in einfachen Anführungszeichen, doch die sollten auf die Kennzeichnung von Zitaten innerhalb wörtlicher Wiedergabe beschränkt bleiben. *Karl sagte: »Stell dir vor, Katja hat gestern zu mir am Telefon gesagt: ›Ich bin die glücklichste Frau der Welt.‹«*

Je stärker sich an der Wende vom 19. zum 20. Jahrhundert das Interesse an der Psyche des Menschen herausbildete, desto weniger mochten sich Autoren mit den klassischen Formen der Gedankenwiedergabe zufriedengeben. Im Naturalismus ging es um größere Authentizität bei der (auch sprachlichen) Darstellung der sozialen Realität, im Expressionismus rückte die Abbildung von Bewusstseinsvorgängen in den Vordergrund. Hat schon die wörtliche Rede im literarischen Text wenig mit

Innerer Monolog

der Umgangssprache zu tun, so gilt das in noch stärkerem Maße für das Denken. Wie laufen mentale Prozesse ab? Denken wir überhaupt in Sprache? Oder in Bildern? Darüber gibt es viele wissenschaftliche Theorien und noch mehr Spekulationen. Ziemlich sicher ist, dass unsere Gedanken sich nicht zu vollständigen, syntaktisch korrekten und logisch aufeinanderfolgenden Sätzen und Texten zusammenfügen, sondern dass sie eher chaotisch, flüchtig und assoziativ sind, abbrechen, hin und her springen oder sich im Kreis drehen, vor allem, wenn wir erregt sind.

Längere Passagen der Gedankenwiedergabe bezeichnet man auch als inneren Monolog, in dem die innere Stimme einer Figur ganz ohne Einmischung eines Erzählers zu hören ist. Die Form entspricht der direkten Personenrede (Präsens, Indikativ, erste Person), auf Verben des Denkens und Fühlens und Anführungszeichen wird jedoch verzichtet.

Das war ein ganz guter Abgang. Hoffentlich glauben die zwei nicht, daß ich eifersüchtig bin. – Daß sie was miteinander haben, Cousin Paul und Cissy Mohr, darauf schwör' ich. Nichts auf der Welt ist mir gleichgültiger. – Nun wende ich mich noch einmal um und winke ihnen zu. Winke und lächle. Ach Gott, sie spielen schon wieder. Eigentlich spiele ich besser als Cissy Mohr; und Paul ist auch nicht gerade ein Matador. Aber gut sieht er aus – mit dem offenen Kragen und dem Bösen-Jungen-Gesicht. Wenn er nur weniger affektiert wäre.[157]

Das Beispiel aus Schnitzlers »Fräulein Else« macht auch die Grenzen des inneren Monologs deutlich. Es wirkt in hohem Grade unlogisch, wenn eine Figur unbewusst ablaufende oder selbstverständliche Handlungen als Gedanken formuliert, wie etwa *Nun wende ich mich noch einmal um und winke ihnen zu*. Verzichtet man jedoch darauf, wird der Text leicht unverständlich, denn es fehlt der Kontext, die situative Einbettung des Geschehens in Raum und Zeit. Der reine innere Monolog lässt sich eventuell in kürzeren Erzählungen einsetzen, für einen ganzen Roman ist er weniger geeignet.

In dem Beispiel oben nähert sich die Darstellung dem Figuren- **Bewusstseins-**
bewusstsein an, doch die Gedanken erscheinen noch sehr **strom**
strukturiert. In einer extremen Form werden innere Vorgänge,
Wahrnehmungen, Empfindungen, Erinnerungen und Reflexionen als Bewusstseinsstrom *(stream of consciousness)* aufgezeichnet.[158] Typische Merkmale dafür sind: verkürzter Satzbau, willkürliche Wortbildungen, individuelle Sprache, assoziative Verbindungen, (rhetorische) Fragen usw. Das wohl bekannteste Beispiel ist der sogenannte Monolog der Molly Bloom im letzten Kapitel von James Joyce' »Ulysses«.

Ja weil er sowas doch noch nie gemacht hat bis jetzt daß er sein Frühstück ans Bett haben will mit zwei Eiern seit dem City Arms Hotel wo er immer so tat wie wenn er wegen seiner kranken Stimme das Bett hüten müßte und den feinen Lackaffen spielte alles bloß um sich bei der alten Ziege interessant zu machen Mrs Riordan von der er dachte er hätte einen dicken Stein im Brett bei ihr und dabei hat sie uns keinen roten Heller hinterlassen alles für Messen weg für sie selber und ihre blöde Seele also sowas von Geizkragen das gibts nicht nochmal wieder wie die sich gesträubt hat die lumpigen 4d für ihren Brennspiritus rauszurücken und dann all ihre Wehwehchen die sie hatte und das ganze Gequatsche über Politik und Erdbeben und das Ende der Welt[159] – So geht es weiter, wild springen Erinnerungen und Gedanken durcheinander, ohne Punkt und Komma auf über siebzig Seiten. Ganz klar: Niemand denkt mit Satzzeichen. Obwohl kunstvoll komponiert, wirkt dieser Bewusstseinsstrom absolut natürlich, wie jeder weiß, der sich schon mal längere Zeit schlaflos im Bett gewälzt hat wie Molly neben ihrem schnarchenden Ehemann.

Es gibt nur wenige Situationen, zu denen ein längerer innerer **Eingebettete**
Monolog wirklich passt. Ansonsten umgeht man die Logik- **Gedanken**
probleme am besten dadurch, dass man durch einen zwischengeschalteten Erzählerbericht das Denken in der Erzählsituation verankert.

Franz Biberkopf hat wieder den Rucksack um und verkauft Zeitungen. Er hat sein Quartier gewechselt [...] steht am Alexanderplatz. [...] Franz Biberkopf sieht die Münzstraße runter, als er zum erstenmal in dem Gedränge steht und denkt: wie weit ist es wohl zu den beiden Juden, die wohnen gar nicht weit, das war bei meinem ersten Malheur, vielleicht mach ich bei die mal Stippvisite, können mir mal einen ›Völkischen Beobachter‹ abkaufen. Warum nicht, ob sie ihn mögen, ist mir egal, wenn sie ihn bloß abkaufen. Er grient bei dem Gedanken.[160]

Wir sehen Biberkopf auf dem Alexanderplatz stehen und seine Zeitungen anbieten. An dieses Bild knüpfen sich die Gedanken, denn beim Blick in die Münzstraße erinnert er sich an ein früheres Erlebnis mit zwei Juden, die dort wohnen. Die Situation ist stimmig, Biberkopf wartet auf Zeitungskäufer, die Richtung seiner Gedanken wird durch Beobachtungen und seine Lage bestimmt. Längere Passagen des Nachdenkens sind immer dann glaubwürdig, wenn die Figur Zeit hat, beim Warten, während einer Auto- oder Zugfahrt, beim Spaziergehen oder wenn ein Problem oder eine emotionale Ausnahmesituation zu bewältigen ist, wenn sich die Figur auf nichts anderes konzentrieren kann, obwohl sie es sollte. In Aktionsszenen, auf der Flucht, in großer Zeitnot oder kurz vor einer Prüfung wird sich sicher kein langer Bewusstseinsstrom ergeben.

Die Verbindung zwischen Erzählerbericht und Monolog wirkt in diesem Beispiel recht organisch, dazu trägt die Zeitgestaltung im Präsens bei. Wer jedoch in der Vergangenheitsform schreibt und zwischen Erzählerbericht und direktem Denken wechselt, erhält einen Text, in dem Tempus und Pronomen sich ständig ändern. So ließe sich das Beispiel umschreiben: *Franz Biberkopf sah die Münzstraße runter, als er zum erstenmal in dem Gedränge stand. Wie weit ist es wohl zu den beiden Juden, die wohnen gar nicht weit, das war bei meinem ersten Malheur, vielleicht mach ich bei die mal Stippvisite, können mir mal einen ›Völkischen Beobachter‹ abkaufen. Warum nicht, ob sie ihn mögen, ist mir egal, wenn sie ihn bloß abkaufen. Er griente bei dem Gedanken.*

Erlebte Rede Einerseits lässt sich so deutlich unterscheiden, wann die Stimme dem Erzähler und wann sie Biberkopf gehört, andererseits bringt das Hin und Her der Formen Unruhe in den Text. Wer das vermeiden möchte, wählt eine künstliche Zwischenform, die sogenannte erlebte Rede. Dabei werden die dritte Person und das normale Erzähltempus beibehalten. So passen sich die Gedanken geschmeidig in den Text ein. Nehmen wir nochmal denselben Romanausschnitt. Wie liest er sich in erlebter Rede? *Franz Biberkopf sah die Münzstraße runter, als er zum erstenmal in dem Gedränge stand. Wie weit wäre es wohl zu den beiden Juden? Die wohnten gar nicht weit, das war bei seinem ersten Malheur. Vielleicht machte er bei denen mal Stippvisite, sie könnten ihm einen ›Völkischen Beobachter‹ abkaufen. Ob sie ihn mochten, war ihm egal, wenn sie ihn bloß abkauften. Er griente bei dem Gedanken.*

Ebenso ließe sich auch die gesamte Passage im Präsens erzählen. Erlebte Rede ist nicht nur ein grammatisches Phänomen, sie erlaubt zudem eine Annäherung an die Figur, obwohl eigentlich der Erzähler spricht. Von der Form her ist oft kein Unterschied auszumachen, allenfalls im Tonfall. Auch mit subjektiven, emotional gefärbten Äußerungen, Fragen und Ausrufen ohne Subjekt kann erlebte Rede lebendig umgesetzt werden. Sie ist eine vielseitig verwendbare Darstellungsweise, mit der Sie beim Erzählen aus einer personalen Er- oder Sie-Perspektive auf flexible, natürlich wirkende Weise die Gedankenwelt der Figur sichtbar machen können. Ein wichtiger formaler Tipp: Innerhalb der erlebten Rede sollte nur das Personalpronomen verwendet werden, weil eine Erwähnung des Namens zu große Distanz erzeugt, falsch klingt (man spricht sich selbst nicht mit Namen an) und auf den Erzähler verweist. Wenn es nötig ist, den Namen der Figur zu nennen, fügen Sie einfach einen Satz Erzählerbericht ein.

Kapitel 7: Das Wichtigste in Kürze

- In der wörtlichen Rede kommt die Figur selbst zu Wort, sie wirkt dadurch lebendig und plastisch.
- Die indirekte Rede passt sich besser als die direkte Rede in den Erzählfluss ein.
- Mit dem Redebericht lassen sich längere Gesprächsabschnitte knapp zusammenfassen.
- Spannung entsteht, wenn in einem Dialog die Antworten indirekt sind, d.h. vom Erwarteten abweichen.
- Ein Dialog sollte über das Gesagte hinausweisen, etwas über das Verhältnis der Gesprächspartner zueinander deutlich machen und ihre Beziehung verändern.
- Um Natürlichkeit im Dialog zu erzeugen, genügt ein gezielter Einsatz ausgewählter Partikeln und Signalwörter, die auf die gesprochene Sprache verweisen.
- Durch zügigen Wechsel von Rede und Gegenrede im Dialog entstehen Tempo und Spannung.
- Das Denken von Figuren sollte in konkreten Handlungssituationen verankert und mit Erzählerbericht verbunden werden.
- Bei der erlebten Rede werden das Erzählpronomen und das normale Erzähltempus beibehalten. Die Gedanken der Figur passen sich geschmeidig in den Erzählerbericht ein.

8. Statt einer Zusammenfassung

Zwanzig Tipps für perfekte Figuren

1. Sie können nicht zu viel über Ihre Figuren wissen.
2. Beginnen Sie erst mit dem Schreiben, wenn Ihre Hauptfiguren für Sie zu guten Bekannten geworden sind.
3. Damit Sie bei der Entwicklung der Handlung nicht den Protagonisten aus dem Blick verlieren, empfiehlt es sich, den Plot von der Hauptfigur aus zu entwickeln: *Dieser Roman handelt von Karl, der sich in Karla verliebt hat. Er ...*
4. Schreiben Sie zu jeder handlungsrelevanten Figur eine Biografie als fortlaufenden Text, orientieren Sie sich dabei an der Liste mit Aspekten der Figurenentwicklung.
5. Machen Sie sich Gedanken darüber, wie Ihre Figur zu der wurde, die sie ist, und was sie für die Zukunft anstrebt.
6. Lieben Sie Ihre Figuren, selbst wenn sie sich nicht liebenswert verhalten. Wenn Sie Ihre Figuren nicht schätzen, wird es auch der Leser nicht tun.
7. Wenn Sie das Gefühl haben, mit Ihren Figuren noch nicht hinreichend vertraut zu sein, versuchen Sie sie mithilfe einiger der im vierten Kapitel genannten Methoden besser kennenzulernen.
8. Prüfen Sie am Ende der Konzeptionsphase Biografie und Plot im Wechsel: Hat der Protagonist ein Ziel? Gibt es genügend Widerstände und antagonistische Gegenkräfte? Wird sein Leidenspotenzial voll ausgereizt? Überzeugt der Schluss?
9. Gestalten Sie gemischte, mehrdimensionale Charaktere. Ein positiver Held sollte ein Laster oder einen dunklen Fleck haben, ein negativer Held zumindest eine anerkennenswerte Eigenschaft.
10. Prüfen Sie, ob Sie Ihrer Hauptfigur all die Eigenschaften mitgegeben haben, die sie benötigt, um ihre Aufgabe erfüllen zu können.

11. Beachten Sie das Prinzip der Erzählökonomie: Haben Sie sich bei der Figurenentwicklung auf Eigenschaften konzentriert, die für die Handlung relevant sind? Stellen Sie im Erzähltext selbst die Hauptfigur ausführlich und die Nebenfiguren nur knapp vor.
12. Achten Sie auf Abwechslung: Die verschiedenen Figuren sollten sich in ihrem Äußeren und ihrem Charakter deutlich unterscheiden.
13. Wenn Sie unsicher sind, welche von mehreren Figuren die Hauptrolle übernehmen soll, entscheiden Sie sich am besten für diejenige, die in den stärksten Konflikt gerät, die meisten Probleme zu lösen hat, am schwersten leiden muss und das größte Handlungspotenzial besitzt.
14. Berücksichtigen Sie, dass Figuren emotional dann überzeugen, wenn sie dem Leser ein Stück weit vertraut und ein Stück weit fremd sind.
15. Handelt Ihr Protagonist motiviert und glaubwürdig?
16. Vermeiden Sie Klischees und Stereotype: Unterlaufen Sie die Erwartungen der Leser an entscheidenden Punkten.
17. Legen Sie vor Schreibbeginn die Erzählperspektive(n) fest. Wenn Sie unsicher sind: Experimentieren Sie mit verschiedenen Möglichkeiten, bevor Sie sich endgültig entscheiden.
18. Führen Sie im Erzähltext den Protagonisten möglichst früh ein, damit der Leser sich schnell eine konkrete Vorstellung machen kann. Im Idealfall ist er schon ein wenig vertraut mit der Hauptfigur, bevor das Ereignis stattfindet, das die Handlung in Gang setzt und die Konflikte heraufbeschwört.
19. Verwenden Sie Darstellungsformen wie Erzählerbericht und Beschreibung maßvoll, bevorzugen Sie die szenische Gestaltung, weil die Figuren nur im Handeln lebendig werden.
20. Statten Sie Ihre Figuren mit individuellen Spracheigenheiten aus. Achten Sie darauf, dass nicht der Erzähler über deren Köpfe hinweg mit dem Leser kommuniziert.

Zwanzig Ideen, Figuren zu finden und zu gestalten

1. Figuren sammeln
Am Anfang steht häufig die Frage: Wo finde ich Figuren? Angehende Autoren zweifeln oft an ihrer Fähigkeit, sich Figuren auszudenken. »So viel Fantasie habe ich nicht«, sagen sie. Dabei genügt die Fähigkeit zu genauer Wahrnehmung. Überall lassen sich interessante Menschen entdecken, die in fiktionale Helden und Heldinnen verwandelt werden können: im Freundeskreis, in der Familie, unter Kollegen, in Zeitungsberichten, Interviews, Reportagen, Todes- und Heiratsanzeigen, auf Grabsteinen, im Café, auf Flughäfen und Bahnhöfen, überhaupt an allen öffentlichen Orten. Suchen Sie sich einen Platz, von dem aus Sie gut beobachten können, und notieren Sie alles, was Ihnen auffällt: Aussehen, Kleidung, Mimik, Gestik, Sprache, Verhalten. Achten Sie vor allem auf die besonderen Details. So schaffen Sie sich einen Materialfundus, auf den Sie bei der konkreten Figurenarbeit zurückgreifen können.

2. Stoffe der Weltliteratur
Bedienen Sie sich doch einfach aus dem großen Fundus der literarischen Stoffe. Sie müssen daraus nur eine neue, unverwechselbare Geschichte schneidern. Ein Stoff existiert zuerst außerhalb eines bestimmten Mediums und bezeichnet ein Ereignis oder einen Handlungszusammenhang. Seinen Ursprung hat er in Mythos, Religion oder Geschichte, aber auch in der Dichtung. Aus einem Stoff kann sowohl ein Theaterstück, ein Roman oder ein Film gestaltet werden. Bekannte Beispiele für literarisch gestaltete Stoffe sind etwa »Robinson«, »Robin Hood« oder »Romeo und Julia«. Schon die Bezeichnung macht deutlich, wie eng der Stoff mit den Protagonisten verbunden ist. Ein wunderbarer Ausgangspunkt für die Weiterarbeit. Fragen Sie sich zum Beispiel: Wie könnte ein moderner Robinson leben? Gibt es noch Orte jenseits der Zivilisation, wo eine Figur ihre Existenz völlig neu erfinden muss? Wie würden die aussehen? Könnte jemand, der von allen neuen Medien abgeschnitten ist, in einer ähnlichen Situation sein wie Robinson auf seiner Insel? Was, wenn Robinson eine Frau wäre? Sie

merken, es gibt viele verschiedene Ansatzpunkte, von denen aus ein literaturhistorischer Stoff in die Gegenwart transferiert werden könnte.[161]

3. Personen aus der Vergangenheit
Auch in vergangenen Lebensphasen kannten Sie eine Vielzahl von Menschen, die Sie inspirieren können. Allerdings fällt es nicht immer leicht, sich an sie zu erinnern. Machen Sie es so:
- Vergegenwärtigen Sie sich einen bestimmten Abschnitt Ihrer Biografie, zum Beispiel die Grundschulklasse, den Abiturjahrgang, eine Clique oder die Ausbildungszeit. Es kann auch ein begrenzter Bereich sein: das Mietshaus oder Stadtviertel, in dem Sie früher lebten, oder ein ehemaliger Arbeitsplatz. Sie können sich auch auf ein Ereignis oder einen besonderen Tag konzentrieren, etwa die Hochzeit eines Freundes, die Beerdigung des Großvaters oder einen runden Geburtstag.
- Schreiben Sie eine Liste mit allen Personen, die Ihnen dazu einfallen. Wenn Sie die Namen nicht kennen, wählen Sie eine Umschreibung *(der Alte mit dem Rollator, die Rothaarige)*.
- Charakterisieren Sie anschließend jede Person der Liste durch einen Satz. Außergewöhnliche Muster finden Sie zum Beispiel bei Uwe Tellkamp: *Melanie Mordewein, genannt Frau Adelaide, wirkte so luftig, als wäre sie nicht geboren, sondern gehäkelt worden.*[162]
- Weiterarbeit: Wählen Sie aus der Liste einen Namen aus (bewusst oder nach dem Zufallsprinzip) und schreiben Sie alle Erinnerungen an diese Person auf. Anschließend können Sie daraus ein Porträt gestalten.

4. Vorbilder analysieren
Der beste Lehrmeister für das Schreiben ist die Literatur. Als Autor oder Autorin sollten Sie sich angewöhnen, nach der Phase des Genusslesens einen kritischen Blick auf die Herstellungsweise zu werfen. Nehmen Sie einen Roman zur Hand, den Sie gut kennen, und dessen Protagonist Sie fasziniert. Fertigen Sie für die Hauptfigur ein Dossier an. Orientieren Sie sich dabei an der Liste mit den Aspekten zur Figurenentwick-

lung. Arbeiten Sie heraus, worin die spezifische Wirkung der Figur liegt und auf welche Weise sie erzeugt wird.

5. Begegnungen

Sie suchen nach einer Idee für eine Geschichte? Mit dieser Methode, die vor allem für Schreibgruppen geeignet ist, gelingt es ganz leicht. Zunächst sind Zettel in vier verschiedenen Farben vorzubereiten. Auch wenn Sie allein arbeiten, sollten Sie mehrere beschriften. Notieren Sie auf Zetteln einer Farbe (1) jeweils einen Namen und einen Beruf, (2) jeweils eine Charaktereigenschaft, (3) jeweils einen Gegenstand, (4) jeweils einen Schauplatz. Mischen Sie die Zettel und wählen Sie verdeckt nach dem Zufallsprinzip aus. Name, Beruf und Charaktereigenschaft dienen als Anregung zu einer Figurenskizze. Sie benötigen zwei Figuren, die sich an einem Schauplatz treffen. Der Gegenstand sollte eine Rolle für die Handlung spielen. Fragen Sie sich: *Was bringt die beiden zusammen? Wieso treffen sie sich an diesem Ort? Welcher Konflikt könnte entstehen? Wie könnte er verlaufen? Welche Lösungsmöglichkeiten bieten sich an?* Aus den Antworten entsteht beinahe automatisch ein interessanter Plot.

6. Visuelle Inspiration

Vielen Menschen fällt es sehr viel leichter, eine literarische Figur zu gestalten, wenn sie ein konkretes Bild vor Augen haben. Sie können sich im Internet Bilder zu beliebigen Namen anzeigen lassen, können Fotoalben, Porträtpostkarten oder Abbildungen aus Zeitungen und Zeitschriften als Vorlage nutzen. Beschreiben Sie erst die äußeren Wahrnehmungen und gehen Sie dann weiter in die Tiefe, loten Charakter, Herkunft, Befindlichkeit und Ziele aus.

7. Einen Bösewicht erfinden

Wir neigen im Allgemeinen zu einer harmonischen Weltsicht und deshalb fällt es den meisten Menschen schwer, wirklich böse Charaktere zu erfinden. So kann es gelingen:
Listen Sie alle Eigenschaften und Handlungsweisen auf, die Ihnen verhasst sind. Markieren Sie dann die Eigenschaften, die Sie am meisten verabscheuen. Entwickeln Sie anschließend

eine Figur, die genau über diese Eigenschaften verfügt. Erklären Sie aus dem Werdegang heraus, wie die Figur so geworden ist.

8. Namen als Inspiration
Im dritten Kapitel haben Sie sehr viel über die Bedeutung der Figurennamen erfahren. Nutzen Sie Namen doch auch mal als Anregung zur Figurenentwicklung. Zu finden sind sie überall: in der Zeitung, auf Friedhöfen, in Lexika, an Türschildern. Fragen Sie: Was für ein Mensch verbirgt sich hinter Namen wie *Victor Valin* oder *Elli Tomaschewski*? Schreiben Sie ein kleines Porträt.
Sie können auch umgekehrt vorgehen: Welcher Name passt zu der Nachbarin, die nie grüßt? Oder zu dem schüchternen Studenten, dem es einfach nicht gelingt, die Kommilitonin anzusprechen, die neben ihm in Vorlesung sitzt? Für die Großmutter, die im Lotto gewonnen hat, wurden in einer Übung unter anderem *Marie Goldberg* oder *Felicitas Blumenau* vorgeschlagen.[163]

9. Figuren-Akrostichon
Ein Akrostichon ermöglicht einen eher spielerischen Zugang zu Ihren Figuren. Der griechische Begriff bedeutet Versspitze. Es handelt sich um ein Gedicht, bei dem die Anfangsbuchstaben der Verse ein Wort, einen Namen oder Satz ergeben. In diesem Fall sind Vor- und Zuname senkrecht untereinanderzuschreiben. Die Zeilen lassen sich unterschiedlich füllen: Es können jeweils typische Eigenschaften sein, Mag-sie/ich- bzw. Mag-sie/ich-nicht-Listen oder auch ganze Sätze mit Aussagen oder Aussprüchen, die mit dem jeweiligen Buchstaben beginnen und die Figur kennzeichnen.

10. Rollenspiel
Schlüpfen Sie ganz ins Bewusstsein einer Figur und schreiben Sie aus deren Denken und Wahrnehmung heraus. So kommen Sie vor allem den Ansichten und Einstellungen dieser Figur leicht auf die Spur. Eine Übung, die Sie Ihrem Protagonisten näherbringt, auch wenn Sie in der Geschichte selbst

eine andere Perspektive wählen. Beginnen könnten Sie zum Beispiel mit Sätzen wie: *Also, ich bin ja der Meinung ... – Damals als ich ... – Mein Lebensmotto lautet ... – Wenn ich sechs Richtige im Lotto hätte ...*
Hilfreich kann es auch sein, den ganzen Lebenslauf aus der Sicht der Figur zu verfassen. *Ich, Karl Müller, wurde 1969 in Neustadt geboren ...*

11. Handlungssequenzen beschreiben
Stimmen Sie sich frühzeitig darauf ein, Ihre Figuren in Aktion zu zeigen, indem Sie Handlungssequenzen sammeln. Als Vorbild kann Theophrasts Sammlung der »Charaktere« dienen. Dort heißt es über den »Bäurischen« unter anderem: *Er behauptet, Salböl dufte nicht angenehmer als Thymian, trägt Schuhe, die ihm zu groß sind, und redet mit dröhnender Stimme.*[164]
In ähnlicher Weise können Sie spezifische Handlungs-, Verhaltens- und Redeweisen von Personen notieren, die Sie kennen oder beobachten. *Professor Müller schiebt beim Reden immer die Brille auf die Nasenwurzel zurück. Während des Vortrags ergreift er mit beiden Händen seine Manuskriptblätter und stößt den Stapel mit der Unterkante aufs Pult. – Karla tippt mit der feuchten Fingerspitze Brötchenkrümel vom Teller auf.*
Wenn Sie Ihre Figur schon etwas kennen, können Sie eine Variante ausprobieren: Stellen Sie sie einfach in eine bestimmte Situation und schauen Sie zu, wie sie dort agiert. Was macht Ihre Heldin, wenn sie von der Arbeit nach Hause kommt? Wie verhält sich Ihr Protagonist auf einem Stehempfang, auf dem er niemanden kennt? Schildern Sie das Verhalten so konkret wie möglich.

12. Kurzporträt
Bei der Figurengestaltung kann man sich leicht verzetteln. Je umfangreicher und kleinteiliger sich die Biografie entwickelt, desto mehr verschwimmen die Konturen. Deshalb kann als Ergänzung oder erste Annäherung ein Kurzporträt hilfreich sein. Es zeigt die Figur manchmal deutlicher als die Langfassung. Das Kurzporträt besteht aus genau vier Sätzen. Der erste Satz sollte Antwort geben auf die Frage: *Wo steht die Figur heute?*

Das kann den Beruf oder die Lebensumstände betreffen. *Wie ist es dazu gekommen?*, lautet die zweite Frage, die mit einem Satz zur Biografie oder Karriere erläutert werden sollte. *In welchem Umfeld lebt sie/er?*, fragt nach Familie, Hobby oder Milieu, und im vierten Satz geht es um die Frage: *Was ist sein/ihr Geheimnis?* Es kann auch ein Traum oder ein Ziel sein.[165] Trotz der Knappheit ergibt sich meist ein erstaunlich konkretes Bild der Figur.

(1) Anna ist Direktorin eines Luxushotels auf Rügen. (2) Nach einer großen Enttäuschung im Privatleben hat sie sich ganz auf ihre Karriere konzentriert. (3) Sie lebt allein und reagiert mit Misstrauen und Ablehnung auf jeden Annäherungsversuch. (4) Dabei wünscht sie sich eigentlich nichts mehr als eine erfüllte Liebesbeziehung.

13. »Metaphorischer Schattenriss«[166]

Hierbei handelt es sich um einen eher spielerisch-kreativen Zugang zu einer Figur. Erstellen Sie einen solchen Schattenriss probeweise für Personen, die Sie gut kennen. Die Methode ist auch geeignet, um eine bereits konzipierte Figur besser kennenzulernen. Einige Ergebnisse können vielleicht in die Geschichte übernommen werden, denn treffende Vergleiche lassen eine Figur besonders plastisch erscheinen.

Überlegen Sie, was die Figur wäre: als Speise, Getränk, Gemälde, Pflanze, Tier, Musik, Landschaft, Gebäude?

Sie können die Zahl der Kategorien nach Belieben erweitern oder verringern. Die Antworten können aus Einzelbegriffen, Sätzen oder längeren Beschreibungen bestehen.

14. Lebensläufe verfassen

Wenn Sie gerne sehr strukturiert arbeiten, sollten Sie für Ihre Hauptfiguren Lebensläufe verfassen, die denen für Bewerbungen um eine berufliche Position ähneln. So haben Sie die wichtigsten Daten immer auf einen Blick parat. Kleben Sie ein Foto als visuelle Ergänzung dazu. Wenn im Verlauf der Arbeit am Roman oder Erzähltext Änderungen oder Ergänzungen notwendig werden, sollten Sie die in die Biografie übertragen. Zusätzlich oder alternativ zu einem fortlaufendem Text können Sie auch einen tabellarischen Lebenslauf anlegen.

15. Eine Log Line erstellen

Der Begriff »Log Line« stammt aus der amerikanischen Filmindustrie und bezeichnet einen kurzen Text aus drei Sätzen, der die Handlung eines Films zusammenfasst. Manchmal wird dafür auch der Ausdruck »Pitch« verwendet. Mit dieser Übung schulen Sie Ihren Sinn für Präzision. Die Konstruktion lässt sich in drei Fragen formulieren: *Um wen geht es (Protagonist)? Wofür kämpft sie/er (Ziel)? Was steht dem im Weg (Hindernis)?*
Ein Beispiel: *Ein überängstlicher Clownfisch (Protagonist) muss die Sicherheit seines Riffs verlassen und den Gefahren des Meers trotzen, um seinen verlorenen Sohn zu finden (Ziel), der im Aquarium eines Zahnarztes gefangen gehalten wird (Hindernis).*[167] Sie haben es sicher erkannt: Das ist eine mögliche Log Line zu dem Film »Findet Nemo«.

16. Perspektivwechsel

Wechseln Sie einfach mal die Perspektive. Wie sieht der beste Freund oder der schlimmste Feind Ihren Helden? Lassen Sie verschiedene andere Figuren Auskunft geben über ihr Verhältnis zum Protagonisten. Versuchen Sie es auch mal mit originellen Varianten. Wir wäre es, wenn zum Beispiel das Auto, der Hund und der Goldhamster schildern, wie sie mit der Figur zurechtkommen, welche Macken und liebenswerten Eigenschaften sie besitzt?

17. Spezifische Figurensprache

Figuren sollten in einer je spezifischen Art sprechen und denken. Sie können sich durch Wortwahl und Satzbau, durch nationale, regionale, ethnische, soziale oder kulturelle Sprachbesonderheiten unterscheiden. Auch leicht verständliche Wörter aus einer fremden Sprache oder fremdländische Namen können hilfreich für den individuellen Ausdruck sein.
Als Übung können Sie eine beliebige Passage wörtlicher Rede aus einem eigenen oder einem fremden Text nehmen und sie umschreiben. Wie würde ein älterer Philosophieprofessor, eine Managerin von Mitte dreißig, ein Hausmeister um die fünfzig oder eine fünfundzwanzigjährige Kosmetikerin den Sachverhalt ausdrücken?

18. Streitgespräche
Auch dies ist eine Anti-Harmonie-Übung. Wörtliche Rede sollte eine Differenz zwischen Figuren deutlich machen, und das funktioniert am besten bei verbalen Auseinandersetzungen. Lassen Sie also zwei sich streiten: Geschwister, Eltern, Liebes- oder Ehepaare, Freunde, Kollegen oder Nachbarn.
Zunächst benötigen Sie ein Thema. Entscheiden Sie sich für eines mit viel Streitpotenzial: Urlaub ja oder nein? Job aufgeben und neu anfangen? Heiraten/Kinder ja oder nein? Sparen oder Geld ausgeben? Haus kaufen oder zur Miete wohnen?
Ganz klar: Die Ansichten der Figuren müssen kontrovers sein. Jede Figur sollte als Gesprächspartner gleich stark sein und überzeugende Argumente haben. Außerdem sollte der Dialog dem Leser indirekt etwas über das Verhältnis der Kontrahenten zueinander verraten, zum Beispiel: Wer fühlt sich als der Stärkere? Wer ist es tatsächlich? Respektieren sich beide? Welche Gefühle kennzeichnen die Beziehung (zum Beispiel Liebe, Hass, Neid, Eifersucht)? Gibt es eine Lösung? Welche?

19. Gefühle zeigen
Auf die Bedeutung der Empfindungen für eine überzeugende Figurengestaltung war verschiedentlich hingewiesen worden. Da ist es oft zu wenig, einfach nur zu schreiben: *Er ärgerte sich.* Otto Kruse hat in seinem Ratgeber gezeigt, wie sich dieser Ärger auf ganz unterschiedliche Weise ausdrücken lässt. Etwa als Verhaltensweise: *Er schmiss die Karten hin*, als Aussage: *»Mist, das darf doch nicht wahr sein«*, durch die Modulation der Stimme: *Er wurde laut*, die Mimik: *Sein Gesicht wurde starr*, die Körpersprache: *Er konnte nicht mehr sitzen*, physiologische Erscheinungen: *Sein Gesicht bekam Flecken*, Gedanken: *Er verfluchte sein risikoreiches Spiel*, Assoziationen oder Erinnerungen: *Er erinnerte sich an eine Prüfung, bei der er zweimal durchgefallen war. Beim dritten Mal hätte er die Schule verlassen müssen.* Probieren Sie es aus, indem Sie eine Palette möglicher Reaktionen für andere Gefühle zusammenstellen. Wie lässt sich etwa ausdrücken, dass eine Figur gekränkt, eifersüchtig, wütend oder freudig erregt ist? Am einfachsten geht es, wenn Sie sich eine Figur in einer konkreten Situation vorstellen.

20. Figurenbeschreibung ohne Adjektive

Wir neigen bei der Vorstellung von Figuren im Erzähltext gern zur Verwendung von Adjektiven in großer Zahl. Diese kleine Übung soll Sie dafür sensibilisieren und Ihnen Variationsmöglichkeiten aufzeigen. Aus *Er war rothaarig und sommersprossig* könnte werden: *Seine Haare glänzten wie Kupfer und in seinem Gesicht blitzten Sommersprossen.*

Wie lassen sich folgende Formulierungen umschreiben? *Sie hatte große blaue Augen und lange blonde Haare? Er war ein gut aussehender Mann?* Suchen Sie in Ihren Texten nach adjektivlastigen Passagen und verwandeln Sie diese in solche, in denen Verben dominieren.

Anmerkungen und Literatur

Eine Liste mit den wichtigsten Titeln und Webseiten (mit Link) können Sie kostenlos unter http://stilistico.wordpress.com/ herunterladen.

1. Ein Plädoyer für Bösewichte in der Literatur hat David Gray in seinem Beitrag »Gute Schurken sind rar – Das Böse in der Populärkultur« (10.02.2014) gehalten: http://www.literaturcafe.de/gute-schurken-sind-rar-das-boese-der-populaerkultur/
2. Vgl. Fritz Gesing: Kreativ schreiben. Handwerk und Techniken des Erzählens. Köln: DuMont 2014, S. 134; zu Figuren allgemein S. 116–212
3. Vgl. James N. Frey: Wie man einen verdammt guten Roman schreibt. Köln: Emons 2. Aufl. 1996, S. 51 ff.
4. Vgl. Jörg Ehrnsberger: Am Anfang sind die Charaktere. Mit Theophrast von der Figur zur Geschichte. In: TextArt 2011, Heft 1, S. 8–12, hier: S. 11. Anregungen zu Kontrastgeschichten finden Sie auch bei Lajos Egri: Literarisches Schreiben. Berlin: Autorenhaus 2010, S. 87–108
5. Vgl. Cornelia Maurer: Von Narren, Helden, Weisen. Archetypen als Schlüssel zu einer erfolgreichen Geschichte. In: TextArt 2011, Heft 1, S. 22–26 und Heft 2, S. 52–54
6. Vgl. Volker Neuhaus: Roman. Ein Schnellkurs. Köln: Dumont 2008, S. 132
7. Vgl. http://de.wikipedia.org/wiki/Ulla_Ackermann (29.07.2014)
8. Eugen Ruge im Interview: Kölner Stadt-Anzeiger vom 16. November 2011, S. 24
9. Vgl. Uwe Wittstock: Der Fall Esra – ein Roman vor Gericht. Über die neuen Grenzen der Literaturfreiheit. Köln: Kiepenheuer & Witsch 2011
10. Hans Christian Andersen: Märchen. Bilder von Nikolaus Heidelbach. Aus dem Dänischen von Albrecht Leonhardt. Weinheim, Basel: Beltz & Gelberg 2004, S. 28
11. Vgl. Wenn die Dinge lebendig werden: Die schönsten Dingmärchen von Andersen bis Lemony Snicket, hrsg. von Edmund Jacoby. Berlin: Jacoby & Stuart 2010
12. Bei Wikipedia finden Sie eine lange Liste von Fabelwesen, die wunderbare Impulse für eigene Entwicklungen geben können: http://de.wikipedia.org/wiki/Liste_von_Fabelwesen (23.04.2014)
13. Elizabeth George: Wort für Wort oder Die Kunst, ein gutes Buch zu schreiben. München: Goldmann 2004, S. 64
14. Cornelia Maurer: Von Narren, Helden, Weisen (Anmerkung 5), S. 25
15. Ulrike Dietmann: Fühlen beim Lesen! Wie bringe ich den Leser zum Weinen? In: TextArt 2011, Heft 4, S. 8–13; hier S. 9

16. Aristoteles: Poetik. Stuttgart: Reclam 1961, S. 27
17. Vgl. Gotthold Ephraim Lessing: Hamburgische Dramaturgie, 1768, 74.–78. Stück. http://gutenberg.spiegel.de/buch/1183/76 (20.08.2014)
18. Aristoteles: Poetik (Anmerkung 16), S. 40
19. Vgl. Fritz Gesing: Kreativ schreiben (Anmerkung 2), S. 171
20. Vgl. Jörg Ehrnsberger: Am Anfang sind die Charaktere (Anmerkung 4), S. 9
21. Vgl. die Biografie der literarischen Figur Hannibal Lecter bei Wikipedia unter: http://de.wikipedia.org/wiki/Hannibal_Lecter (15.09.2014)
22. Vgl. James N. Frey: Wie man einen verdammt guten Roman schreibt (Anmerkung 3), S. 40–44
23. Bruno Bettelheim: Kinder brauchen Märchen, München: dtv 19. Aufl. 1996, S. 15
24. Beispiele auf der Homepage der INP Finanz (Schaffhausen): http://www.inp-sh.ch/welcher-geldtyp.html (15.09.2014)
25. »Frühstück bei ihr«, Hör Zu, Heft 22, 25.05.2012, S. 50
26. Anne-Gine Goemans: Gleitflug. Roman, Berlin: Insel 2012, S. 47
27. Vgl. Otto Kruse: Kunst und Technik des Erzählens. Frankfurt am Main: Zweitausendeins 2002, S. 148
28. Giuseppe Verdi in einem Brief. Zitiert nach Barbara Meier: Giuseppe Verdi. Reinbek: Rowohlt 3. Aufl. 2007, S. 53
29. Sabine Asgodom: So coache ich. 25 überraschende Impulse, mit denen Sie erfolgreicher werden. München: Kösel 2012, S. 125. Asgodom weist darauf hin, dass diese Technik von Martin Seligman entwickelt wurde.
30. Dostojewski im Brief an seinen Verleger Maikoff vom 13.01.1868. Zitiert nach Ludolf Müller, Nachwort zu Fjodor M. Dostojewski: Der Idiot. München: dtv 1976, S. 814
31. Rolf Hoppe im Interview der Frankfurter Allgemeinen Sonntagszeitung vom 23.12.2012, Nr. 51
32. Energiesparen im Kopf. Pronomen schonen Hirn-Ressourcen. In: Spiegel Online vom 18.08.2007. http://www.spiegel.de/wissenschaft/mensch/energiesparen-im-kopf-pronomen-schonen-hirn-ressourcen-a-500531.html (15.09.2014)
33. Mehr über Familiennamen, ihre Bedeutung und Herkunft erfahren Sie im Duden Lexikon der Familiennamen von Rosa und Volker Kohlheim (Mannheim: Bibliographisches Institut 2008), in dem 20.000 der in Deutschland bekannten rund 500.000 Familiennamen vorgestellt werden. Über die Vor- und Familiennamen im deutschen Sprachgebiet informiert auch der dtv Atlas Namenkunde von Konrad Kunze (München: dtv 1999).
34. http://www.beliebte-vornamen.de (15.09.2014)
35. http://www.onomastik.com (15.09.2014)
36. Vgl. Marita Bagdahn: Mehr als Schall und Rauch. Figurennamen sind Programm. In: TextArt 2011, Heft 3, S. 22–26

37. Aktuelle Untersuchungen zur Namensforschung werden hier vorgestellt: http://www.beliebte-vornamen.de/276-forschung.htm (15.09.2014)
38. Pressemitteilung der TU Chemnitz vom 12.10.2006: »Ein Vorname sagt mehr als 1.000 Worte«. http://www.tu-chemnitz.de/tu/presse/2006/10.12-11.20.html (15.09.2014)
39. Vgl. http://www.onomastik.com/Vornamen-Lexikon/ (15.09.2014)
40. htttp://www.beliebte-vornamen.de (30.07.2014)
41. Zur Verteilung von Familiennamen in Deutschland, auch anhand von Beispielkarten, vgl. »Geogen« http://christoph.stoepel.net/geogen/v3/Default.aspx (15.09.2014) und http://www.verwandt.de/Karten (15.09.2014)
42. Ein Dankeschön an Ornella Garbani Ballnik für diese wunderbaren Namenerfindungen.
43. Bianca Willsch danke ich für diesen Hinweis.
44. Alle Namen stammen aus der deutschen Telenovela »Rote Rosen«.
45. In: Hör Zu vom 28.09.2012, S. 14
46. Sven Michaelsen: Ken Folletts Formel für einen Bestseller. In: Welt online vom 21.09.2010: http://www.welt.de/kultur/article9758476/Ken-Folletts-Formel-fuer-einen-Bestseller.html (23.04.2014)
47. Vgl. http://de.wikipedia.org/wiki/Attraktivit%C3%A4tsforschung (15.09.2014)
48. Johann C. Lavater: Von der Physiognomik. Frankfurt am Main, Leipzig: Insel 1991, S. 87 f.
49. Bärbel Schwertfeger: Personalauswahl per Gesichtsanalyse: Verräterische Beule am Kopf. In: Spiegel online vom 06.11.2006. http://www.spiegel.de/unispiegel/jobundberuf/personalauswahl-per-gesichtsanalyse-verraeterische-beule-am-kopf-a-446426.html (15.09.2014)
50. Karl Simrock: Die deutschen Sprichwörter. Stuttgart: Reclam 2000, S. 381
51. Sabine Schwabenthan: Was verraten die Augen über uns. In: P.M. Magazin, Welt des Wissens, 2012, Heft 4. http://www.pm-magazin.de/r/gute-frage/was-verraten-die-augen-%C3%BCber-uns (15.09.2014)
52. Vgl. Website »Anlitzkunde, Menschenkenntnis«: http://www.7stern.info/profile.htm (15.09.2014)
53. Einen Überblick über Kostümgeschichte, Schnittmuster und historische Quellen sowie Links zu weiteren Websites bietet www.costumeantique.de; speziell zu »Mode und Alltag im 18. Jahrhundert« vgl. www.marquise.de. (15.09.2014)
54. Interessante Informationen zu Mimik und Gestik finden Sie etwa unter: http://www.ellviva.de/Tests-Persoenlichkeit/Mimik-Menschen.html (15.09.2014)
55. Vgl. Paul Ekman: Gefühle lesen. Wie Sie Emotionen erkennen und richtig interpretieren. Heidelberg: Spektrum 2010
56. »Summ, summ summ«, gesendet auf der ARD am 24.03.2013
Vgl. http://de.wikipedia.org/wiki/Tatort:_Summ,_Summ,_Summ (23.04.2014)
57. http://de.wikipedia.org/wiki/Big_Five_(Psychologie) (15.09.2014)

58. Weitere Ansätze zu Typisierungen und Begriffe, die die Einordnung erleichtern, finden Sie unter http://www.typen-und-mehr.com/index.htm (15.09.2014). Dort gibt es auch Links zu Persönlichkeitstests, z. B. unter http://webscience.deusto.es/cgi-bin/big5/wwwb5d1a.pl (18.06.2014). Sich selbst und eine andere Person (Figur) können Sie unter http://de.outofservice.com/bigfive/ (18.06.2014) einschätzen.
59. Eine interessante Auswertung mit Hinweisen auf Stärken, Schwächen und Grundbedürfnisse bietet: http://www.psychomeda.de/online-tests/persoenlichkeitstest.html (18.06.2014)
60. Vgl. Elizabeth George: Wort für Wort (Anmerkung 13), S. 287 ff.
61. Vgl. Website »Schriftsteller werden« von Jacqueline Vellguth: http://www.schriftsteller-werden.de/charakterentwicklung/100-fragen-fuer-deine-charaktere/ (19.06.2014)
62. Vgl. Ulrike Dietmann: Fühlen beim Lesen! (Anmerkung 15), S. 13
63. Vgl. Ulrike Blatter: Der kalkulierte Wahnsinn. Wie verleihe ich einer Figur psychologische Tiefe? In: TextArt 2011, Heft 4, S. 44–47, hier: S. 45. Teil 2 in: TextArt 2012, Heft 1, S. 54–55
64. Erich Kästner: Zur Naturgeschichte des Jugendschriftstellers (1960). In: Werke, Bd. VI, 1998, S. 654–662
65. Sabine Rückert: Der Fall »Tatort«. In: ZEIT online vom 25.03.2012. http://www.zeit.de/2012/13/Krimi-Tatort (15.09.2014)
66. Im »Autorenforum« gibt Titus Müller Auskunft zu historischen Romanen. http://www.autorenforum.de/experten/13-historischer-roman (15.09.2014)
67. Brigitte Glaser: Leichenschmaus. Kölnkrimi. Köln: Emons 2003, S. 288
68. Wenn Sie Anregungen suchen: Auf der »Wunderweib-Website« finden Sie die 25 schönsten Lebensmotto-Sprüche. http://www.wunderweib.de/liebeund-lifestyle/lifestyle/artikel-3076647-lifestyle/Die-25-schoensten-Lebensmotto-Sprueche.html (13.05.2014)
69. Wilhelm Genazino: Die Liebesblödigkeit. Roman. München: Hanser 2005, S. 7
70. Daniel Kehlmann: Die Vermessung der Welt. Roman. Reinbek: Rowohlt 2005, S. 7
71. Vgl. Ron Kellermann: Fiktionales Schreiben. Köln: Emons 2006, S. 92–96
72. Vgl. Sabine Asgodom: So coache ich (Anmerkung 29), S. 117 ff.
73. »Ich bin wie ein Schnellkochkopf.« Interview von Kerstin Meier mit Katja Lange-Müller. In: Kölner Stadt-Anzeiger vom 15. März 2012, S. 26
74. Vgl. http://blog.bastei-luebbe-academy.de/2013/11/29/schreibtipp-kennen-sie-ihre-figuren-besser-als-sich-selbst/ (15.09.2014)
75. Vgl. http://www.schriftsteller-werden.de/charakterentwicklung/100-fragen-fuer-deine-charaktere/ (15.09.2014)
76. Alle Fragen der F.A.Z. finden Sie hier: http://www.hillschmidt.de/wb/pages/f.a.z.-fragebogen/fragebogen-ausfuellen.php. Vgl. »Gesellige Neugier«. In: Der Spiegel 1980, Nr. 29, S. 168–170. http://www.spiegel.de/spiegel/print/d-14332708.html (29.07.2014)

77. Indiskrete Antworten. Der Fragebogen des F.A.Z.-Magazins, hrsg. von Georg Hensel und Volker Hage. Stuttgart: DVA 1990
78. Max Frisch: Tagebuch 1966–1971. Frankfurt am Main: Suhrkamp 1979, S. 10
79. Lilli Büttner: »Die zehn besten Entweder-oder-Fragen für Ihren Flirt«. http://www.friendscout24.de/magazin/zehn-entweder-oder-fragen/ (15.09.2014)
80. Z. B. http://triebtaeterin.over-blog.de/article-ich-weiss-ich-nerve-entweder-oder-spiel-mit-159-fragen-71817833.html (15.09.2014)
81. Z. B. Philipp Winterberg: Freundealarm! Extra large. Freundebuch für Erwachsene mit über 50 Steckbriefen. Create Space 2013
82. Franz Kafka: Brief an den Vater (1919). http://gutenberg.spiegel.de/buch/169/1 (16.09.2014)
83. Diogenes Magazin Nr. 7, Sommer 2011, S. 94
84. Zunächst hatte die Betroffene Victoria Schwarz in ihrem Blog unter dem Titel »Fake« (25.06.2013) das Geschehen geschildert (vgl. http://victoriahamburg.wordpress.com/2013/06/25/fake/). Verschiedene Zeitschriften berichteten dann über den Fall, z. B. Violetta Simon unter dem Titel »Verliebt in einen Fake« in der »Süddeutschen Zeitung« (http://www.sueddeutsche.de/leben/liebesluege-im-internet-verliebt-in-einen-fake-1.1706363; 29.06.2013). NEON-Autor Tin Fischer spürte mithilfe von Victoria Schwarz die Betrügerin in den USA auf: »Der Traum-Mann«, NEON 2013, Heft 11 (http://blog.neon.de/2013/11/der-traum-mann/; 07.11.2013). Weitere Fälle und Informationen unter: www.realfakes.net (15.09.2014)
85. Stephan Porombka: Schreiben unter Strom. Experimentieren mit Twitter, Blogs, Facebook & Co. Mannheim, Zürich: Duden 2012, S. 106
86. Vgl. auch eine entsprechende Aufgabenstellung bei Stephan Porombka: Schreiben unter Strom (Anmerkung 85), S. 111 f.
87. Vgl. Sven Huff: Eine Spielfläche narrativer Freiheiten. Wie Sie das Internet beim Schreiben weiterbringt. In: TextArt 2012, Heft 4, S. 42-45, hier: S. 43 f.
88. Z. B. http://astrowoche.wunderweib.de/; http://www.astroportal.com/; http://www.brigitte.de/horoskop/sternzeichen/; http://horoskop.t-online.de/ (16.09.2014)
89. http://astrowoche.wunderweib.de/sternzeichen/eigenschaften/artikel-1712642-eigenschaften/Sternzeichen-Eigenschaften-Alles-ueber-den-Krebs-22-06-bis-22-07-7.html (03.01.2014)
90. http://astrowoche.wunderweib.de/tarot/tarottageskarte/rubrik-tarot-tageskarte/heute/steinbock/ (03.01.2014)
91. Kölner Stadt-Anzeiger, Magazin, Nr. 2, 03.01.2014, S. 7
92. Vgl. Hans Peter Roentgen: Von Kelchen, Münzen, Rittern und Königen. Einen Plot entwickeln mit Tarotkarten. In: TextArt 2011, Heft 3, S. 54–56. Im Internet vgl. www.tarot.de. Siehe auch den ausführlichen Artikel mit Erläuterungen zu den 22 Trumpfkarten (große Arkana) und Legesystemen unter http://de.wikipedia.org/wiki/Tarot. (28.07.2014)

93. Vgl. Stefanie Erdrich: Das Stellen der Figuren. Ein Workshop bei Christoph Altmann. In: TextArt 2010, Heft 4, S. 24–28. Vgl. auch: Aufstellungen: Wo literarische Figuren zum Leben erweckt werden. Christoph Altmann im Gespräch mit Stefanie Erdrich. In: Federwelt, April/Mai 2010, Nr. 81, S. 24–27. In Auszügen auch unter: http://www.stefanie-erdrich.de/Federwelt.8.0.html (16.09.2014)
94. Vgl. Christoph Altmann: Schreiben mit dem Geschichtenbrett. In: TextArt 2008, Heft 3, S. 8–13. Einige Beispiele für Brett-Aufstellungen finden Sie auch unter: http://www.das-systembrett.de/Beispiele/beispiele.html (16.09.2014)
95. Günter Grass: Die Blechtrommel. Roman (1959). München: dtv 18. Aufl. 2008, S. 9
96. Johann Wolfgang von Goethe: Die Wahlverwandtschaften. Ein Roman (1809). In: ders.: Werke, Hamburger Ausgabe, Bd. 6, München: dtv 1982, S. 242
97. Franz Kafka: Der Prozeß. Roman (1925). Frankfurt am Main: Fischer TB 1976, S. 7
98. Vgl. Franz K. Stanzel: Typische Formen des Romans. Göttingen: Vandenhoeck & Ruprecht 9. Aufl. 1979. Jochen Vogt: Aspekte erzählender Prosa. Eine Einführung in Erzähltechnik und Romantheorie. Opladen: Westdeutscher Verlag 7. Aufl. 1990. Axel Klingenberg: Die Sicht der Dinge ist entscheidend. So nutzen Sie Erzählperspektiven. In: TextArt 2006, Heft 4, S. 8–12. Weitere Titel auch im Wikipedia-Artikel »Typologisches Modell der Erzählsituationen«: http://de.wikipedia.org/wiki/Typologisches_Modell_der_Erz%C3%A4hlsituationen (06.02.2014)
99. Juli Zeh: Spieltrieb. Roman. Frankfurt am Main: Schöffling 2004, S. 11
100. Ernst Theodor Amadeus Hoffmann: Der goldne Topf. Ein Märchen aus der neuen Zeit (1814). In: ders.: Märchen und Erzählungen. Berlin, Weimar: Aufbau 1980, S. 51. Auch unter: http://gutenberg.spiegel.de/buch/3103/1
101. Vgl. Bernd W. Seiler: Ironischer Stil und realistischer Eindruck. Zu einem scheinbaren Widerspruch in der Erzählkunst Thomas Manns. In: Deutsche Vierteljahrsschrift Jg. 60, 1986, S. 459–483
102. Heinrich Mann: Der Untertan. Roman (1918). München: dtv 21. Aufl. 1980, S. 5
103. Alfred Döblin: Berlin Alexanderplatz. Roman (1929). München: dtv 19. Aufl. 1978, S. 37
104. Juli Zeh: Spieltrieb (Anmerkung 99), S. 11
105. Jerome David Salinger: Der Fänger im Roggen. Roman (1951/1954). Reinbek: Rowohlt 1998, S. 7
106. Vgl. zum »Erzählen in der Ichform« und den daraus resultierenden Schwierigkeiten auch Otto Kruse: Kunst und Technik des Erzählens (Anmerkung 27), S. 200–206. James N. Frey: Wie man einen verdammt guten Roman schreibt (Anmerkung 3), S. 124–126
107. Arthur Schnitzler: Leutnant Gustl (1901). In: ders.: Erzählungen. Frankfurt am Main: S. Fischer 1993, S. 149

108. Thomas Bernhard: Holzfällen. Eine Erregung (1984). Frankfurt am Main: Suhrkamp TB 1992, S. 7 und S. 320 f.
109. Thomas Mann: Doktor Faustus. Das Leben des deutschen Tonsetzers Adrian Leverkühn erzählt von einem Freunde (1947). Frankfurt am Main: S. Fischer 1986, S. 9
110. Agatha Christie: Die Doppelsünde. In: dies.: Die Mausefalle und andere Fälle, Frankfurt am Main: Fischer TB 2003, S. 155
111. Martin Walser: Ehen in Philippsburg. Roman (1957). Frankfurt am Main: Suhrkamp TB 1985, S. 9
112. Ebd.
113. Vgl. Jochen Vogt: Aspekte erzählender Prosa (Anmerkung 98), S. 49 ff.
114. Ralf Rothmann: Hitze. Roman. Frankfurt am Main: Suhrkamp TB 2005, S. 12 f.
115. Wolfgang Borchert: Das Brot (1947). In: Arbeitstexte für den Unterricht. Deutsche Kurzgeschichten 11.–13. Schuljahr. Stuttgart: Reclam 1973, S. 19
116. Ebd., S. 20
117. Dieter Wellershoff: Der Liebeswunsch. Roman. Köln: Kiepenheuer & Witsch 2000, S. 100
118. Ebd., S. 123 f.
119. Klaus-Peter Wolf: Ostfriesengrab. Kriminalroman. Frankfurt am Main: Fischer TB 2009, S. 55
120. Eine der Hauptfiguren aus »Ostfriesengrab« von Klaus-Peter Wolf (Anmerkung 119)
121. Andrej Belyi: Petersburg. Zitiert nach: Romananfänge. Rund 500 erste Sätze, hrsg. von Harald Beck. Zürich: Haffmans 1992, S. 74. Dort finden sich zahlreiche weitere Beispiele.
122. Hanns-Josef Ortheil: Die geheimen Stunden der Nacht. Roman. Stuttgart: Luchterhand 2005, S. 9
123. Elizabeth George: Gott schütze dieses Haus (1988/1989). München: Goldmann 2012, S. 7
124. John Ronald Reuel Tolkien: Der Herr der Ringe (1954 f./1969 f.), Stuttgart: Klett Cotta 2009, S. 37
125. Tommy Jaud: Vollidiot, Berlin: Argon 2004, S. 165 und S. 166
126. Vgl. zu diesem Kapitel auch den informativen Artikel von Jutta Weber-Bock: Die Puppen tanzen lassen. Figuren, Personen und Charaktere. In: Federwelt April/Mai 2007, Nr. 63, S. 16–19
127. Fjodor M. Dostojewski: Der Idiot. Roman (1868 f./1889). München: dtv 1992, S. 8
128. Jochen Vogt: Aspekte erzählender Prosa (Anmerkung 98), S. 148
129. Roswitha Haring: Ein Bett aus Schnee. Novelle. Zürich: Ammann 2003, S. 108
130. Janet Frame: Ein Engel an meiner Tafel. Eine Autobiographie. Beck 2012, S. 16 f.
131. Isa Schikorsky: Linstows Geheimnis. Kriminalroman. Norderstedt: BoD 2014, S. 28

132. Uwe Tellkamp: Der Turm. Geschichte aus einem versunkenen Land. Roman. Frankfurt am Main: Suhrkamp 2008, S. 476
133. Elke Pistor: Luftkurmord. Eifelkrimi. Köln: Emons 2011, S. 14
134. Auf diese Weise zeichnet Wibke Bruhns ein anschauliches Porträt ihrer Eltern. Vgl. Wibke Bruhns: Meines Vaters Land. Geschichte einer deutschen Familie. Berlin: Econ 2004, S. 9
135. Wolf Wondratschek: Mozarts Friseur. München: Hanser 2002, S. 7
136. Andrew Miller: Zehn oder fünfzehn der glücklichsten Momente des Lebens. Roman. Wien: Zsolnay 2003, S. 15
137. Bernward Vesper: Die Reise. Romanessay. Reinbek: Rowohlt TB 1989, S. 322
138. Ralf Rothmann: Milch und Kohle. Roman. Frankfurt am Main: Suhrkamp 2000, S. 35
139. Vgl. Jutta Weber-Bock: Die Puppen tanzen lassen (Anmerkung 126), S. 18
140. Theodor Fontane: Frau Jenny Treibel. Roman (1892) München: dtv 1980, S. 5 f.
141. Georg Büchner: Lenz (1839). In: ders.: Werke und Briefe, München: dtv 1981, S. 69–89, hier: S. 69
142. Elizabeth George: Gott schütze dieses Haus (Anmerkung 123), S. 142
143. Martin Meyer: Die Asymptote. Unveröffentlichtes Manuskript
144. Albert Ehrenstein: Tubutsch. Zitiert nach: Romananfänge (Anmerkung 121), S. 72
145. Irene Dische: Großmama packt aus. Roman. Hamburg: Hoffmann und Campe 2005, S. 8
146. Marlene Faro: Frauen, die Prosecco trinken, Ditzingen: Reclam 2008, S. 7
147. Wilhelm Genazino: Die Liebesblödigkeit (Anmerkung 69), S. 109
148. Jochen Vogt: Aspekte erzählender Prosa (Anmerkung 98), S. 148. Vgl. auch die sehr ausführliche und informative Darstellung zu »Personenrede und Bewußtseinsdarstellung«, S. 143–192.
149. Theodor Fontane: Frau Jenny Treibel (Anmerkung 140), S. 24 f.
150. Isa Schikorsky: Linstows Geheimnis (Anmerkung 131), S. 171
151. Leo Tolstoi: Die Kreutzersonate (1891/1890). III. Abschnitt. Edition Kindle. Eine ähnliche Struktur hat auch Margriet de Moor: Kreutzersonate. Eine Liebesgeschichte. München: Hanser 2002
152. Otto Kruse: Kunst und Technik des Erzählens (Anmerkung 27), S. 218. Vgl. auch Sol Stein: Über das Schreiben. Frankfurt am Main: Zweitausendeins 3. Aufl. 1998, S. 164–180
153. Ralf Rothmann: Stahl. In: ders.: Ein Winter unter Hirschen. Erzählungen. Frankfurt am Main: Suhrkamp 2001, S. 132 f.
154. Vgl. Hans-Peter Roentgen: Vier Seiten für ein Halleluja. Ein Schreibratgeber der etwas anderen Art. Fischbachtal: Sieben 2008, S. 16 ff.
155. Ulla Hahn: Das verborgene Wort. Roman. München: dtv 2003, S. 7
156. Vgl. Jochen Vogt: Aspekte erzählender Prosa (Anmerkung 98), S. 150. Duden – Die deutsche Rechtschreibung. Berlin, Mannheim, Zürich: Duden 26. Aufl. 2013, S. 28–30 (Regeln K 7, K 9, K 11, K 12) und S. 99

157. Arthur Schnitzler: Fräulein Else (1924). In: ders.: Erzählungen, Frankfurt am Main: S. Fischer 1993, S. 473
158. Vgl. Jochen Vogt: Aspekte erzählender Prosa (Anmerkung 98), S. 182 f.
159. James Joyce: Ulysses (1922/1927). Frankfurt am Main: Suhrkamp 4. Aufl. 1991, S. 940
160. Alfred Döblin: Berlin Alexanderplatz (Anmerkung 103), S. 148 f.
161. Vgl. Elisabeth Frenzel: Stoffe der Weltliteratur. Ein Lexikon dichtungsgeschichtlicher Längsschnitte. Stuttgart: Kröner 2005
162. Uwe Tellkamp: Der Turm (Anmerkung 132), S. 476
163. Vgl. Anne Bernays, Pamela Painter: Was wäre, wenn? Schreibübungen für Schriftsteller. Berlin: Alexander 2003, S. 51 f.
164. Theophrast: Charaktere. Leipzig: Insel 1978, S. 9
165. Vgl. Christa und Emil Zopfi: Leichter im Text. Ein Schreibtraining. Bern: Zytglogge 2001, S. 59
166. Bettina Mosler und Gerd Herholz: Musenkussmischmaschine. Essen: 3. Aufl. 2003, o. S., in der alphabetischen Folge unter Porträt 4
167. Vgl. zu Log Line: http://de.wikipedia.org/wiki/Log_Line (30.07.2014)

Tabelle: Aspekte der Figurenentwicklung

GRUND-DATEN		• Vor- und Zuname • Geschlecht • Geburtstag • Geburts- und Wohnort
AUSSEN-BILD	Äußere Kennzeichen	• Größe, Gewicht, Statur • Augen-, Haut- und Haarfarbe, Frisur • Körperliche Besonderheiten • Unveränderbare Kennzeichen
	Auftreten und Verhalten	• Kleidungsstil, Accessoires, Statussymbole • Besonderheiten der Mimik • Besonderheiten der Gestik • Gangart • Sprachliche Eigenheiten, Stimmlage, Redensarten • Gerüche, taktile Eigenschaften • Ticks, Marotten • Wirkung auf andere
INNEN-BILD	Physiologische Aspekte	• Gesundheitszustand, Krankheiten • Allergien, Unverträglichkeiten
	Psychologische Aspekte	• Gefühlslage, Emotionen • Ängste, Manien, Komplexe, Traumata • Kernbedürfnis • Träume, Sehnsüchte, Fantasien, Leidenschaften • Vorlieben und Abneigungen • Spezielle Begabungen, Fähigkeiten
LEBENS-BILD	Vergangenheit	• Soziale und ethnische Herkunft, Milieu • Erziehung, Familie • Prägende Kindheits- und Jugenderlebnisse • Geheimnisse, Erfahrungen • Schule und Ausbildung
	Gegenwart	• Beruf und Status • Besondere Lebensumstände • Familienstand, Partner, Liebe und Sexualität • Freunde, Feinde, Vorbilder • Soziale und kommunikative Vernetzungen • Hobbys und Interessen • Einstellungen, Ansichten, Meinungen • Lebensmotto
	Zukunft	• Ambitionen, Ziele, Absichten, Pläne, Träume, Motivationen

Dank

Wesentlichen Anteil am Entstehen dieses Buches haben die vielen Hundert Teilnehmer und Teilnehmerinnen an den von mir geleiteten Schreibseminaren und Schreibreisen sowie die Autoren und Autorinnen, die mir in den letzten zehn Jahren ihre Manuskripte zur Beurteilung und zum Lektorat anvertrauten. Durch sie habe ich eine Menge gelernt über die Probleme bei der Erfindung und Gestaltung von literarischen Figuren sowie über deren Wirkung in Erzählungen und Romanen. Ich bin dankbar für diese Erfahrungen.

Ich danke Thomas Ecker, Katrin Kuskop-Schulze, Heinrich Matzka, Martin Meyer, Elke Pistor, Jutta Prinzing und Heidrun Scholz. Sie haben mir Textausschnitte mit spannenden Figuren zugeschickt, die direkt und indirekt in der Darstellung berücksichtigt wurden.

Fünf Testleser hatte ich gesucht, vierzehn haben sich gemeldet. Das fand ich großartig. Acht habe ich dann im Losverfahren ausgewählt. Ich danke Eberhard Freidling, Sabine Kowalczyk, Gisela Kruyer, Utta Lammerschmidt, Bodo Rudolf, Catrin Spitzer, Astrid Steiner und Elke Weigel, dass sie die Mühe des Testlesens auf sich genommen haben. Ihre Anmerkungen haben sehr viel dazu beigetragen, den Text lesbarer, knapper und strukturierter zu machen. Zahlreiche Rechtschreib-, Komma- und Logikfehler konnten außerdem berichtigt werden. Ich danke auch Erika Köcher, Karin Küting, Janina Lenz, Michael Schäfer, Uta Schmitz-Esser und Iris Schwellenbach für ihre Bereitschaft, das Manuskript zu lesen.

Klaus Stelberg hat wieder in bewährter und äußerst sorgfältiger Weise die Schlusskorrektur ausgeführt. Herzlichen Dank dafür.

Und schließlich danke ich meinem Mann Gerd Struwe für seine Unterstützung – und für die Gestaltung des Umschlags.

Stichwortverzeichnis

Äußere Kennzeichen, 71 ff.
Aktive Helden, 99 f.
Alter von Figuren, 63 f., 65 f., 153, 172
Anforderungen an Hauptfiguren, 31 ff.
Antagonist, 9 ff., 15, 24, 51, 54, 68, 83, 144, 155
Antagonistische Kraft, 11, 83, 189
Anthropomorphisierung, 22 f.
Archetypen, 15, 27
Attraktivitätsforschung, 72 f.
Aufstellungen, literarische, 116 ff.
Auftreten von Figuren, 76 ff.
Auktoriale(r) Erzähler/Perspektive, 121 ff., 130, 132 ff., 136, 141, 148, 156, 168 f.
Außenbild, 71 ff., 156 f.
Bedürfnisse von Figuren, 40, 84, 86, 91, 97, 102 f.
Befragungen, 106 ff.
Berufe von Figuren, 95 f.
Beschreibung von Figuren, 155 ff., 162, 164, 168, 172
Bewusstseinsstrom, 138, 185 f.
Biografien von Figuren, 53 f., 81, 86, 91, 104 ff., 158, 189
Bösewichte, 31, 46, 51, 85, 193
Chamäleon-Charakter, 44
Charaktertypen, 12, 41 ff.
Charakterzüge, 84 ff., 91 f., 107, 113, 169

Denkweisen, 173, 182 ff., 188
– direkte Wiedergabe, 183, 186
– erlebte Rede, 173, 186 ff.
– indirekte Wiedergabe, 183
– innerer Monolog, 129, 138, 184 f.
Dialog, 106, 136, 146, 174 ff., 182, 188, 198
Dinge als Figuren, 20 f.
Direkte Rede, 173 ff., 197 f.
Einfachheit, 37 ff.
Emotionale Anteilnahme, 28 ff., 48 f., 86 f., 127, 141, 151
Er-Erzähler, 127, 134, 136 f., 140, 142 f., 145 f., 148 f., 164, 169, 171, 187
Erlebte Rede, 173, 186 ff.
Erzähler, 6, 45, 51, 98, 119 ff., 127 ff. 136 f., 139, 141, 143 f., 146 ff., 152, 155 f., 158, 160 f., 163, 165, 167, 169 ff., 174, 178, 186 f., 190
– auktorialer Erzähler, 121 ff., 130, 132 ff., 136, 141, 148, 156, 168 f.
– Er-Erzähler, 127, 134, 136 f., 140, 142 f., 145 f., 148 f., 164, 169, 171, 187
– Ich-Erzähler, 51, 98, 121, 127 ff., 133 f., 137, 140 ff., 145, 148, 155, 154, 167, 169 ff., 175, 178

– ironischer Erzähler, 124 f., 127, 169
– unzuverlässiger Erzähler, 130 f., 143
Erzählerbericht, 135 f., 160 f., 162, 164, 172 ff., 178, 185 ff., 190
Erzählperspektiven, 5, 81, 119 ff., 139 ff., 148
– auktorial, 121 ff., 130, 132 ff., 136, 141, 148, 156, 168 f.
– neutral, 121 f., 136 ff., 141, 148, 168
– personal, 121 f., 125 ff., 129, 134 ff., 139, 141 ff., 149 f., 154, 164, 167 ff., 171, 187
Erzählsituationen, 121 ff., 127, 139
Facebook, 112 ff.
Fantasy, 11, 23 f., 39 f., 93
Figuren entwickeln, 53 ff., 189
Figurenbiografien, 53 f., 81, 86, 91, 104 ff., 158, 189
Figureneinführung, 155 ff.
Figurenkonstellation, 117
Figurenpaare, 10, 12 f.
Figurenrede, 106 f., 169 f., 172 ff., 178, 190, 197
Fragebögen, 37 f., 86, 106 ff.
Frauenroman, 42, 44 f., 51, 64, 170
Freundschaftsbücher, 109 f.
Gegenwart der Figuren, 92 ff.
Gemischte Charaktere, 46 f., 49
Geschlecht von Figuren, 59 f., 63 f., 153, 171 f.
Gesellschaftsroman, 11, 96, 124, 126
Gesichtsdeutungskunst, 74 f.

Gestik, 33, 76 f., 80 f., 137, 175, 191
Glaubwürdigkeit, 17 f., 31, 34 ff., 38, 45, 49, 52, 62, 70, 72, 86, 92, 94, 120, 124, 130, 144, 166 ff., 186, 190
Grunddaten, 55 ff.
Handeln von Figuren, 116, 161 ff., 195
Hauptfigur, 9, 14 f., 17, 24, 27, 30 f., 38, 42, 44, 47, 49, 52, 65, 67, 69, 70, 89, 97, 99 ff., 104 f., 110, 116, 120, 127 f., 131 ff., 140 f., 144, 153, 156, 161, 168, 189, 190, 192
Heftroman, 39, 43
Historischer Roman, 25, 67, 79 f., 95, 100
Horoskop, 114 ff.
Ich-Erzähler, 51, 98, 121, 127 ff., 133 f., 137, 140 ff., 145, 148, 155, 154, 167, 169 ff., 175, 178
Ideenfindung, 25 f.
Identifikation, 40, 93, 126, 128, 133, 148, 149, 170
Indirekte Rede, 173 f., 175
Innenbild, 81 ff., 171 f., 198
Innerer Monolog, 129, 184 f., 138
Interviews mit Figuren, 106 f.
Ironischer Erzähler, 124 f., 127, 169
Ja-aber-Technik, 48
Katharsis, 29
Kinder- und Jugendliteratur, 21 ff., 40, 65, 88, 140
Kleidungsstile, 77 f.
Klischees, 40 f., 46, 68, 74, 78 f., 190

Komplexität, 43 ff.
Konflikt, 10 ff., 14, 21, 68, 82, 86, 101 f., 133, 140, 144, 149, 166, 177, 190, 193
Kriminalroman, 10 f., 25, 29, 33, 35, 38, 44, 64, 68, 73, 82, 89, 91, 94 ff., 138, 144 f., 152, 179
Kurzgeschichte, 7, 35, 39, 54, 56, 60, 70, 139, 141, 142
Lebensbild, 88 ff.
Lebenslauf, 66, 91, 66, 161, 195 f.
Lebensmotto, 96
Lebensstile, 92 ff.
Liebesroman, 44, 64
Listen, 34, 37, 54, 83, 86, 96, 106, 108 f., 111 f., 118, 189, 192, 194
Männerroman, 42, 64
Märchen, 20, 39 ff., 43, 54, 62, 99, 124
Märchenfiguren, 21
Mehrdimensionalität, 43 ff., 189
Mehrperspektivität, 143 ff., 168
Milieu, 92 ff.
Mimik, 33, 76 f., 80 f., 137, 175, 191, 198
Mischwesen, 23 f.
Mitspieler, 13 ff., 68, 154
Monolog, 129, 138, 174 ff., 180 f., 183, 184 ff.
Motivationsraster, 103
Motiviertheit, 31 ff.
Namen, 55 ff., 149 f., 194
Namenlosigkeit, 55 f.
Naive Helden, 42 f.
Nebenfiguren, 14 f., 23 f., 38, 43, 54, 117 f., 131, 133, 141, 150, 153 f., 161, 167 f., 180, 190

Neutrale Erzählperspektive, 21 f., 136 ff., 141, 148, 168
Nicht menschliche Figuren, 20 ff.
Orte, 64 ff.
Passive Helden, 33, 99 ff.
Persönlichkeitspsychologie, 84 ff.
Persönlichkeitsschutz, 19 f.
Personale Erzählperspektive, 121 f., 125 ff., 129, 134 ff., 139, 141 ff., 149 f., 154, 164, 167 ff., 171, 187
Perspektive, siehe Erzählperspektive
Perspektivfigur, 127, 135, 139 f., 143 f., 146, 149 f., 168
Perspektivwechsel, 22, 142 f., 197
Physiognomik, 74 f.
Physiologische Aspekte, 82 f.
Plot, 25 ff., 33, 54, 89, 96, 101, 104, 116 f., 119, 189, 193
Protagonist, 9 ff., 15, 22 ff., 33 f., 36 f., 54, 62, 64, 66, 68 ff., 73, 77 f., 80, 83 f., 90, 93, 96, 99, 102 f., 105, 113, 116, 118, 125, 128, 131, 143 f., 149, 152, 154 f., 163, 172, 181, 189 f., 192, 195, 197
Psychologische Aspekte, 84 ff.
Reale Figuren, 16 ff., 98
Redeweisen, 173 ff., 197 f.
– direkte Rede, 173 ff., 197 f.
– indirekte Rede, 173 f., 175
Relevanz, 37 ff., 190
Rollenprosa, 128, 194 f.
Rückblenden, 90, 146, 161
Schauplätze, 25, 67 ff., 113, 134, 137, 165 f., 172, 177 f., 193
Schmelztiegel-Effekt, 11

Science-Fiction, 64, 93
Selbsterkundungen, 110 ff.
Serienfiguren, 40 f.
Soziale Netzwerke, 112 ff.
Sympathische Figuren, 48 ff., 72 f.
Tarot, 114 ff.
Tiere als Figuren, 21 ff.
Twitter, 112, 114
Umfeldmethode, 165 f., 172
Unterhaltungsroman, 39, 43 ff., 125, 136
Unzuverlässiger Erzähler, 130 f., 143
Vergangenheit der Figuren, 90 ff., 130, 192
Vermenschlichung, 22 f.
Visualisierung, 75 f., 193
Weltsicht der Figuren, 96
Würde-er-wirklich-Test, 36 f.
Zeitgestaltung, 89 f., 160, 170
Ziele, 10 ff., 28, 31 f., 34, 82, 97 ff., 156, 189
Zielgruppen, 64 f.
Zukunft der Figuren, 97 ff., 189
Zusammenspiel der Figuren, 15 f.

Liebe Leserin, lieber Leser,

es freut mich, dass Sie meinen Schreibratgeber »Helden, Helfer und Halunken« gelesen haben. Herzlichen Dank!

Ich bin gespannt auf Ihr Urteil. Möchten Sie Ihre Leseeindrücke mit mir und anderen teilen? Empfehlungen im Freundeskreis und in den sozialen Netzwerken helfen mir als Selbstverlegerin sehr, das Buch bekannter zu machen.

Gern können Sie mir Ihre Meinung zu dem Ratgeber, Ihre Anregungen und Kritik auch persönlich mitteilen. Sie erreichen mich unter der E-Mail-Adresse **Schikorsky@Stilistico.de**.

Vielleicht haben Sie außerdem Lust, mir auf Facebook oder Twitter zu folgen oder mein Blog »Romane und Geschichten schreiben« zu lesen. Dort und auf meiner Homepage werden Sie über besondere Aktionen informiert und erfahren auch, wann es neuen Lesestoff von mir gibt. Gerne bleibe ich mit Ihnen im Kontakt.

Aus Köln grüßt herzlich
Ihre Isa Schikorsky

            www.stilistico.de
          www.stilistico.wordpress.com

Möchten Sie weitere Schreibratgeber von mir kennenlernen?

»Aus dem Lektorat. 50 Tipps zum Schreiben und Veröffentlichen«. Norderstedt: BoD 2009, 10 € (E-Book 7,99 €)

»Kreativ unterwegs. Schöne Orte zum Schreiben und Literaturerleben«. Norderstedt: BoD 2013, 9,50 € (E-Book 7,49 €) Eine Auswahl mit fünf Schreiborten können Sie als E-Book gratis herunterladen.

Stilistico Schreibkultur

Schreibseminare
Sie finden in Orten mit besonderem Flair statt. Vermittelt werden themenspezifische Schreibtechniken, Impulse, Schreib- und Literaturtipps. Es gibt Vorlese- und Diskussionsrunden.

Individuelle Textberatung und Schreibcoaching
Geboten werden Antworten auf alle Fragen, die sich während des Schreibens oder bei der Planung eines Schreibprojekts ergeben. Es können ganz gezielt einzelne Schreibstrategien trainiert werden.

Unterstützung bei Publikationsvorhaben
Zum Angebot gehören: Prüfung von Manuskripten, Erstellung von Verlagslisten, Beratung bei der Gestaltung von Exposé und Probekapitel, Informationen zu alternativen Publikationsmöglichkeiten. Auch eine Betreuung von Layout und Druck ist möglich.

Textgutachten
Kritische Lektüre und anschließende Beurteilung (schriftlich oder im Gespräch) eines Gesamtmanuskripts oder eines Ausschnitts. Geprüft werden Struktur, Aufbau, Perspektiven, Figuren- und Handlungsentwicklung, die Gattungsspezifik sowie die sprachlich-stilistische Gestaltung.

Lektorat intensiv
Geprüft werden Logik, Struktur, Grammatik, Stil und Orthografie des Textes im Satz-für-Satz-Lektorat. Es gibt konkrete Korrektur- und Änderungsvorschläge.

Kontakt
Stilistico Schreibkultur, Isa Schikorsky, www.stilistico.de
Telefon (0221) 4856490; Schikorsky@Stilistico.de